I0767622

Dunkle Psychologie und psychologische Kriegsführung

Wie man Manipulation, Täuschung und Propaganda versteht

Inhaltsverzeichnis

Teil 1: Dunkle Psychologie

Die psychologische Taktik, mit der Sie manipuliert und getäuscht werden

Einführung

Wenn man den Begriff „dunkle Psychologie"hört, denkt man oft an Serienmörder, psychiatrische Anstalten und kriminelle Aktivitäten. Den meisten Menschen ist jedoch dabei nicht bewusst, dass dieser weit gefasste Begriff alles umfasst, von einfachen Manipulationstaktiken und selbstzerstörerischen Tendenzen bis hin zu kriminellem Verhalten.

Wenn Sie die Definition von „dunkler Psychologie" nachschlagen, werden Sie wahrscheinlich auf eine Definition stoßen, die in diese Richtung geht: eine Studie, die untersucht, wie Menschen Überzeugungstaktiken, Täuschung und Manipulation einsetzen, um bestimmte Ziele zu erreichen. Dieses Forschungsgebiet wurde lange Zeit kritisiert. In der Tat ist der Einsatz der dunklen Psychologie sowohl für nützliche als auch für bösartige Zwecke sehr umstritten. Unabhängig davon, wie Sie persönlich dazu stehen, lässt sich aber nicht leugnen, dass diese Methode für jeden, der sie richtig anwenden kann, ein wirksames und hilfreiches Hilfsmittel sein kann.

Einfach ausgedrückt, geht es bei der dunklen Psychologie um die Fähigkeit einer Person, die Schwächen anderer Menschen zu verstehen, um sie zu ihrem eigenen Vorteil nutzen zu können. Manipulative Menschen wissen, wie sie die Gedanken und Gefühle einer Person ausnutzen können, um sie dazu zu bringen, alles zu tun, was sie wollen. Der Einsatz derartiger Techniken kann von alltäglichen Marketing- und Werbepraktiken bis hin zur Komplizenschaft bei einem Verbrechen reichen. Die dunkle Psychologie wird nicht immer für egoistische oder schädliche Zwecke eingesetzt - sie kann auch in positivem Sinne genutzt werden.

Wohltätige und gemeinnützige Organisationen nutzen immer wieder die dunkle Psychologie, um Spenden zu sammeln. Sie wissen, wie sie an die Gefühle und die mitfühlende Seite eines Menschen appellieren können. Sie können dabei sogar so weit gehen, dass sie ihrem Zielpublikum Schuldgefühle einreden. Tatsächlich mag es Sie überraschen zu erfahren, dass auch Therapeuten Methoden und Techniken der dunklen Psychologie anwenden, um Patienten bei der Überwindung ihrer Ängste, Phobien, Traumata und Befürchtungen zu helfen. Sogar Polizeibeamte greifen auf diese Taktiken zurück, um Verdächtige, die eines Verbrechens angeklagt werden, zu Geständnissen zu bewegen.

Wichtig ist, dass Sie sehr davon profitieren können, alles über die dunkle Psychologie erfahren, ob Sie nun vorhaben, diese Informationen zu nutzen oder sich vor den böswilligen Angriffen anderer zu schützen. Falls Sie darauf abzielen, die in diesem Buch erwähnten Methoden selbst anzuwenden, stellen Sie dabei bitte sicher, dass Sie dies ausschließlich für gute Zwecke tun.

In den folgenden Kapiteln erfahren Sie alles über die Kunst der Manipulation und der Gedankenkontrolle. Sie werden außerdem auf verschiedene Beispiele stoßen, wie dunkle Psychologie Ihr tägliches Leben beeinflussen kann. Dadurch erfahren Sie etwas über die häufigsten Merkmale von Manipulatoren und über die Persönlichkeitstypen, die diese betrügerischen Techniken üblicherweise anwenden. Bevor wir uns mit den verschiedenen Manipulations- und Überredungstechniken und ihren Einsatzmöglichkeiten beschäftigen, müssen wir zunächst verstehen, warum Menschen andere Menschen überhaupt manipulieren. Dann können Sie lernen, die Anzeichen dafür zu erkennen, dass Sie Opfer dieser Manipulationstaktiken geworden sind. Auch Strategien zum Thema umgekehrte Psychologie und Gehirnwäsche werden in diesem Buch noch ausführlicher besprochen.

Das Tolle an diesem Buch ist, dass es leicht zu lesen und zu verstehen ist und Ihnen gleichzeitig wertvolle und praktische Informationen liefert. Anhand der praktischen Anleitungen lernen Sie, wie Sie erkennen können, wann jemand Sie unter Druck setzt oder Ihnen Schuldgefühle einredet. Insgesamt erfahren Sie, wie Sie sich vor Manipulation und ihren schädlichen Auswirkungen schützen, und Ihr Wohlbefinden bewahren können. Nun, da wir das einmal besprochen haben, lassen Sie uns ohne weitere Umschweife beginnen!

Kapitel 1: Die dunkle Psychologie erklärt

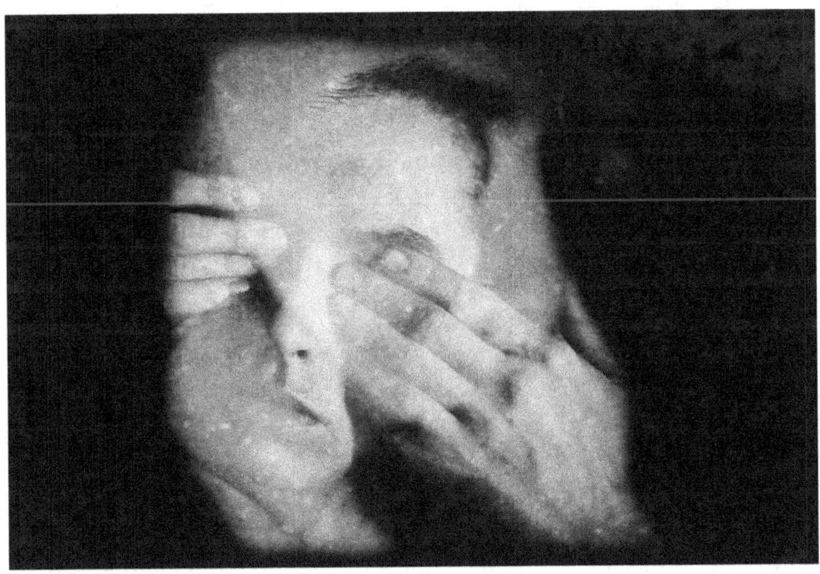

Die dunkle Psychologie befasst sich mit der psychologischen Tendenz, andere auszunutzen.
https://www.pexels.com/photo/person-covering-eyes-with-hands-against-dark-background-5917762/

Der Kampf zwischen Gut und Böse findet im menschlichen Geist statt. Diese Laune des menschlichen Wesens stößt immer wieder auf Interesse, weil derartige interne Konflikte vielen Menschen nur allzu gut bekannt sind. Die dunkle Psychologie ist in letzter Zeit immer populärer geworden, vor allem im Licht der jüngsten wissenschaftlichen

Erkenntnisse über die menschliche Natur, wie z. B. die folgenden Fragestellungen:

Was treibt unsere Gedanken, Gefühle und Handlungen an?

Warum begehen bestimmte Menschen schreckliche Verbrechen, während andere altruistisch und gütig handeln?

Wie können wir der Welt um uns herum einen tieferen Sinn geben?

Zum Glück gibt es Menschen, die diese Fragen nicht nur stellen, sondern auch beantworten können. Das dafür notwendige Wissen haben meist Psychologen, besonders solche, die als dunkle Psychologen bekannt sind.

Die dunkle Psychologie befasst sich mit der psychologischen Tendenz, andere auszubeuten, und zwar mit Bezug auf die menschliche Natur im Allgemeinen. Es liegt in der Natur des Menschen, dass er dazu neigt, andere zu seinen Opfern zu machen. Obwohl der Großteil der Menschheit diese Instinkte kontrolliert oder unterdrückt, fühlen sich einige wenige Menschen dazu motiviert, sie frei auszuleben. Einfach ausgedrückt, untersucht die dunkle Psychologie das menschlicheVerhalten, indem sie Emotionen, Handlungsauslöser und Ideen studiert. Auch wenn in den meisten Fällen keine gezielte oder wissenschaftlich begründete Manipulation anderer Menschen stattfindet (stattdessen werden die Strategien für den Verkauf und die Werbeindustrie genutzt), ist ein kleiner Prozentanteil der Anwendungszwecke deutlich brutaler. Einige Menschenhaben hauptsächlich die Absicht, Schaden anzurichten (Menschen mit antisozialen Persönlichkeiten).

Die dunkle Psychologie befasst sich auch mit kriminellem und gesellschaftsfeindlichem Verhalten. Um das „böse" Potenzial der Menschen zu verstehen, werden analytische Hilfsmittel eingesetzt. Da der menschliche Geist so komplex ist, ist es schwierig, die Gründe für Verhaltensabweichungen eindeutig zu etablieren. Stattdessen untersucht die dunkle Psychologie das menschliche Verhalten im Allgemeinen.

In diesem einleitenden Kapitel werden wir das Prinzip der dunklen Psychologie definieren und einen Blick darauf werfen, warum es wichtig ist, dass wir diese Taktik verstehen. Dann werden wir einige der Persönlichkeitstypen untersuchen, die diese Taktik anwenden, und Beispiele aus der Praxis anführen, damit Sie sich vor ihr schützen können.

Was ist die dunkle Psychologie?

Die dunkle Psychologie befasst sich mit der Manipulation der Emotionen von Menschen, um deren Gedanken und Verhalten zu beeinflussen. Sie untersucht die dunkle Seite des menschlichen Verhaltens und die Beweggründe für böswillige Handlungen. Das Gebiet der dunklen Psychologie ist relativ neu und entstand aus dem Interesse an auffälligem menschlichem Verhalten, um die Aspekte der Psychologie zu erforschen, die mit unseren böswilligen Absichten zu tun haben. Dazu gehört auch die Erforschung von Gier, Macht und Kontrolle. Dabei handelt es sich um einen interdisziplinären Zweig der Forschung, der verschiedene Bereiche der Psychologie, Soziologie, Neurowissenschaften und Philosophie miteinander verbindet. Da es sich um ein neues wissenschaftliches Gebiet handelt, gibt es bisher nur wenige Experten zu diesem Thema. Viele Psychologen befassen sich jedoch schon seit vielen Jahren mit ähnlichen Fragstellungen und haben verschiedene Aspekte der dunklen Psychologie bereits erfolgreich erforscht.

Die Erforschung von ausbeutenden Verhaltensweisen basiert auf der gemeinsamen Anstrengung von Wissenschaftlern und Sozialbeobachtern, die Wahrnehmungen, Gedanken, Gefühle und unterbewusste Verarbeitungstendenzen untersuchen. Das hängt vor allem mit dem heutigen Verständnis des menschlichen Verhaltens zusammen. Die dunkle Psychologie geht davon aus, dass diese Art von Verhalten zielgerichtet und durch rationale Ziele motiviert ist, behauptet aber gleichzeitig auch, dass ein Teil der menschlichen Psyche in der Lage ist, Gräueltaten ohne Grund zu begehen.

Da sich das Gebiet der dunklen Psychologie immer weiter ausbreitet, wissen wir, dass es alles von selbstzerstörerischem bis hin zu kriminellen Verhaltensweisen umfasst. Dieses faszinierende Forschungsgebiet kann uns eine Menge Informationen über uns selbst liefern. Es umfasst Studien darüber, wie Menschen Manipulation und Überredungskunst einsetzen, um ihre Ziele zu erreichen. Da dies sowohl zum Guten als auch zum Schlechten genutzt werden kann, ist es eine sehr umstrittene Disziplin. Niemand kann jedoch bestreiten, dass die dunkle Psychologie ein mächtiges Werkzeug sein kann, wenn man es richtig zu nutzen vermag.

Im Wesentlichen geht es bei der dunklen Psychologie darum, die psychologischen Schwächen des Menschen zu verstehen und auszunutzen. Anwender der dunklen Psychologie können andere manipulieren, indem sie sich in deren Gedanken, Gefühle, ihr Handeln und ihre Reaktionen hineinversetzen. Danach nutzen sie dieses Wissen, um jemanden davon zu überzeugen, ein Produkt zu kaufen, das er nicht braucht, oder sogar, ein Verbrechen zu begehen.

Von Anfang an ist es dabei wichtig zu verstehen, dass die dunkle Psychologie sowohl böswilligen als auch wohlwollenden Zwecken dienen kann. So verwenden Therapeuten manchmal Techniken, die auf der dunklen Psychologie beruhen, um Patienten bei der Bewältigung von Herausforderungen und der Kontrolle von ängstlichen Gefühlen zu helfen. Auch viele Strafverfolgungsbehörden setzen oft ähnliche Techniken ein, um Informationen aus Kriminellen herauszubekommen. Werbefachleute nutzen die Verfahrensweisen, um potenzielle Kunden zum Kauf ihrer Produkte zu bewegen.

Wie funktioniert die dunkle Psychologie?

Die dunkle Psychologie beruht auf der Vorstellung, dass die menschliche Psychologie als Studien- und Praxisbereich mit der ausdrücklichen Absicht der *Manipulation* gezielt beeinflusst werden kann. In der Tat ist das Studium der dunklen Seite des menschlichen Wesens sehr wichtig, weil es uns dabei hilft, uns gegen manipulative und bösartige Handlungen zu schützen, indem wir wirksame Abwehrmechanismen gegen psychologische Angriffe aufbauen. Das Studium der dunklen Seite unserer Natur kann uns zu einem positiven Ergebnis führen, da wir uns gegen die angewandten Taktiken erfolgreich verteidigen können.

Die Menschen um uns herum verwenden täglich Taktiken der dunklen Psychologie, um uns zu motivieren, zu etwas zu überreden und zu manipulieren. Damit entspricht die dunkle Psychologie der Kunst der Gedankenkontrolle und Manipulation. Während die Psychologie die menschliche Erfahrung erforscht und sich damit beschäftigt, wie wir denken, fühlen und uns verhalten, befasst sich die dunkle Psychologie damit, wie Menschen Taktiken wie Überredung, Motivation, Zwang und Manipulation einsetzen, um ihre persönlichen, oft egoistischen Ziele zu erreichen.

Warum gibt es die dunkle Psychologie?

Der Grund für die Existenz der dunklen Psychologie ist, dass wir Menschen einer Spezies angehören, die sowohl kooperativ als auch wettbewerbsorientiert ist. Menschen sind zu erstaunlicher Kooperation, Freundlichkeit und Kreativität fähig, genauso wie sie zu extremer

Grausamkeit, Aggression und Manipulation in der Lage sind. Wir alle sind wie zwei Seiten derselben Medaille, wir alle tragen das Potential für positive und negative Eigenschaften und Verhaltensweisen in uns.

Im Allgemeinen wird dabei das Negative deutlicher wahrgenommen und bleibt uns länger in Erinnerung als das Positive. Wann immer ein Verbrechen begangen wird oder etwas Schreckliches passiert, hören wir in den Nachrichten davon. Unzählige Fernsehsendungen, Filme und Bücher beschäftigen sich mit Themen wie Psychologie, Verbrechen, Geheimnisse oder anderen „dunklen" Geschehnissen. Die intensive Berichterstattung weckt bei den Menschen großes Interesse. Viele Menschen sehen sich gerne Kriminalfilme an, die auf einer wahren Geschichte basieren – dadurch lernen sie etwas über unsere Kultur, sowie die Normen, Werte und Ängste unserer Gesellschaft. Die Dokumentationen über echte Kriminalfälle stimuliert den natürlichen Instinkt zur Problemlösung und lässt uns darüber spekulieren, warum sich bestimmte Menschen auf derart zerstörerische Art und Weise verhalten.

Das Studium der dunklen Psychologie

Philosophen, große Denker, religiöse Persönlichkeiten und Wissenschaftler haben oft vorgeschlagen, dass die dunkle Psychologie logisch analysiert werden kann. Obwohl es sich nicht um einen akademisch anerkannten Zweig der Psychologie handelt, versuchen viele trotzdem, sie als eine Methode zum tieferen Verständnis des menschlichen Verhaltens zu definieren.

Die dunkle Psychologie wird derzeit noch nicht als legitimer Zweig der Psychologie angesehen, obwohl unzählige Artikel veröffentlicht wurden und das Thema regelmäßig lebhaft online und zwischen Bekannten diskutiert wird. Obwohl die dunkle Psychologie noch nicht im Rahmen von Psychologiekursen an anerkannten Universitäten studiert werden kann, wird sie bereits als Teil eines breiten Spektrums von Techniken, die in Therapiesitzungen verwendet werden können, untersucht.

Schon Alfred Adler, ein österreichischer Arzt und Psychotherapeut, der die Schule der Individualpsychologie begründete, interessierte sich für das Studium der dunklen Psychologie (in einer Umfrage, die in der Zeitschrift„Review of General Psychology"im Jahr 2002 veröffentlicht wurde, wurde er auf Platz 67 der bedeutendsten Psychologen des 20. Jahrhunderts gewählt). Adlers Studien konzentrierten sich vor allem auf die Beantwortung der Frage, wie der Einzelne seine Identität und seinen

Selbstwert im Verhältnis zur Akzeptanz durch die Gesellschaft zu gewinnen vermag.

Die dunkle Psychologie basiert auf Adlers Theorien über das menschliche Verhalten. Laut dieser Theorien ist alles, was wir denken, fühlen und tun, zielgerichtet. Wir sind altruistisch veranlagt, weil es in unserem besten Interesse liegt und uns Belohnungen und Akzeptanz von unseren Freunden, unserer Familie und unserer Gesellschaft einbringt. Mit anderen Worten: Wir sind altruistisch, weil es einen Nutzen für uns hat.

Wenn ein Kind dazu erzogen wird, sich mitfühlend, verantwortungsbewusst und extrovertiert zu verhaltend, erfährt es ein höheres Maß an Akzeptanz und Anerkennung in der Gruppe. Laut Adler ist jede Verhaltensweise zielgerichtet und trägt zu funktionalen Gesundheitsmustern bei, mit Ausnahme von bösartigem Verhalten. Menschliches Verhalten, das auf die andere Seite des Spektrums fällt, ist zwar nicht für die gesellschaftliche Integration geeignet, dient aber dennoch einem Hauptzweck: der Manipulation und Ausbeutung.

Diese Theorie besagt, dass Menschen, die aggressiv (oder „anti") sind, mit ihrem Verhalten lediglich auf ein starkes Gefühl der Minderwertigkeit reagieren. Menschen, die sich von der Gesellschaft ausgeschlossen oder nicht akzeptiert fühlen, neigen dazu, sich von ihr zu distanzieren und sich selbst weitestgehend aus der Gesellschaft zurückzuziehen. Und je mehr sich die Menschen von ihrem Gemeinschaftsgefühl abkoppeln, desto unwahrscheinlicher wird es, dass sie andere mit Mitgefühl, Höflichkeit und Rücksicht behandeln.

Viele Menschen fühlen sich durch die zunehmende Spaltung der Gesellschaft immer frustrierter und einsamer, was zu einer Zunahme der Aggression gegenüber anderen Menschen führt. Narzisstische Psychopathen sind ein typisches Beispiel dafür. Sie haben große Freude daran, andere zu schikanieren und sie ohne Reue auszubeuten, und sind besonders egoistisch veranlagt. Um die dunkle Psychologie zu verstehen, müssen wir also zunächst das zielgerichtete Verhalten derartiger Persönlichkeiten verstehen.

Persönlichkeit und dunkle Psychologie

Die „dunkle Triade" ist als Teil der dunklen Psychologie bereits ausgiebig erforscht worden. Die Theorie beschreibt drei Persönlichkeitstypen, die die schlimmste Art von Menschen ausmachen – Menschen mit einer

Persönlichkeit, die man kennen sollte. Diese Personen verhalten sich in ihrem Sozialleben sehr berechnend, sind manipulativ, unehrlich und gefühllos. Die Opfer werden häufig durch einfache soziale Interaktionen ausgebeutet, und diese Persönlichkeitstypen versuchen häufig, noch mehr Möglichkeiten zu finden, um andere auszubeuten.

1. **Narzissmus:** Egoismus und Grandiosität und ein Mangel an Empathie. Eine Person mit narzisstischen Zügen hat ein übersteigertes Gefühl der Selbstherrlichkeit. Dies kann offen gezeigt werden, oder durch verdeckte Handlungsweisen deutlich werden. Jemand, der seine Überlegenheit zur Schau stellt, gilt als arrogant und hochmütig. Personen mit narzisstischen Zügen prahlen oft mit ihren Fähigkeiten und übertreiben das Ausmaß ihrer Talente im Gespräch mit anderen.

2. **Machiavellismus:** Menschen mit dieser Persönlichkeit täuschen ihre Mitmenschen und manipulieren sie, um sie auszunutzen – ihnen fehlt es an Moralgefühl. Menschen mit ausgeprägtem Machiavellismus haben nur wenige, wenn überhaupt bekannte, moralische Zwänge. Sie sind rücksichtslos und treffen ihre Entscheidungen hauptsächlich auf Basis des größten persönlichen Nutzens für sich selbst. Sie sind hauptsächlich daran interessiert, ihr Glück und ihr Wohlergehen zu maximieren und sind bereit, jede mögliche Taktik anzuwenden, um ihre Ziele zu erreichen, auch wenn sie damit anderen schaden könnte.

3. **Psychopathie:** Freundlich und charmant, aber impulsiv, egoistisch, ohne Empathie und Reue. Menschen mit ausgeprägten psychopathischen Zügen sind jähzornig, auch wenn sie sich selbst als vollkommen rational und kühl einschätzen. Sie haben eine Vorliebe für gefährliche Aktivitäten und einen allgemeinen Mangel an Empathie für andere.

Die Theorie der dunklen Triade der Persönlichkeit ist das Herzstück der dunklen Psychologie. Sie sollten sich von Menschen, die diese Eigenschaften aufweisen, fernhalten, um Manipulationsversuche und psychischen Stress zu vermeiden. Niemand lässt sich gerne manipulieren, aber trotzdem kommen derartige Angriffe häufiger vor. Selbst wenn ein Mensch keine der üblichen Merkmale der dunklen Triade aufweist, kann er sich dennoch manipulativ verhalten – im Zweifelsfall sollten Personen, die Sie zu manipulieren versuchen, am besten gemieden werden.

Dunkle Psychologie in der Praxis

Die dunkle Psychologie vermutet, dass ausbeuterisches Verhalten bei Menschen durch egoistische oder negative Absichten motiviert ist. Logische, zielgerichtete Verhaltenstendenzen sind auch in ausbeuterischen Berufen wie in der Wirtschaft oder im Recht zu finden.

Viele Manipulationsstrategien sind sogar im Internet, in der Werbung und am Arbeitsplatz weit verbreitet. Auch im Privatleben tauchen derartige Taktiken auf, wenn Kinder zum Beispiel nach Autonomie streben, und Manipulation nutzen, um ihren Willen durchzusetzen. Menschen, die Ihnen nahestehen, können in vielen Situationen dunkle Überredungstaktiken und Täuschungsversuche für eine Vielzahl von Zwecken einsetzen.

Im Geschäft

Jeder durchschnittlich gebildete Mensch ist sich darüber im Klaren, dass die Fähigkeit, die Emotionen eines Menschen zu beeinflussen, im Verkauf und im Marketing in einer Branche, in der die Konkurrenz groß ist, äußerst nützlich sein kann. Dazu gehören auch Methoden wie Überredung und Verhandlung, die eingesetzt werden können, um geschickt und unbemerkt die Kontrolle über andere zu erlangen. Es ist nicht ungewöhnlich, dass ein Unternehmen sein Produkt oder seine Dienstleistungen durch Angebote anbietet und dabei mehr verspricht, als realistischerweise möglich ist. Zum Beispiel bietet es Waren an, die allen zugutekommen und das Leben der Kunden verbessern sollen. Dieses Unternehmen kann in ein Muster verfallen, bei dem es dunkle Psychologie einsetzt, um die Vorteile seines Produkts in einem solchen Ausmaß zu übertreiben, dass jede Methode, selbst eine moralisch schlecht begründete, eingesetzt werden kann, um die Ziele zu erreichen. Mit anderen Worten: Der Zweck heiligt für viele Menschen die Mittel.

Am Arbeitsplatz

Es geht in diesem Buch aber nicht nur um Marketing und Verkaufsstrategien. Tatsächlich kann die dunkle Psychologie auch am Arbeitsplatz strategisch sinnvoll eingesetzt werden. Arbeitnehmer werden oft dazu gebracht, ihre individuellen Interessen für das Unternehmen zu opfern, indem sie nur für einen kleinen Teil ihres wahren Beitrags zum Arbeitsplatz bezahlt werden. Die Verbreitung von motivierenden <u>Mottos</u> am Arbeitsplatz wie „Gemeinsam sind wir besser", „Du machst den Unterschied" und „Wir sind eins" lässt sich dadurch erklären, dass derartige Slogans verwendet werden können, um uns dazu zu bringen, in ungünstigen Situationen stets für das Wohl der Allgemeinheit zu arbeiten.

In sozialen Situationen

In zwischenmenschlichen Beziehungen können verschiedene dunkle psychologische Verhaltensweisen auftreten, die auf düstere, unmoralischere Aspekte der menschlichen Natur zurückzuführen sind. Zum Beispiel kann jemand während eines Streits mit einem geliebten Menschen oder einem Familienmitglied übermäßig aggressiv oder wütend werden. Ein Konkurrent kann seine Rivalen durch unehrliche oder skrupellose Methoden untergraben.

In der Politik

Im Laufe der Geschichte haben Politiker und Autoritätspersonen stets psychologische Taktiken angewandt, um ihre Ziele zu erreichen, und deren Verbreitung hat aus verschiedenen Gründen in den letzten Jahren zugenommen. In der Politik nutzt die dunkle Psychologie die menschliche Angst aus, deckt Schwachstellen auf, manipuliert die Wählerschaft und schafft Zwietracht. Politiker manipulieren die Gefühle der Menschen, um sie davon zu überzeugen, dass sie gegen ihr eigenes Interesse handeln sollten. Politische Führungspersönlichkeiten setzen die dunkle Psychologie oft ein, um eine sogenannte Wir-gegen-die-anderen-Mentalität zu fördern und Konflikte und Spaltungen in der Wählerschaft zu verursachen und zu intensivieren. Darüber hinaus können Politiker versuchen, die Unsicherheiten und Ängste der Wähler auszunutzen, um die Menschen davon zu überzeugen, ihre politischen Strategien und Initiativen zu unterstützen. Und als ob das noch nicht genug wäre, können sie diese Taktik sogar dazu nutzen, die Medien zu manipulieren, um sich selbst positiv darzustellen, sei es durch scheinbar aufrichtige Reden oder durch politischen Opportunismus zu jeder Gelegenheit. Auch wenn die dunkle Psychologie sowohl zum Guten als auch zum Schlechten eingesetzt werden kann, wird sie häufig zum politischen Vorteil der Politiker auf Kosten der Wähler eingesetzt.

In Beziehungen

Das Ziel, das hinter dem Einsatz der dunklen Psychologie in Beziehungen steht, ist der Versuch, das zu bekommen, was wir von unseren romantischen Partnern erwarten. Es gibt viele Möglichkeiten dazu, wie die dunkle Psychologie in Beziehungen eingesetzt werden kann, aber das grundlegende Ziel ist immer das gleiche. Ein Partner kann verschiedene Methoden anwenden, um die Kontrolle über den anderen

Partner zu erlangen, dazu gehören Gaslighting, Liebesverweigerung und ähnliche Methoden. Das Ziel besteht dabei darin, die Beziehung durch die Kontrolle von Gefühlen und Ergebnissen fest im Griff zu behalten. Beispielsweise kann jemand diese Herangehensweise anwenden, um psychologische Schwachstellen anzugreifen, indem er zum Beispiel mit einer anderen Person flirtet, um dem Beziehungspartner absichtlich das Gefühl zu vermitteln, dass er jederzeit verlassen werden könnte.

Unabhängig davon, welche Taktik zum Einsatz kommt, bietet die dunkle Psychologie den Menschen weitreichende psychologische Manipulationstechniken an, die auf vielfältige Art und Weise eingesetzt werden können, um die eigenen Chancen auf einen strategischen Vorteil in der Welt der Beziehungen zu erhöhen.

Einige weitere Taktiken:

- **Umgekehrte Psychologie:** Ermutigung einer Person, eine bestimmte Überzeugung, ein Verhalten oder eine Aktivität zu entwickeln, indem das Gegenteil unterstützt wird.

- **Liebe verweigern:** Vorenthaltung von Zuneigung und Aufmerksamkeit.

- **Liebesbombardement:** Jemanden beglückwünschen, Zuneigung zeigen oder ihm Honig ums Maul schmieren, um seine Kooperation zu gewinnen.

- **Semantische Manipulation:** Die Verwendung von Wörtern, die scheinbar nur eine eindeutige Definition haben, nur um später zu verdeutlichen, dass der Manipulator eine andere Auffassung von der Bedeutung dieser Wörter hat.

- **Lügen:** Falsche Behauptungen, Übertreibungen, Sensationsmeldungen, Teilwahrheiten und falsche Versprechungen.

- **Entzug:** Stille und Vermeidung von Kommunikation mit dem Partner.

- **Gaslighting:** Durch Unehrlichkeit Selbstzweifel und Verwirrung beim Partner stiften.

Dies sind nur einige Beispiele für die Taktiken der dunklen Psychologie, die praktisch jeder in seinem täglichen Leben anwenden kann. Alles in allem ist es für jeden Menschen von Vorteil, etwas über dunkle Psychologie und ihre Funktionsweise zu lernen, um sich vor derartigen Strategien zu schützen.

Die Auswirkungen der dunklen Psychologie auf die Gesellschaft

Die dunkle Psychologie hat weitreichende Auswirkungen auf die Gesellschaft. Sie ermutigt Menschen, Dinge zu tun, die anderen schaden, direkt oder indirekt, freiwillig oder unfreiwillig. Sie ermöglicht es den Menschen, ihre Handlungen zu rechtfertigen, und gibt ihnen ein gutes Gefühl über sich selbst. Dies kann dazu führen, dass die Menschen aggressiver und gewalttätiger werden. Die dunkle Psychologie ist ein Ausdruck einer sehr pessimistischen Sicht der menschlichen Natur. Sie geht davon aus, dass Menschen von Natur aus egozentrisch, gierig und hungrig nach Macht und Kontrolle sind. Und obwohl einige Menschen behaupten, dass die dunkle Psychologie in der Praxis grundsätzlich unehrlich ist, sehen andere darin kein Problem. Sie birgt jedoch verschiedene Gefahren, von der Beeinträchtigung der geistigen Gesundheit bis hin zur psychologischen Manipulation und dem Verlust von Respekt und Vertrauen. All diese Konsequenzen können den sozialen Zusammenhalt in der Gesellschaft gefährden.

Ein großer Nachteil der dunklen Psychologie ist ihre Fähigkeit, Menschen zu Gewaltverbrechen, in manchen Fällen sogar zu Mord, zu verleiten. Eine Person, die auf eine bestimmte Weise manipuliert oder sozialkonditioniert wurde, fühlt sich möglicherweise selbstbewusster als es ihr zusteht und beginnt, sich als dem Gesetz überlegen und als klüger als alle anderen zu betrachten. Da es derartigen Menschen an Empathie für andere (und vielleicht sogar für sich selbst) fehlt, können sie zu gewalttätigen oder illegalen Handlungen greifen, um andere besser kontrollieren zu können. Eine solche Ausbeutung kann zu schwerwiegenden Schäden führen, selbst wenn es sich nur um geringfügige Verletzungen handelt.

Dunkle Psychologie kann im Nachhinein schwere negative Auswirkungen haben. Wir müssen vorsichtig sein, wenn wir dunkle Psychologie anwenden, und uns regelmäßig bewusst machen, dass sie negative Auswirkungen haben kann. Letztendlich kann sie entweder von Vorteil oder von Nachteil sein, je nachdem, wie sie eingesetzt wird.

Strategien zum Erkennen und Abwehren dunkler Psychotaktiken

Es liegt an Ihnen, zu entscheiden, ob die dunkle Psychologie in Ihrer Sicht positiv oder negativ ist. Wie können Sie sich schützen? Der erste Schritt besteht darin, ein grundlegendes Verständnis zu diesem Thema zu erlangen. Wenn Sie die Funktionsweise und die Methoden der dunklen Psychologie verstehen, können Sie die lauernden Gefahren vermeiden, indem Sie Ihr Umfeld aufmerksam beobachten und sich gegen Täuschung und Manipulation aktiv wehren. Umgeben Sie sich mit Menschen, die sich um Sie kümmern und Ihnen Kraft geben. Mit der Unterstützung dieser Menschen werden Sie weniger anfällig für Ausbeutung. Verlassen Sie sich schließlich auf Ihren Instinkt und verlassen Sie eine Situation, wenn sie Ihnen unangenehm ist.

Es gibt viele Definitionen der dunklen Psychologie, aber die gebräuchlichste ist die Manipulation der Emotionen von Menschen, um ihre Gedanken, Verhaltensweisen und Handlungen zu beeinflussen. In den meisten Fällen geschieht dies, um selbstsüchtige Ziele zu erreichen, z. B. Geld zu verdienen, Status zu erlangen oder Macht zu sichern. Ziel der dunklen Psychologie ist es, Menschen so zu beeinflussen, dass sie in einer Weise handeln, die nicht in ihrem Interesse liegt.

Viele Menschen glauben, dass die dunkle Psychologie eine Art Spiegelbild des Individuums ist, dass sie anwendet. Meistens richtet sich die dunkle Psychologie gegen andere Menschen und nicht gegen einen selbst. Das bedeutet jedoch nicht, dass nur „schlechte" oder „böse" Menschen in der Lage sind, diese Akte des Missbrauchs, der Manipulation und des Betrugs zu begehen.

Die dunkle Psychologie gehört zweifellos zu den wirkungsvollsten Methoden, mit denen man andere Menschen täuschen und ausbeuten kann. Die Fähigkeit, diese Taktiken zu erkennen und zu wissen, wie man mit ihnen umgeht, ist von entscheidender Bedeutung, um zu vermeiden, dass man selbst von den damit verbundenen Risiken betroffen wird. Diejenigen, die die dunkle Psychologie nutzen, um andere zu manipulieren, haben das Potenzial, sich zu ändern. Mit der entsprechenden Anleitung und dem nötigen Wissen kann man ihnen beibringen, die Auswirkungen solcher Strategien zu verstehen und betrügerisches Verhalten zu vermeiden.

Kapitel 2: Verschiedene Arten von manipulativen Persönlichkeiten

Manipulation gibt es in vielen Formen. Nach der Lektüre dieses Kapitels werden Sie in der Lage sein, zu erkennen, welche Personen manipulative Tendenzen haben. Hier werden wir die verschiedenen Merkmale von Manipulatoren genauer untersuchen. Wir werden auch den MBTI (Myers-Briggs-Typenindikator) erklären und die Persönlichkeiten mit den meisten manipulativen Tendenzen genauer diskutieren. Schließlich werden wir näher auf das Konzept der dunklen Triade eingehen.

Manipulatoren geben anderen ein schlechtes Gefühl.

Verschiedene Merkmale von Manipulatoren

Im Folgenden werden einige der häufigsten Merkmale von Manipulatoren genauer erklärt:

Sie tun so, als seien sie unschuldig.

Manipulatoren verstehen sich hervorragend darauf, Geschichten zu erzählen, die sie nicht nur unschuldig erscheinen lassen, sondern sie auch als Opfer darstellen. Dadurch schaffen Sie es, Ihnen ein schlechtes Gewissen einzureden, weil Sie ihnen nicht erlauben, Sie zu benutzen. Erinnern Sie sich an diesen einen Freund, der Sie immer gebeten hat, seine Hausaufgaben zu machen, weil der Hund seiner Schwester im Krankenhaus lag? Erinnern Sie sich, wie diese Person Ihnen ein schlechtes Gewissen einreden konnte, wenn Sie versuchten, abzulehnen, obwohl sie wussten, dass Sie schon genug zu tun hatten? Dies ist ein typisches Merkmal eines Manipulators.

Diese Personen bitten um Rat und spülen ihn dann den Abfluss hinunter.

Diese Energievampire suchen Ihre Hilfe und bitten Sie um Ihren Rat, um dann die Dinge auf ihre eigene Weise zu erledigen. Wenn Sie daraufhin versuchen, sie zur Rede zu stellen oder ihnen beim nächsten Mal Ihre Hilfe zu verweigern, werden diese Personen Ihnen sagen, dass Sie genauso sind, wie andere Menschen in ihrem Leben, die ihnen nicht geholfen haben. Jeder sollte sein Leben so leben, wie er es möchte. Eine Person sollte jedoch nicht die Zeit anderer Leute verschwenden, wenn sie nicht auch dazu bereit sind, andere Perspektiven als ihre eigene zu hören.

Sie rechtfertigen ihr negatives Verhalten.

Manipulatoren haben kein Problem damit, ihr negatives Verhalten zu rechtfertigen. Sie können es so aussehen lassen, als hätten sie keine andere Wahl gehabt, als sich so zu verhalten, wie sie es getan haben. Sie sind dazu bereit, alles zu tun, um ihren Standpunkt zu beweisen, anstatt zu versuchen, in Argumenten oder Diskussionen einen Kompromiss zu finden. Die Wahrscheinlichkeit ist groß, dass sie nicht einmal darauf hören, was andere zu sagen haben.

Sie sind schnell dazu bereit, das Thema zu wechseln.

Es spielt keine Rolle, wie wichtig das Thema für Sie ist. Ein Manipulator wird das Gespräch in die von ihm gewünschte Richtung lenken, wann immer dies möglich ist. Dazu neigen Manipulatoren vor allem dann, wenn sie merken, dass das, was sie sagen, falsch ist. Anstatt es zuzugeben oder darauf hinzuweisen, dass der Standpunkt der anderen Person richtig sein könnte, wechseln sie lieber das Thema und vermeiden eine Situation, die sie als peinlich empfinden.

Sie sagen nicht die ganze Wahrheit.

In ähnlicher Weise sind Manipulatoren Meister darin, die Waage zu ihren Gunsten zu kippen. Sie manipulieren die Wahrheit, indem sie die Informationen auswählen, die sie weitergeben wollen, und die Dinge, die sie lieber geheim halten möchten. Sie gehen an alle Situationen im Leben mit dem Gefühl heran, dass alles, was sie sagen, gegen sie verwendet werden kann. Falls es zu Problemen kommt, möchten sie selbstbewusst etwas sagen können wie: „Wann habe ich das jemals gesagt?"

Sie geben Ihnen ein schlechtes Gewissen.

Viele Personen werden sich oft schuldig fühlen und sich entschuldigen, auch wenn sie nichts falsch gemacht haben. Wir alle haben unseren Anteil an Problemen, mit denen wir umgehen müssen. Verhaltensgrenzen sind jedoch etwas, das Manipulatoren nicht zu verstehen scheinen. Wenn Sie nicht nach ihrer Pfeife tanzen, geben diese Menschen Ihnen Schuldgefühle, weil Sie nicht immer für sie da sind.

Manipulatoren können Ihnen auch ein schlechtes Gewissen einreden, weil Sie Gefühle haben und Emotionen empfinden. Wenn Sie sie auf etwas ansprechen, was sie getan haben, werden sie den Spieß umdrehen und behaupten, dass ihr Fehlverhalten auf Ihr falsches Handeln zurückzuführen ist. Sie werden Sie davon überzeugen, dass Sie schuld waren, und Sie sogar dazu bringen, sich zu entschuldigen.

Sie werfen mit Beleidigungen um sich.

Manipulative Menschen neigen von Natur aus dazu, unhöflich zu sein. Wir alle nehmen unsere Freunde nur zum Spaß auf den Arm. Manipulatoren wissen jedoch, wie sie Sie mit ihren Worten dort treffen können, wo es weh tut, und behaupten später, alles sei nur ein Scherz gewesen. Wenn sie Sie beleidigen, wissen sie, dass sie viel mehr tun als nur „herumzualbern". Sie wissen, dass sie Sie verletzen; wenn Sie sie darauf ansprechen, werden sie vermutlich sagen, dass Sie keinen Spaß verstehen. Auf diese Weise beeinträchtigen sie Ihr Selbstwertgefühl, lassen Sie an sich zweifeln und bauen ihre eigene Dominanz auf.

Sie sind Tyrannen.

Manipulatoren gehen weit über passiv-aggressive Verhaltensweisen hinaus, um Ihre Wahrnehmung zu stören. Sie können sogar so weit gehen, Gerüchte zu verbreiten, um Sie herabzusetzen. Wenn Sie es mit einem Manipulator zu tun haben, fragen Sie sich vielleicht, ob es sich lohnt, für sich selbst einzustehen und Ihre Meinung zu äußern. Sie wissen, dass sich die manipulierende Person wahrscheinlich über Sie lustig machen wird und Sie dazu bringen wird, sich beschämt oder klein zu fühlen.

Sie bagatellisieren die Situation.

Wenn Sie ihr sagen, dass Ihre Worte und Handlungen Sie verletzen, wird sie Ihnen sagen, dass Sie der Situation viel mehr Gewicht geben, als sie verdient. Mit anderen Worten, die Person wird behaupten, dass Sie aus einer Kleinigkeit eine große Sache machen. Am Frustrierendsten ist dabei jedoch, dass die Person, die Sie manipuliert, oft diejenige ist, die eine große Sache aus den kleinsten Problemen macht. Sie findet für jede Situation einen Ausweg, sobald sich das Blatt gegen sie wendet. Dann gibt sie allen anderen die Schuld und tut so, als ob sich alle anderen gegen sie verschworen hätten.

Sie übernehmen nie die Verantwortung.

Wenn es etwas gibt, was ein Manipulator besonders gut kann, dann ist es, die Schuld von sich selbst abzuschieben und sich als Opfer auszugeben. Das Leben ist dabei ihre Bühne. Sie tun, was sie wollen, verletzen Menschen und ignorieren die Konsequenzen, ohne die Verantwortung für ihr Verhalten zu übernehmen. Sie sind dazu in der Lage, Ihnen direkt in die Augen zu schauen und zu behaupten, dass sie nichts falsch gemacht haben. Wenn sie nicht aus der Sache herauskommen, finden sie einfach einen Weg, ihre Handlungen sofort zu rationalisieren. Das Problem ist, dass die manipulierende Person sehr wortgewandt sein kann und Sie dazu bringen könnte, alles zu glauben, was aus ihrem Mund kommt, selbst wenn Sie handfeste Gegenbeweise haben. Diese Person ist dazu bereit, alles zu tun, außer sich selbst zur Rechenschaft zu ziehen.

Was ist der Myers-Briggs-Typenindikator?

INFP, INTJ, ESFJ und so weiter ... Wahrscheinlich sind Sie diesen Akronymen schon einmal begegnet und haben sich bereits gefragt, was sie bedeuten. Wir möchten Ihnen an dieser Stelle erklären, dass diese cool klingenden Buchstabenkombinationen in Wirklichkeit Codes für Persönlichkeitstypen sind. Myers und Briggs haben diese Persönlichkeitstests erfunden, und die Menschen, die den Test durchführen, werden anhand ihrer Antworten in Kategorien eingeteilt.

Sie können den Test online finden und selbst ausprobieren – auf diese Weise erhalten Sie einen vollständigen Bericht über Ihren Persönlichkeitstyp, einschließlich Ihrer Wünsche, Bedürfnisse, Stärken und Schwächen. Der MBTI (Myers-Briggs-Typenindikator) basiert auf den psychologischen Theorien von Carl Jung und gehört heute zu den beliebtesten Instrumenten der Persönlichkeits- und Psychologieforschung. Diesem Indikator zufolge gibt es 16 Persönlichkeitstypen. Keiner der Persönlichkeitstypen ist den anderen überlegen, und es gibt auch keine ungünstigen oder „schlechten" Typen. Der Test soll dem Anwender lediglich dabei helfen, mehr über sich selbst und andere zu erfahren. Er ist so konzipiert, dass er die folgenden Skalen bewertet:

E/Extraversion - I/Introversion

Die erste Skala ist die Extraversion-Introversion-Skala. Sie bewertet, wie jeder Persönlichkeitstyp mit anderen Menschen und seinem Umfeld interagiert. Beim MBTI geht es bei Extraversion und Introversion um viel mehr als um die Fähigkeit, neue Freunde zu finden, oder um die Wahrscheinlichkeit, einen Samstagabend zu Hause zu verbringen. Extraversion bezieht sich auf die Neigung der Menschen, nach außen aus sich herauszugehen. Diese Menschen sind immer bereit, in Aktion zu sein und in Verbindung mit anderen zu treten. Sie sind sehr soziale Wesen, die aufblühen und sich energiegeladen fühlen, wenn sie Zeit mit anderen verbringen. Soziale Interaktionen können ihnen dabei helfen, sich erholt und energetisiert zu fühlen. Introvertierte Menschen neigen hingegen dazu, sich nach innen zu wenden. Sie nehmen sich gerne Zeit, um über die Dinge nachzudenken, bevor sie handeln. Sie sind dabei nicht unbedingt einsam oder haben eine Neigung zur Selbstisolierung, wie die meisten Menschen glauben. Sie genießen einfach sinnvolle und herzliche Interaktionen. Gesellschaftliche Ereignisse sind zwar nicht immer anstrengend, können aber für manche überwältigend sein, und Introvertierte können sich erholen, indem sie etwas Zeit allein verbringen. Jeder Mensch weist in gewissem Maße beide Eigenschaften auf. Im Allgemeinen neigt jedoch jeder von uns entweder zur Extraversion oder zur Introversion.

S/Sinneswahrnehmung - N/Intuition

Die zweite Skala umfasst die persönliche Wahrnehmung und die Intuition. Sie steht im Zusammenhang damit, wie Menschen Informationen aus ihrer Umgebung aufnehmen und wie sie sie wahrnehmen. Wir alle sind sensibel und intuitiv veranlagt. Die Situation, in der wir uns gerade befinden, hat einen großen Einfluss darauf, wie wir mit den Informationen aus unserem Umfeld umgehen. Auch wenn niemand perfekte intuitive oder sensorische Fähigkeiten hat, trägt jeder einen der dominanten Bereiche der Informationsbeschaffung in sich. Sensorische Personen beziehen gerne ihre Sinne in ihren Alltag mit ein. Sie lassen sich gerne auf die Realität ein und nehmen sich Zeit, um die Welt zu „erspüren". Diese Menschen genießen praktische Erfahrungen. Sie mögen es, Dinge selbst zu tun, und achten in der Regel auf Details und Beweise. Intuitive Menschen konzentrieren sich hingegen eher auf Muster. Sie verlassen sich auf ihre eigenen Eindrücke und ihre Intuition. Sie erforschen gerne alle möglichen Ergebnisse und stellen sich die Zukunft vor. Es macht ihnen Spaß, sich hypothetische Situationen und Theorien vorzustellen.

T/Denken - F/Gefühl

Das Denken und das Fühlen bilden die dritte Skala. Diese Skala bezieht sich auf die Art und Weise, wie wir die Informationen, die wir durch Wahrnehmung oder Intuition erhalten, nutzen, um Entscheidungen zu treffen. Menschen, die Entscheidungen vorwiegend durch Nachdenken treffen, stützen sich auf Fakten, Beweise und Daten. Sie treffen ihre Entscheidungen im Allgemeinen objektiv. Sie sind in der Regel rationaler als diejenigen, die ihre Entscheidungen „erfühlen". Sie neigen außerdem dazu, logisch und konsequent zu agieren und mögen es nicht, wenn sie beim Abwägen ihrer Optionen subjektiv werden. Personen, die Entscheidungen nach ihrem Gefühl treffen, lassen ihren Emotionen den Vortritt. Wie bei den beiden vorangegangenen Skalen (E - I und S - N) gibt es Situationen, in denen „fühlende" Personen rationaler denken und umgekehrt.

J/Beurteilen - P/Wahrnehmen

Die letzte Skala betrifft die Art und Weise, wie wir uns mit der Welt um uns herum auseinandersetzen. Urteilende Menschen sind nicht unbedingt voreingenommen, und sie schauen auch nicht immer auf andere herab. Mit „urteilend" meinen wir, dass sie in ihrem Denken strukturierter sind. Sie bevorzugen bei wichtigen Entscheidungen einen strukturierten Ansatz, der ihnen dabei hilft, Entscheidungen zu treffen. Wahrnehmende Menschen zeichnen sich hingegen durch ihre Flexibilität aus. Sie sind offener und können sich leicht an Veränderungen anpassen. Diese Skala steht in Verbindung mit allen anderen Skalen. Wir alle sind bis zu einem gewissen Grad extrovertiert, denn schließlich hat jeder Mensch Kontakt mit der Außenwelt. Während dieser extrovertierten Aktivitäten bezieht sich die J-P-Skala auf unsere Tendenz, uns wie Extrovertierte zu verhalten, während wir unsere Umgebung wahrnehmen oder intuitiv mit ihr interagieren (neue Informationen aufnehmen) und während des Entscheidungsprozesses denken oder fühlen.

Der manipulativste MBTI

Manipulation findet überall um uns herum statt. Sie manifestiert sich in Form von missbräuchlichen, ungesunden Beziehungen. Polizisten wenden sie an, wenn sie versuchen, einen Verdächtigen zu einem Geständnis zu bewegen. Ärzte benutzen sie, um ihre Patienten dazu zu bringen, ungesunde Gewohnheiten aufzugeben. Werbeagenturen manipulieren uns, damit wir Dinge kaufen, die wir nicht brauchen, und so weiter. In Wirklichkeit ist die Taktik der dunklen Psychologie viel weiterverbreitet, als Sie vielleicht denken.

Nach Angaben der Beratungsstelle für Gesundheitspsychologie weisen die meisten Manipulatoren bestimmte Charaktereigenschaften auf. Manipulatoren sind typischerweise hinterlistig, d. h. sie führen andere absichtlich zu ihrem eigenen Vorteil hinters Licht. Sie tun ihr Bestes, um andere und ihre Umgebung zu kontrollieren, und es fällt ihnen schwer, tiefere Gefühle auszudrücken. Manipulatoren sind oft sehr unabhängig. Sie wissen, was sie tun müssen, um im Leben ohne Hilfe von Außenstehenden erfolgreich zu sein. Sie sind charismatisch, überzeugend und verführerisch für andere. Es mag Sie überraschen zu erfahren, dass diese Menschen in der Regel selbstbewusst sind. Obwohl sie Selbstvertrauen auszustrahlen scheinen, verbringen Manipulatoren die meiste Zeit damit, sich Gedanken darüber zu machen, was andere von ihnen denken.

Mit anderen Worten: Eine MBTI-Persönlichkeit, die diese Eigenschaften aufweist, ist höchstwahrscheinlich ein Manipulator. Auch wenn Groll und Kontrolle in jedem Aspekt des eigenen Lebens kein Vorteil sind, sind kontrollierende Personen in der Regel sehr zielstrebig, motiviert, respektvoll, erfolgreich und fühlen sich selten ausgelaugt. Daraus lässt sich ableiten, dass extrovertierte Personen aufgrund ihrer

Ausstrahlung, ihres hohen Energieniveaus und ihres Verständnisses dafür, wie andere zu ihrem persönlichen Vorteil kontrolliert werden können, eher zu manipulativen Tendenzen neigen.

Manipulatoren sind gleichzeitig auch intuitiv veranlagt. Das zeigt sich darin, wie sehr sie auf Erfolg aus sind und wie sehr sie die verschiedenen Aspekte ihres Lebens kontrollieren können. Intuition zeigt darin, wie vorsichtig sie sind und wie sehr sie zu Paranoia neigen. Obwohl diese Menschen oft viel wahrnehmen, muss man bedenken, dass die manipulativen Tendenzen von einem schuldfreien Ort aus Ihren Inneren kommen. Sie beurteilen auch eher andere Menschen, als dass sie sie wirklich wahrnehmen. In diesem Fall ist ein ESTJ-Persönlichkeitstyp am ehesten ein Manipulator. ENTJs stehen bei derartigen Tendenzen an zweiter Stelle.

Der MBTI, Manipulation und Täuschung

Es gibt verschiedene Arten von Manipulatoren, und wir würden lügen, wenn wir behaupteten, wir wären nicht alle manchmal manipulativ. Manche Menschen werden jedoch gewohnheitsmäßig und häufig zu Manipulatoren. Sie nutzen diese Tendenzen, um ständig ihren Willen durchzusetzen. Es gibt zwar vier Haupttypen der emotionalen Manipulation, aber Untersuchungen zeigen, dass es insgesamt ganze zehn Typen gibt. Diese lauten wie folgt:

1. Das ständige Opfer (ESFJ, ISFJ, INFJ, ESFP, ISFP)

Diese Menschen spielen in all ihren Beziehungen immer das Opfer. „FE"oder extrovertierte Gefühle sind bei diesen Persönlichkeitstypen sehr ausgeprägt. Deren Neigung, sich selbst zum Opfer zu machen, ist ihr Verhängnis, und das Problem ist, dass sie sich dessen nicht immer bewusst sind. Wenn sie spüren, dass jemand ihnen gegenüber negative Gefühle hegt, drehen sie den Spieß um und versuchen zu beweisen, dass sie nur unsympathisch sind, weil andere sie dazu gebracht haben, so zu handeln. Die „FI" oder intuitiv fühlenden ISFP und ESFP Menschen, unterdrücken sogar ihre normale Fähigkeit, sich von ihren Moralvorstellungen und Überzeugungen leiten zu lassen. Das liegt daran, dass ihr Urteilsvermögen typischerweise getrübt ist, da sie wirklich glauben, dass sie das Opfer sind, wenn die Situation es erfordert.

2. Experte für die richtigen Umgangsformen (ESTJ, ESTP, ENFP, NTs)

Diese Menschen sind sehr kritisch und setzen andere gerne herab, nur um zu beweisen, dass sie besser sind als alle anderen. Sie sind „TE" oder extrovertierte Denker, die alle Situationen als eine Gelegenheit sehen, ihr Wissen und ihre Überlegenheit zur Schau zu stellen. Sie versuchen ständig zu beweisen, dass sie mehr wissen als alle anderen, auch wenn das nicht der Fall ist. TEs sind für ihre Organisations- und Strukturierungstendenzen bekannt. In diesem Fall spiegeln sich ihre Fähigkeiten darin wider, wie sie ihr Ego „strukturieren". Die extrovertierten Typen spielen gerne Gedankenspiele, die andere aus der Bahn werfen können. Die intuitive Seite des ENTP und ENFP veranlasst sie, sich auf die Teile des Gesprächs zu konzentrieren, die sie nutzen können, um einen Streit zu gewinnen. ESTPs wollen alles gewinnen, egal was es kostet und egal auf wessen Kosten.

3. Starke Abhängige (ISFJ, INFJ)

Sie genießen es, so zu tun, als seien sie hilflos und schwach. Auf diese Weise dominieren sie jedoch alle ihre Beziehungen. Sie zeigen ihr wahres Ich nicht einmal ihren engsten Freunden. Tatsächlich sind die Menschen, die sie bereits kennen und mit denen sie befreundet sind, am leichtesten zu manipulieren. Diese Menschen wurden bereits davon überzeugt, wie schwach sie sind, was es viel einfacher macht, sie auszunutzen. Sie bleiben in einem kleinen Kreis und erschaffen den Eindruck eines machtlosen Freundes, den man nicht im Stich lassen kann.

4. Triangulierer (ISTJ, ESTJ, INTJ, ENTJ)

Diese Personen wissen, wie sie Menschen auf ihre Seite ziehen und sie gegen andere Menschen aufhetzen können. Sie sind sehr geschickt beim Versuch, Beziehungen zu zerstören und Menschen dazu zu bringen, sich schlecht oder unsicher zu fühlen. Sie werden von der Idee, dass „die Mehrheit regiert" angetrieben, d. h. sie geben Ihnen das Gefühl, dass Sie unzulänglich oder dumm sind, wenn Sie nicht mit der Person und denjenigen, die auf ihrer Seite sind, übereinstimmen.

5. Die Sprengmeister (ESFP, ESTP, ISTP)

Wenn Sie ihnen Fragen stellen, die sie nicht beantworten wollen, können diese Personen aus heiterem Himmel förmlich in die Luft gehen. Sie versuchen ihre Wut zu nutzen, um Ihre Vorhaben zu stoppen. Zwar neigen wir alle dazu, dass uns manchmal die Sicherung durchbrennt, besonders, wenn wir in Ruhe gelassen werden wollen, aber diese Typen neigen aufgrund ihrer „SE"-Veranlagung (Extravertiertheitsgefühl) besonders zu dieser Art von Verhalten. Sie denken nicht zweimal nach, bevor sie aggressiv werden. Anstatt sich dem Problem zu stellen, schüchtern sie ihr Gegenüber ein, um das Problem zu lösen.

6. Der Schuldzuweisende (ESFJ, ESFP, ESTP, ENFP, ENFJ, ENTP)

Dieser Persönlichkeitstyp denkt, er sei einfach perfekt. Diese Personen glauben, dass sie nie Fehler machen, weshalb sie sich auch nie selbst zur Verantwortung ziehen. Sie geben allen anderen die Schuld, nur nicht sich selbst, und tun alles, um ihren gewünschten Ruf zu wahren.

7. Der absichtliche Fehlinterpretierer (ISFJ, INFP, ENFP)

Diese Menschen können auf den ersten Blick sehr nett erscheinen. Aber Sie werden Ihre Meinung über sie schnell ändern, sobald Sie merken, dass diese Menschen Ihnen die Worte im Mund verdrehen, um sie gegen Sie zu verwenden. Insbesondere tun diese Introvertierten dies bei ihren Feinden, weil sie denken, dass sie besser dastehen, wenn sie ihre Feinde schlecht aussehen lassen. Die extrovertierten Typen nutzen diese Taktik ebenfalls, um das zu bekommen, was sie wollen.

8. Flirtende Persönlichkeiten (Alle SPs, ESFJ, ENFP)

Diese Persönlichkeitstypen zeichnen sich dadurch aus, dass sie flirten, um das zu bekommen, was sie wollen. Sie mögen es, von allen bewundert zu werden und stehen gerne im Rampenlicht. Obwohl sie sehr charmant sein können, sollten Sie im Umgang mit ihnen vorsichtig sein, denn es ist diesen Menschen egal, ob sie Sie durch ihr Verhalten verletzen. Sie flirten in der Regel, um ihren Willen durchzusetzen, so dass Ihre persönlichen Bedürfnisse und Wünsche für sie völlig unbedeutend sind. Sie flirten nicht mit Ihnen, damit Sie sich gut fühlen. Sie tun es nur, weil sie Schmeicheleien mögen. Sie möchten sich begehrenswert fühlen - ESFJs, die dieses Verhalten an den Tag legen, tun dies normalerweise, nachdem sie eine Weile herumgezogen sind. Das Flirten ist ihre Art, Spaß zu haben, selbst wenn sie es auf Kosten anderer tun. ENFPs hingegen flirten gerne, weil sie es nicht schaffen, eine wirklich bedeutungsvolle Beziehung zu jemand anderem aufzubauen.

9. Die eiserne Hand (ISTJ, ESTJ, INTJ, ENTJ)

Diese Persönlichkeitstypen nutzen Einschüchterung, um das zu bekommen, was sie wollen. Sie haben kein Problem damit, andere für ihre eigenen Interessen zu benutzen. Sie wollen, dass die Dinge so laufen, wie sie wollen, deshalb ist es oft am besten, sie in Ruhe zu lassen, wenn sie sich auf eine Idee fixiert haben. Der einzige Vorteil ist jedoch, dass derartige Menschen großartige Organisatoren sind und ziemlich geradlinig und strukturiert vorgehen. Trotzdem sollte man sich nicht auf sie verlassen, denn wenn sie beschließen, dass es an der Zeit ist, Sie nicht weiter mit in ihr Leben einzubeziehen, werden sie Sie ohne weiteres aus ihrem Leben stoßen. Üblicherweise gibt es nichts, was Sie in einer solchen Situation tun können, um gut genug zu sein, um sie zum Bleiben zu bewegen. Solche Personen werden es immer schaffen, Ihnen ein schlechtes Gewissen einzureden und Ihr Selbstwertgefühl dadurch zu beeinträchtigen.

10. Der Mehrfachtäter (alle und jeder MBTI)

Nicht zuletzt wenden diese Personen je nach Situation mehrere Techniken an. Zwar neigt jeder zu einer bestimmten Manipulationstaktik, aber wir alle lernen und entwickeln regelmäßig neue Manipulationstaktiken, die unseren jeweiligen Zwecken dienen.

Die dunkle Triade der Persönlichkeitsmerkmale

Wie wir bereits erläutert haben, ist die dunkle Triade ein populärer psychologischer Begriff, der sich auf drei verschiedene - aber irgendwie miteinander verbundene - Persönlichkeitsmerkmale bezieht:

- **Narzissten:** Narzissten sind arrogante Menschen, die sich durch ihren Mangel an Empathie auszeichnen. Sie sind egoistisch, typischerweise egozentrisch, prahlerisch und besonders bei Kritik empfindlich.

- **Machiavellisten:** Menschen mit diesem Charakterzug sind in der Regel manipulativ. Sie stellen ihr Eigeninteresse in den Vordergrund, selbst wenn ihre Moral dadurch in Frage gestellt wird. Sie sind in keiner Weise emotionale Menschen.

- **Psychopathen:** Personen mit psychopathischen Tendenzen zeichnen sich durch einen Mangel an Reue aus. Sie haben antisoziale Tendenzen und sind außerdem sehr manipulativ.

Es ist oft schwierig, festzustellen, ob jemand manipulativ veranlagt ist, wenn man ihm zum ersten Mal begegnet. Manipulative Menschen sind sehr gut darin, ihre Motive zu verbergen, bis sie sich in Ihr Leben eingemischt haben. Infolgedessen wird es zunehmend schwerer, sich wieder von ihnen zu trennen. Zum Glück können Sie nach der Lektüre dieses Kapitels die wichtigsten Warnzeichen schneller erkennen.

Kapitel 3: Warum benutzen die Menschen Manipulation?

In letzter Zeit sind Begriffe wie Narzissmus, Psychopathie und „Gaslighting" häufiger zu hören. Mit der zunehmenden Diskussion über psychische Gesundheit und der Tatsache, dass immer mehr Menschen ihre Geschichten in den sozialen Medien teilen, sind wir uns der dunklen Seite der Menschheit in letzter Zeit stärker bewusst geworden. Es überrascht dabei nicht, dass die Manipulation zu den schädlichsten Verhaltensweisen gehört, denen wir in unserem Alltag ausgesetzt werden. Nicht alle Manipulatoren sind sich ihres Verhaltens bewusst. Sie glauben vielmehr, dass ihre Handlungen normal sind. Manipulation ist ein Teil des modernen Alltags geworden. Unternehmen nutzen sie als eine Form des Marketings, um ihre Produkte zu verkaufen, soziale Medien nutzen sie, um negative Emotionen zu schüren, und viele Menschen nutzen sie täglich, um ihren eigenen Willen durchzusetzen.

Manipulatoren wollen sich mächtig fühlen, indem sie ihre Opfer kontrollieren.
https://unsplash.com/photos/IqSaG9zv2e0

Manipulation und Einflussnahme sind zwei verschiedene Dinge. Laut der Psychologin Ruchi Sinha gibt es einen wichtigen Unterschied zwischen Manipulation und *Einflussnahme*. Einflussnahme ist die Fähigkeit, jemanden zu etwas zu überreden. Erfolgreiche Führungspersönlichkeiten benutzen diese Fähigkeit, um zu verhandeln oder ihr Team zu ermutigen. Einflussnahme setzt die Fähigkeit voraus, jemanden in eine bestimmte Richtung lenken zu können, von der beide Parteien profitieren können. Die andere Person kann dann frei entscheiden, ob sie diese Richtung einschlagen will oder nicht - und sie wird nicht dazu gezwungen, anders als bei der Manipulation. Was Einflussnahme von Manipulation unterscheidet, ist im Wesentlichen die Absicht, die hinter der Handlung steht. Der Beeinflusser hat keine bösen Absichten. Er möchte Sie zu etwas bewegen, das für Sie beide von Vorteil ist, und gibt Ihnen den Freiraum, in Ihrem besten Interesse zu denken und zu handeln. Im Gegensatz dazu beinhaltet die Manipulation Zwang und Gedankenspiele, die Sie dazu bringen sollen, eine Entscheidung zu treffen, mit der Sie selbst nicht einverstanden sind. Von dieser Entscheidung profitiert nur der Manipulator.

Nach Ansicht des ehemaligen FBI-Agenten und Autors Joe Navarro erfordert die Beeinflussung anderer, dass man seine besten Eigenschaften einsetzt und ein positives Umfeld und positive Erfahrungen für andere schafft. Wenn die Einflussnahme eine so mächtige und positive Fähigkeit ist, die Menschen leicht einsetzen können, warum wählen viele Menschen dann stattdessen die Manipulation? Menschen nutzen Manipulation aus verschiedenen Gründen, die mit ihrem persönlichen Hintergrund, ihrem Persönlichkeitstyp, dem Umfeld, in dem sie leben, und anderen Faktoren zu tun haben, auf die wir in diesem Kapitel noch genauer eingehen werden.

Gründe für den Einsatz von Manipulation

Persönlichkeitstypen

Mehrere Studien konnten zeigen, dass unsere Persönlichkeitsfaktoren unser Verhalten beeinflussen können. Es gibt insgesamt 16 Persönlichkeitstypen, und Sie können Ihren eigenen herausfinden, indem Sie den Myers-Briggs-Persönlichkeitstest machen. Eine Studie der Universität von Tennessee konnte einen Zusammenhang zwischen Persönlichkeitstypen und der Fähigkeit der Menschen, andere zu manipulieren und zu täuschen, herstellen. Jeder Mensch hat ein Ziel, das er erreichen will; manche greifen zu Manipulation, andere nicht. Das bevorzugte Verhalten hängt vor allem von ihrem Persönlichkeitstyp ab.

Jeder Mensch hat seine eigenen grundlegenden Motive, die mit seinen Wünschen und Zielen verbunden sind. Ihr Persönlichkeitstyp wirkt sich darauf aus, wie Sie diese Wünsche in die Tat umsetzen. Zum Beispiel können zwei Personen die gleichen Ziele haben. Dennoch ist der Hauptcharakterzug des einen extrovertiert, während der Hauptcharakterzug des anderen introvertiert ist. Beide können unterschiedliche Taktiken anwenden, um ihre Ziele zu erreichen. Extrovertierte Menschen könnten aufgrund ihres sozialen Charakters unehrlich sein und haben daher öfter Gelegenheit, mit anderen Menschen zu interagieren und ab und zu lügen. Im Gegensatz dazu müssen introvertierte Menschen nicht so gesellig sein wie extrovertierte und haben daher nicht die gleichen Möglichkeiten zu lügen. Persönlichkeitstypen können auch die Motive einer Person beeinflussen. So werden extrovertierte Menschen von dem Wunsch angetrieben, ihren Bekanntenkreis zu erweitern und mehr Kontakte zu knüpfen, während sensorische oder fühlende Personen durch das Sammeln von Informationen über die Welt um sie herum motiviert werden.

Daher kann der Persönlichkeitstyp einer Person ihre Motive und die Art und Weise, wie sie ihre Ziele erreichen will, erheblich beeinflussen.

Eine Person kann zu Lügen, Täuschung oder manipulativem Verhalten greifen, sofern dies notwendig ist, um das zu bekommen, was sie will. Sehr extrovertierte Menschen lügen beispielsweise in ihren Bewerbungen oder während eines Vorstellungsgesprächs, wenn sie glauben, dass dies ihre einzige Möglichkeit ist, die Stelle zu bekommen. Extrovertiertheit wird auch mit Macht, sozialem Status und dem Wunsch, akzeptiert zu werden, in Verbindung gebracht. Dies kann sie dazu ermutigen, trügerische und manipulative Techniken wie Machtausübung anzuwenden, wenn sie dadurch den angestrebten Status oder die Bewunderung anderer erlangen können.

Manipulatoren wollen sich mächtig fühlen, indem sie ihre Opfer kontrollieren. In bestimmten Fällen kann dieses Verhalten auch erfolgreich sein und die Manipulatoren schaffen es, von ihrem Umfeld respektiert zu werden. Ein extrovertierter Mensch neigt eher zu manipulativen Verhaltensweisen, denn Manipulation erfordert Menschenkenntnis, ein hohes Energieniveau, soziale Kompetenz und die Fähigkeit, andere zu kontrollieren. Dies alles sind Eigenschaften, die viele Extrovertierte haben.

Introvertierte, intuitive Menschen können ebenfalls ein manipulatives Verhalten an den Tag legen, da sie einige Eigenschaften mit Manipulatoren teilen, darunter Selbstgenügsamkeit, Erfolgsstreben und Paranoia. Denkende Charaktertypen werden oft mit Manipulation in Verbindung gebracht, weil sie bedacht handeln können, ohne dass Emotionen oder Schuldgefühle dabei ihr Handeln beeinträchtigen.

Persönlichkeitsstörungen

Chronische Manipulatoren können an einer narzisstischen Persönlichkeitsstörung (NPD) oder einer Borderline-Persönlichkeitsstörung (BPD) leiden. Menschen mit NPD sind gemeine Personen, denen es schwerfällt, tiefe Beziehungen zu anderen aufzubauen. Wenn sie sich auf eine Beziehung einlassen, wirken sie anfangs meist fürsorglich und charmant. Wenn jedoch die Maske fällt und ihr wahres Gesicht zum Vorschein kommt, erkennen ihre Partner, dass sie gemeine Menschen sind, und verlassen sie. Daher wenden sie manipulative Taktiken wie Gaslighting, Schuldzuweisungen, Beschämung, das Spielen der Opferrolle, Kontrolle und sogar die Androhung von Selbstverletzungen an, um sicherzustellen, dass ihr Partner in der Beziehung bleibt.

Menschen mit BDP haben wahrscheinlich zu einem bestimmten Zeitpunkt in ihrem Leben ein traumatisches Erlebnis oder Missbrauch erlebt. Sie fühlen sich oft unsicher und verlassen, weshalb sie manipulatives Verhalten als Verteidigungsmechanismus einsetzen. Sie haben nicht gelernt, auf gesündere Weise mit ihren Erfahrungen umzugehen oder um Hilfe zu bitten. Daher ist Manipulation ein Weg, um ihre emotionalen Bedürfnisse indirekt zu befriedigen oder sich bestätigt zu fühlen.

Erlerntes Verhalten

Manche Manipulatoren sind sich ihres Verhaltens nicht bewusst. In manchen Fällen wächst eine Person in einem Elternhaus auf, in dem Manipulation die Norm ist. Als Kinder wurden sie von ihren Eltern nie ermutigt, direkt zu sein oder ihre Gefühle offen zu äußern. Stattdessen setzten diese das Kind entweder unter Druck, und forderten es auf, alles in sich hineinzufressen, oder machten Schreien und Streiten zur einzigen Form der Kommunikation, der das Kind ausgesetzt werden konnte. In diesem Szenario lernten sie, auf ungesunde Weise mit ihren unerfüllten Bedürfnissen umzugehen und entwickelten die Tendenz, Gefühle zu unterdrücken.

Manipulative Eltern entwerten die Gefühle ihres Kindes, entziehen ihm ihre Zuneigung als eine Form der Bestrafung, setzen Kontrolle ein, um ihre Kinder dazu zu bringen, genau das zu tun, was sie wollen, oder benutzen persönliche Angriffe, um ihr Selbstwertgefühl zu mindern. Das Kind wächst in dem Glauben auf, dass dieses Verhalten normal ist, und beginnt, die gleichen Taktiken bei anderen anzuwenden.

Wettbewerbsfähiges Umfeld

Ein wettbewerbsorientiertes Umfeld kann manipulatives Verhalten in hohem Maße begünstigen. Wenn Sie z. B. in einem Unternehmen arbeiten, in dem Feilschen, Intrigen oder das Ausnutzen von Schwächen der Mitarbeiter die Norm sind, werden Sie möglicherweise dasselbe Verhalten an den Tag legen. Es gibt auch Berufe (wie Marketing oder Verkauf), die bestimmte Arten der Manipulation erfordern, oder Unternehmen, die dadurch ihre Wettbewerbsfähigkeit fördern. Ebenso kann es sein, dass man in manchen Berufen machiavellistische Züge annimmt, nur um in der rücksichtslosen Büropolitik mithalten zu können. Auch ein wettbewerbsorientiertes Umfeld zu Hause kann das Verhalten eines Kindes beeinflussen. Tatsächlich ist es üblich, dass Kinder manipulative Taktiken wie das Ausnutzen anderer anwenden, wenn sie mit ihren Geschwistern um die Liebe, Zuneigung und Anerkennung ihrer Eltern konkurrieren müssen.

Menschen greifen zu derartigen Verhaltensweisen, wenn sie sich benachteiligt fühlen und nach Macht streben, also täuschen und manipulieren sie andere, um das zu bekommen, was sie wollen. Wenn ein Mensch ständig diesen Einflüssen ausgesetzt ist, kann dies große Auswirkungen auf ihn haben und dazu führen, dass er diese Taktiken täglich anwendet. Diese Art von Verhalten übernimmt langsam die Kontrolle über ihr Leben und wird zur Gewohnheit.

Missbrauch

Eine Missbrauchserfahrung in der Kindheit oder im Erwachsenenalter kann dazu führen, dass Menschen später Schwierigkeiten haben, ihre Bedürfnisse aufrichtig und direkt zu äußern. Infolgedessen können sie auf manipulatives Verhaltensmuster zurückgreifen, weil sie keinen anderen Weg kennen, um eine Verbindung zu ihrem Gegenüber herzustellen.

Schlechte Kommunikationsfähigkeit

In Beziehungen sollten die Menschen einander gegenüber offen sein und ihre Bedürfnisse den anderen Menschen direkt mitteilen. Normalerweise gibt es keine Schuldgefühle, Beschämung oder Psychospielchen. Manche Manipulatoren zeigen schlechte Kommunikationsfähigkeiten, weil ihre Eltern ihnen als Kindern nie beigebracht haben, zu kommunizieren oder ihre Gefühle auf gesunde Weise auszudrücken. Wir haben bereits erwähnt, dass Manipulation ein erlerntes Verhalten sein kann, wenn das Kind keine andere Möglichkeit hat, sich auszudrücken. Das Kind wächst in dem Glauben auf, dass Tricks, das Vorenthalten von Zuneigung, Schuldzuweisungen und andere Formen des Missbrauchs völlig normale Verhaltensweisen sind. Im Grunde ist dies die einzige Art und Weise, die sie kennen, um zu kommunizieren. Ihr Partner hat möglicherweise zum Beispiel etwas getan, das sie verärgert hat. Anstatt darüber zu reden, den Ärger offen auszudrücken, und zu betonen, wie sehr diese Handlung ihre Gefühle verletzt, schlagen sie lieber um sich oder entziehen der Person die Zuneigung, um sie zu bestrafen. Dies kann der emotionalen und geistigen Gesundheit des Partners im Nachhinein sehr schaden.

Wenn ihr Partner sie darauf hinweist, dass dieses Verhalten verletzend ist, werden sie entweder aggressiv, spielen das Opfer oder weisen die Gefühle ihres Partners zurück, genau wie es ihre Eltern mit ihren eigenen Gefühlen taten. Schließlich wird ihr Partner immer vorsichtiger aus Angst vor der Aggression, die ihm entgegengebracht werden könnte, wenn er es wagt, seine Gefühle auszudrücken. Solche Menschen wenden diese manipulative Technik auch in verschiedenen anderen Bereichen ihres Lebens an. Zum Beispiel brauchen sie Hilfe bei der Arbeit. Anstatt einen Kollegen aufrichtig um Hilfe zu bitten, manipulieren sie ihn, indem sie ihm drohen, seine Geheimnisse zu verraten, das Opfer zu spielen oder ihm Schuldgefühle einzureden, damit er ihnen Hilfe anbietet. Hätte die Person höflich gefragt, wäre der Kollege vielleicht sogar bereit gewesen, ihr zu helfen. Dadurch, dass diese Person nicht versteht, wie sie besser auf Menschen zugehen oder sie um Hilfe bitten kann, ist dies jedoch nicht möglich. Das macht Manipulatoren nicht unbedingt zu Opfern. Sie können an sich arbeiten und diese Art von Verhalten verlernen, sofern sie bereit sind, sich zu ändern und die Menschen in ihrem Leben nicht weiter zu verletzen.

Der Wunsch, eine Verbindung zu anderen zu vermeiden

In manchen Fällen hatten Manipulatoren ein vernachlässigendes, misshandelndes oder manipulierendes Elternteil, das ihnen nie Liebe entgegengebracht hat, und haben in ihrer Kindheit vielleicht nie eine wirkliche familiäre Bindung erfahren. Sie wachsen mit dem Wunsch auf, Beziehungen zu vermeiden, und genau hierauf ist die Tendenz, andere zu manipulieren, zurückzuführen.

Diese Menschen haben kein Interesse daran, echte Beziehungen zu anderen Menschen aufzubauen. Sie sehen andere nur als Mittel zum Zweck, als Objekte, die der Manipulator zu seinem eigenen Vergnügen oder Vorteil benutzt und kontrolliert. Dieser Wunsch, Beziehungen zu vermeiden, ist bei Menschen mit einer narzisstischen Persönlichkeitsstörung häufiger anzutreffen. Narzissten fehlt es an Einfühlungsvermögen, und sie können Gefühle nicht verstehen oder verarbeiten. Sie kümmern sich nur um sich selbst und ihre Gefühle, ohne dabei Rücksicht auf andere zu nehmen.

Ein Narzisst vermeidet es, emotionale Bindungen zu entwickeln oder andere zu lieben, um sich im Wesentlichen selbst zu schützen. Sie finden es einfacher, manipulative Taktiken anzuwenden, da sie dadurch keine Bindung zu anderen aufbauen müssen. Einem Manipulator geht es nur um Macht und die Ausübung von Kontrolle. Die Manipulation ermöglicht solchen Menschen die Kontrolle über andere, ohne eine engere Bindung oder Nähe zu anderen Menschen aufzubauen. Andere Menschen sind nur ein Mittel zum Zweck in den Augen des Manipulators.

Angst vor dem Verlassenwerden

Manche Menschen greifen aus Angst vor dem Verlassenwerden zur Manipulation. Sie verwenden diese Taktik, um ihre Partner auszutricksen und sie zum Bleiben in der Beziehung zu zwingen. Menschen, die an einer Borderline-Persönlichkeitsstörung leiden, fürchten sich in der Regel vor dem Verlassenwerden. Diese Angst kann sie dazu bringen, egoistisch zu handeln und zu manipulativen Verhaltensweisen zu greifen. Sie können damit drohen, sich selbst zu verletzen, anderen gegenüber gewalttätig zu werden oder sogar Selbstmordgefahr andeuten, wenn sie das Gefühl haben, dass ein geliebter Mensch sie verlassen könnte. Menschen mit BPD hatten in der Regel eine unglückliche Kindheit, in der ein oder beide Elternteile sie verlassen haben oder keine emotionale Verbindung zu ihnen aufgebaut haben. Infolgedessen sind sie bereit, alles zu tun, um dieses Gefühl nicht noch einmal erleben zu müssen. Wenn sie das Gefühl haben, dass ein Freund oder ein Partner sie verlassen könnte, versuchen sie, ihn durch Manipulation in ihrer Nähe zu behalten.

Manche Menschen greifen aus Angst vor dem Verlassenwerden zu Manipulationstaktiken.
https://unsplash.com/photos/j8a-TEakg78

Wir haben bereits erwähnt, dass Narzissten die gleichen Strategien anwenden, um sicherzustellen, dass ihre Partner in der Beziehung mit ihnen bleiben. Ein Narzisst ist innerlich schwach und verletzlich, aber er lässt sich das nicht anmerken. Solche Menschen haben permanent Angst vor dem Verlassenwerden. Das bedeutet nicht, dass sie sich um andere Personen kümmern wollen. Narzissten lieben nicht und gehen keine emotionalen Bindungen ein; sie lieben nur, was andere für sie tun können und wie sie ihr Ego füttern.

Akzeptable Manipulation

Das Wort „*Manipulation*" hatte schon immer negative Konnotationen. Aber, wie bereits erwähnt, sind nicht alle Formen der Manipulation schlecht. Bestimmte soziale Normen erfordern sogar ein wenig Manipulation. Ein wenig harmlose Manipulation kann sogar für beide Parteien von Vorteil sein. Wenn Sie z. B. nett und freundlich zu Ihren Kollegen und Ihrem Chef sind, wirken Sie bei der Arbeit sympathischer und können Ihre Karriere vorantreiben. Selbst wenn Sie Ihren Chef nicht mögen oder Ihre Kollegen nervig finden, grüßen Sie sie mit einem Lächeln oder machen ihnen ein Kompliment. Das macht Sie nicht zu einem Heuchler. Soziale Nettigkeiten sind notwendig, ob im Privat- oder Berufsleben. Im Gegensatz zu negativer Manipulation verletzen Sie durch derartiges Verhalten auch niemanden oder zwingen ihn zu Handlungen, die nur Ihnen selbst nützen. Stellen Sie sich zum Beispiel vor, dass ein Chef seinen Mitarbeitern erzählt, wie er bei Null angefangen und hart gearbeitet hat, um das Unternehmen aufzubauen. Diese Geschichte ist jedoch eine Lüge, und der Chef kam in Wirklichkeit aus einer reichen und wohlhabenden Familie. Hinter dieser Geschichte steckt keine Bosheit. Der Chef möchte seine Mitarbeiter lediglich dazu anspornen, hart zu arbeiten und daran zu glauben, dass sie ihre Ziele erreichen können. Tatsächlich greifen viele Führungskräfte auf positive Formen der Manipulation zurück, um ihre Mitarbeiter zu inspirieren und zu motivieren, z. B. durch das Versprechen von Belohnungen wie Beförderungen oder Sonderzahlungen, falls sie in der Lage sind, ein bestimmtes Projekt rechtzeitig abzuschließen. Von dieser Art der Manipulation profitieren beide Seiten. Wenn die Mitarbeiter hart arbeiten, wird das Unternehmen florieren, und die Mitarbeiter werden belohnt. Einfach ausgedrückt ist dies eine Win-Win-Situation und wird in unserer Gesellschaft allgemein akzeptiert.

Es ist jedoch wichtig, den Unterschied zwischen positiver und negativer Manipulation zu kennen, vor allem in der Arbeitswelt. Ein Beispiel: Ihr Chef bittet Sie, in sein Büro zu kommen. Er sieht wütend aus und sagt Ihnen, dass er von Ihnen enttäuscht ist. In der Besprechung, die heute stattgefunden hat, hätten Sie gute Ideen vorgetragen. Allerdings hätten Sie diese Ideen zuerst mit ihm/ihr besprechen müssen, wie alle anderen auch. Es hat ihm nicht gefallen, diese Ideen während des Meetings in der Gegenwart aller anderen zum ersten Mal zu hören. Der Chef erwähnt dann möglicherweise einen anderen Mitarbeiter und betont, dass dieser noch nie eine Idee ohne vorherige Absprache in einem Meeting angesprochen hat. Sie sagen Ihrem Chef, dass es sich um eine Brainstorming-Sitzung handelte und dass Sie Ihre Ideen nur weitergegeben haben, weil dies der vermeintliche Zweck der Sitzung waren. Man sagt Ihnen daraufhin, dass Sie neu seien und durch Ihr Verhalten den anderen Kollegen auf die Füße getreten seien. Schließlich sagt der Chef Ihnen, dass er nur versucht habe, Sie zu schützen, und dass alles nur zu Ihrem Besten sei.

Ist das positive Manipulation? Ist Ihr Chef eine besorgte Führungskraft oder ein Mentor? Nein und nein. Hier manipuliert Ihr Chef Sie, um Macht und Kontrolle über Sie auszuüben. Er macht Ihnen ein schlechtes Gewissen, weil Sie ihm Ihre Ideen nicht zuerst mitgeteilt haben, vergleicht Sie mit einem anderen Mitarbeiter, um Sie zu beschämen, hetzt Sie gegen Ihre Kollegen auf und lässt Sie glauben, dass er der Einzige ist, der sich um Ihr Wohl kümmert. Ein guter Vorgesetzter hingegen hätte sich gefreut, dass Sie die Initiative ergriffen haben, obwohl Sie neu sind, und wäre bereit, Sie dazu zu motivieren, immer wieder neue Ideen mit einzubringen. Wenn er etwas zu kritisieren hat, sollte er dies auf konstruktive Weise tun, ohne Ihnen ein schlechtes Gewissen zu machen.

Marketing, Werbung und andere finanzielle oder politische Anreize

Marketing, Werbung und politische Kampagnen beruhen alle auf Manipulation. Es gibt sogar Branchen, die darauf aufgebaut sind, Menschen zu manipulieren, um sie zum Kauf ihrer Produkte oder zur Wahl eines bestimmten Kandidaten zu bewegen. Fällt Ihnen ein Produkt ein, das Sie gekauft haben, nachdem Sie eine Werbung sahen? Sie werden schnell feststellen, dass Sie zum Kauf überredet wurden, weil diese Marke wusste, wie sie Sie zum Kauf ermutigen konnte. Coca-Cola zum Beispiel wirbt überall für sich. Die Marke schaltet Werbung im Fernsehen, in den sozialen Medien und sogar auf Plakatwänden. Sie wissen, dass man sich umso mehr mit ihrer Marke identifiziert, je öfter man sie sieht. Der Algorithmus von Facebook und die gezielte Werbung in den sozialen Medien sind die besten Beispiele für diese Art der Manipulation. Sie wissen, was Ihnen gefällt, und zeigen die entsprechende Werbung auf Ihrem Gerät. Das Gleiche gilt für Amazon. Sie schicken Ihnen ständig E-Mails über die Produkte, die Sie sich kürzlich angesehen haben, um Sie zum Kauf zu bewegen. Nichts davon ist ethisch vertretbar - aber für sie ist es ein ganz normales Geschäft.

Das Gleiche geschieht in den Medien. Sie wissen, welche Worte und Töne sie verwenden müssen, um die Menschen zu manipulieren. Die Nachrichten können einen Vorfall, der eigentlich keine große Sache ist, übertreiben - oder einen ernsten Vorfall herunterspielen und dabei die wahren Gründe für diese Entscheidungen geheim halten (wenn sie sich überhaupt entschließen, über eine Sache zu berichten). Während der jüngsten Pandemie haben sich viele Menschen geweigert, sich impfen zu lassen oder Masken zu tragen, weil sie wussten, dass die Medien dazu neigten, zu lügen und die Wahrheit zu verdrehen. Das eine Mal, als sie uns tatsächlich vor etwas Reellem gewarnt haben, haben die Leute sie behandelt, als hätten sie grundlos Alarm geschlagen!

Die Manipulation der Nachrichtenagenturen und der sozialen Medien wurde während des Prozesses gegen Johnny Depp und Amber Heard sehr deutlich. Amber Heard schrieb einen Artikel, in dem sie Johnny Depp verleumdete, aber behauptete, es ginge nicht um ihn. Depp verlor daraufhin seine Arbeit und verklagte sie wegen Verleumdung. Beide Seiten beschuldigten sich auch gegenseitig des Missbrauchs. Die Medien stellten sich auf die Seite von Heard und die Zeitschrift Vogue veröffentlichte einen Artikel mit dem Titel „Warum es an der Zeit ist, Amber Heard zu glauben". Die Medien stellten sich hinter sie, einfach weil sie eine Frau war. Angesichts der „Me Too"-Bewegung und der Populärkultur, die die öffentliche Debatte beherrschen, glaubten die Medien, dass dies der beste Weg sei. Als die Menschen jedoch den Prozess im Fernsehen sahen und die Geschehnisse aus Depps Perspektive hörten, erklärten sie in den sozialen Medien, dass die Medien sie manipuliert hätten und dass niemand Heard glauben solle. Am Ende gewann Depp den Prozess, und die Geschworenen bewiesen, dass Heard tatsächlich gelogen hatte. Andererseits glaubte Heard, dass in den sozialen Medien ein Krieg gegen sie geführt wurde und dass dies die Meinung der Geschworenen über sie beeinflusst haben könnte. Dieser ganze Prozess zeigt die Macht der Nachrichten und der sozialen Medien - die den Ruf einer Person aufbauen oder zerstören können.

Dasselbe geschah bei den Präsidentschaftswahlen 2016 in den USA, bei denen sich Hillary Clinton und Donald Trump gegenüberstanden. Die große Menge an sogenannten „Fake News" (unseriöse Nachrichtenartikel), die sich damals verbreitete und auf bestimmte Personen abzielte, hatte großen Einfluss auf die Wahl. Außerdem sehen wir ständig Werbespots von Politikern, die mit Tieren oder Kindern spielen, mit dem Ziel, uns emotional zu manipulieren und uns für einen bestimmten Kandidaten zu begeistern.

Letztlich ist Manipulation überall um uns herum und wird immer Teil unserer Realität bleiben. Es gibt Manipulationstaktiken in den Nachrichten und in den sozialen Medien, sogar Mitarbeiter, Freunde oder Familienmitglieder manipulieren uns zu ihrem eigenen Vorteil. Auch Kinder und Haustiere können manipulativ veranlagt sein. Menschen greifen zur Manipulation, weil es das einzige Verhalten ist, das sie kennen, oder weil es ihrem Persönlichkeitstyp entspricht. Diejenigen, die sich für den Gebrauch negativer Manipulation entscheiden, sind gefährlich und verfolgen nur ihre eigenen Interessen.

Kapitel 4: Zu beachtende Manipulationstaktiken

Manipulatoren verwenden unzählige verschiedene Taktiken, um ihre Opfer zu kontrollieren. Einige dieser Taktiken sind so subtil, dass Sie sie vielleicht nicht einmal bemerken. Es gibt ein paar gängige Techniken, auf die viele Manipulatoren zurückgreifen. Das Erkennen dieser Taktiken und der Anzeichen darauf, dass sie auf Sie angewandt werden, wird Ihnen helfen zu erkennen, ob oder wann jemand Sie manipuliert, worauf in diesem Kapitel noch näher eingegangen wird.

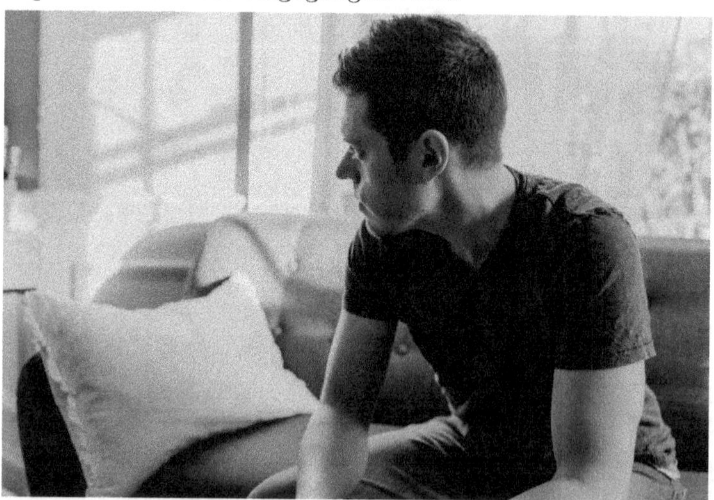

Manipulatoren ignorieren ihre Opfer oft gezielt, um sie zu bestrafen.
https://unsplash.com/photos/7JTgmu5NXQs

Die Menschen gezielt ignorieren

Es ist völlig normal, dass sich ein Paar oder zwei Freunde nach einem heftigen Streit oder einer Auseinandersetzung erst einmal beruhigen wollen. Manchmal können die Handlungen oder Worte einer Person so verletzend sein, dass Sie sich gezwungen fühlen, einen Schritt zurückzutreten und Ihre Beziehung zu ihr neu zu bewerten. Dieses Verhalten ist akzeptabel und eine völlig normale Reaktion auf Konfliktsituationen. Manipulatoren nutzen das Schweigen jedoch entweder, um ihre Opfer zu bestrafen oder um ihnen Angst zu machen. Der Unterschied besteht darin, dass eine gesunde Person Sie nach einem Streit mit Schweigen bestraft, um Ihnen beiden die Möglichkeit zu geben, sich zu beruhigen. Eine Person mit negativen Absichten tut dies normalerweise während eines Gesprächs oder Streits. Sie weisen andere Menschen von sich ab, weil sie mit dem, was Sie zu sagen haben, nicht einverstanden sind oder es einfach nicht mögen.

Das Schweigen ist eine Form des Missbrauchs, die in die Unterkategorie der passiv-aggressiven Verhaltensweisen fällt. Indem er eine Person ignoriert, manipuliert der Missbraucher sie emotional und psychologisch. Wenn der Manipulator mit Ihnen unzufrieden ist, schließt er Sie aus und verweigert jegliche Interaktion. Selbst wenn Sie unter demselben Dach leben, wird er Sie nicht einmal zur Kenntnis nehmen und vielleicht sogar so tun, als ob Sie nicht existierten. Das Schweigen kann in jeder Art von Beziehung vorkommen, ob privat oder beruflich. Auch Ihr Kollege, Ihre Geschwister, Ihre Eltern, Ihr Partner, Ihr Freund oder Ihr Mitbewohner könnten diese Taktik anwenden. Obwohl diese Technik oft mit Narzissmus in Verbindung gebracht wird, bedeutet dies nicht unbedingt, dass der Manipulator an einer narzisstischen Persönlichkeitsstörung leidet.

Manipulatoren ignorieren ihre Opfer, um deren Selbstbewusstsein zu dezimieren. Sie wollen das Opfer verwirren, beschämen, stressen und ihm Schuldgefühle einreden, damit es den Bedürfnissen des Täters nachgibt. Diese Taktik kann der geistigen und emotionalen Gesundheit des Opfers offensichtlich schaden. Oft fühlen sich Menschen durch diese Verhaltensweisen gestresst und ängstlich und verhalten sich in der Nähe des Täters sehr vorsichtig. Infolgedessen wollen sie zukünftige Konflikte mit dem Täter vermeiden und ihre Gefühle und Bedürfnisse in sich hineinfressen, weil sie befürchten, dass er sie sonst erneut ignorieren könnte.

Beispiel

Ein Freund ruft Sie an und bittet Sie, ihn zum Flughafen zu fahren. Sie sagen ihm, dass Sie nicht können, weil Ihr Rücken weh tut. Am nächsten Tag rufen Sie die Person an, aber sie geht nicht ran. Sie versuchen es noch ein paar Mal, aber ohne Erfolg. Sie schauen auf Facebook nach und finden dort einen langen Beitrag, in dem es heißt: „Die Menschen werden dich nur enttäuschen und selbst die, die dir am nächsten stehen, sind nicht für dich da, wenn du sie am meisten brauchst." Daraufhin fühlen Sie sich schuldig, weil Sie Ihren Freund enttäuscht haben. Obwohl Ihr Rücken weh tut, schreiben Sie ihm eine SMS und bieten ihm an, ihn vom Flughafen abzuholen, wenn er aus dem Urlaub zurückkommt.

Anstatt zu verstehen, dass Sie nicht in der Lage waren, ihr zu helfen, hat die Person Sie manipuliert, damit Sie genau das tun, was die Person von Ihnen will. Eine normale Person würde in dieser Beziehung wahrscheinlich sagen, dass Sie sich keine Sorgen machen müssen und später anrufen, um zu fragen, wie es Ihnen geht!

Anzeichen dafür, dass Sie ein Opfer von Manipulationsversuchen geworden sind

- Indirekte Aggression in Form von Posts in den sozialen Medien
- Ihre Aktivitäten in den sozialen Medien werden vor Ihnen verborgen oder die Person entscheidet sich, Sie zu blockieren
- Sie werden von gesellschaftlichen Zusammenkünften oder Veranstaltungen ausgeschlossen
- Ein Familienmitglied oder ein Elternteil ignoriert Sie oder verleugnet Sie in manchen Fällen sogar
- Jemand wird benutzt, um Sie zu bedrohen
- Sie werden von der Teamarbeit oder von Projekten am Arbeitsplatz ausgeschlossen
- Sie werden nonverbalen Wutausbrüchen ausgesetzt

Mit Ihren Unsicherheiten spielen

Manipulatoren sind Experten, wenn es darum geht, Menschen zu durchschauen und zu erkennen, wie diese sich in ihrem Inneren fühlen. Sie sind fast so gut wie Empathen, nur dass sie ihre Kräfte für bösartige Zwecke einsetzen. Diese Personen erfahren von Ihren Unsicherheiten und Ängsten und nutzen sie, um Sie zu Fall zu bringen. Narzissten wenden diese Taktik bei ihren Opfern an, damit sie sie nie verlassen. Sie erinnern sie mit verschiedenen Methoden an ihre Schwächen, z. B. mit unbedachten, verletzenden „Komplimenten" unter vier Augen oder vor anderen Menschen. Tatsächlich wissen diese Menschen tief in ihrem Inneren, dass sie nicht gut genug sind und dass ihr Partner oder ihre Freunde sie früher oder später verlassen werden. Indem sie ihre Opfer ständig an ihre Schwächen erinnern, können sie sie manipulieren, damit sie denken, sie selbst seien nicht gut genug und dass niemand *sie* tolerieren, *geschweige denn lieben* würde.

Dieselbe Taktik kommt auch bei vielen Marketingagenturen zum Einsatz. Sie nutzen die Unsicherheiten der Menschen, um Produkte wie Kosmetika oder Diätpillen zu verkaufen. Schauen Sie sich ein beliebiges Schönheitsprodukt an und achten Sie darauf, wie die Werbung mit den Unsicherheiten der Menschen spielt. Ihr Haar könnte stumpf aussehen, wenn Sie nicht unser Produkt verwenden. Da Sie alt und unattraktiv werden, sollten Sie auch diese Creme verwenden, um Ihre Falten loszuwerden. Sie werden keine Liebe in Ihrem Leben finden, wenn Sie nicht abnehmen, also probieren Sie diese Pillen aus usw. Es ist klar, dass diese Werbung funktioniert und die Schönheitsstandards verändert hat, da heute mehr Menschen als je zuvor von Ihrem Aussehen besessen sind.

Beispiel

Sie hatten schon immer Probleme mit Ihrem Körper, und Sie tragen ein schickes Outfit, das Sie schlank aussehen lässt. Sie sind sehr zufrieden damit, wie Sie aussehen. Wenn Ihr Partner Sie sieht, sagt er: „Du siehst gut aus. Endlich hast du ein Outfit gefunden, in dem du nicht aussiehst wie meine Tante." Die ganze Begeisterung über das neue Outfit ist verflogen, und Sie fühlen sich plötzlich schrecklich in Ihrer Haut.

Anzeichen dafür, dass Sie auf Basis Ihrer Unsicherheiten angegriffen worden sind

- Die Person macht Ihnen unaufrichtige Komplimente
- Sie werden ständig an Ihre Schwächen erinnert
- Sie fühlen sich nicht gut genug
- Sie haben das Gefühl, dass Sie außer der Person nie jemand lieben wird
- Sie lassen sich Dinge gefallen, die Sie normalerweise nicht tolerieren würden
- Sie können nicht gut für sich selbst eintreten

- Sie tun Ihre Lieblingsdinge seltener, weil sie Sie beschämen (wie beispielsweise Essen oder ein bestimmtes Outfit tragen)

Andere Menschen werden mit in das manipulative Verhalten einbezogen

Manchmal manipuliert der Missbraucher Sie nicht direkt, sondern lässt einen Dritten seine Arbeit für sich tun. Ein Manipulator treibt nicht nur mit einem Opfer Psychospielchen. Er manipuliert auch alle anderen Menschen in seinem Leben. Manipulatoren können sogar so weit gehen, andere davon zu überzeugen, dass Sie der Täter sind und er das Opfer ist! Manche Menschen glauben der Person vielleicht sogar, meinen, das Leid der Person verstehen zu können und tun alles, um ihnen zu helfen. Auf diese Weise kann der Manipulator Menschen rekrutieren, um sozialen Druck auf seine Opfer auszuüben. Schließlich werden Sie sich schuldig oder beschämt fühlen, was es dem Manipulator leichter macht, das zu bekommen, was er von Ihnen will.

Beispiel

Sie haben eine Mutter, die Sie schlecht behandelt und beschließen, den Kontakt mit ihr abzubrechen. Daraufhin erzählt Ihre Mutter allen anderen Familienmitgliedern, dass sie alles für Sie geopfert habe und dass Sie es ihr auf derart rücksichtslose Art und Weise zurückzahlen wollten. Die Familienmitglieder werden Ihnen dann Schuldgefühle einreden, damit Sie sich wieder mit ihr versöhnen. Sie könnten Sie sogar als undankbar oder herzlos bezeichnen, beispielsweise weil Sie ihr den Geldhahn zugedreht haben. Ganz gleich, wie lange Sie ihren Familienmitgliedern erklären, dass ihre Mutter diejenige ist, die sich falsch verhalten hat, werden sie Ihnen nicht glauben. Ihre Mutter hat sie bereits davon überzeugt, dass sie das Opfer eines undankbaren Kindes geworden ist. Am Ende werden Sie sich bei Ihrer Mutter durch die Schuldgefühle und den Druck doch wieder melden- oder Sie weigern sich und werden daraufhin von Ihrer ganzen Familie gemieden.

Anzeichen dafür, dass Sie derartigem Verhalten ausgesetzt waren

- Schuldzuweisungen
- Schamgefühl
- Sozialer Druck, den Forderungen des Täters nachzugeben
- Selbstzweifel

- Angst, von anderen verurteilt zu werden, wenn Sie sich über den Missbraucher beschweren
- Familie oder Freunde wenden sich gegen Sie

Die Vorteile Ihrer emotionalen Verbindung nutzen

Manipulatoren können sehr charmant sein und wissen, wie sie die Zuneigung einer Person gewinnen können. Sobald es ihnen gelingt, dass Sie sich in sie verlieben, werden sie diese Gefühle nutzen, um Kontrolle über Sie auszuüben. Manche Eltern tun dasselbe mit ihren Kindern. Sie nutzen die emotionale Bindung, die sie mit ihrem Kind teilen, um es zu kontrollieren. Ein Elternteil kann sein Kind bestrafen, indem er ihm Zuneigung vorenthält, um es dazu zu bringen, das zu tun, was er will. Das Opfer dieser Art von Manipulation tut alles für den Manipulator, selbst wenn das bedeutet, dass etwas geopfert werden muss, das der Person sehr wichtig ist, wie z. B. ein Job, der gekündigt wird oder enge Freunde, zu denen man den Kontakt verliert.

Beispiel

Beziehungen zu Missbrauchstätern sind anders als andere Beziehungen. Menschen, die zum Missbrauch neigen, gehen die Dinge nicht langsam an. Am Anfang einer Beziehung gibt es eine Phase, die als „Liebesbombardement" bezeichnet wird. In dieser Phase überhäuft der Manipulator Sie mit übertrieben romantischen Gesten, ruft Sie ständig an oder schreibt Ihnen eine SMS und nimmt sich jeden Tag in irgendeiner Form Zeit für Sie. Obwohl dies manchen Menschen romantisch erscheinen mag, ist dieses Verhalten in der Regel überwältigend und kann ein Warnsignal sein. Vielleicht gesteht die Person Ihnen sogar schon früh in der Beziehung die Liebe. Das soll Sie dazu bringen, Ihre Wachsamkeit zu verringern und den Kennenlernprozess beschleunigen, damit Sie sich in die Person verlieben können, bevor sie ihr wahres Gesicht zeigt. Sobald Sie eine emotionale Bindung zu der Person aufgebaut haben, wird diese Sie bitten, mit ihnen zusammenzuziehen und möchte sich vielleicht sogar verloben. Es mag impulsiv erscheinen, aber Sie glauben, dass die Person Sie liebt, und alles scheint perfekt zu sein. Nachdem Sie bei der Person eingezogen sind, fällt deren Maske plötzlich, und alles wird unangenehmer – aber falls die Person das Gefühl hat, dass Sie sich zurückziehen wollen, überhäuft sie Sie erneut mit liebevollen Gesten, um Sie zum Bleiben zu bewegen.

Anzeichen dafür, dass Sie schonmal ein Ziel solcher Taktiken geworden sind

- Ihre Eltern bestrafen Sie, indem sie Ihnen Zuneigung vorenthalten

- Ein Elternteil, der Sie mit Zuneigung belohnt

- Liebesüberhäufung oder Liebesbombardement in einer Beziehung

- Eine Beziehung, die sehr schnell ernst wird

- Ihr Partner droht nach jedem Streit damit, Sie zu verlassen

- Ihr Elternteil oder Ihr Kind droht damit, nie wieder mit Ihnen zu sprechen, wenn Sie sich streiten

Menschen bombardieren Sie mit Lügen und leugnen ihr Fehlverhalten

Das Verbreiten von Lügen ist eine Form der Manipulation, die Missbrauchstäter gerne einsetzen, um ihre Opfer zu quälen. Manche lügen nur, um zu sehen, ob sie damit durchkommen können. Wir sprechen hier nicht von kleinen Notlügen. Solche Menschen können sich eine ganze Geschichte ausdenken, die fesselnder ist als Game of Thrones. Sie sind solche Profis, dass Sie vielleicht nie den Verdacht schöpfen, dass die Person Ihnen nicht die Wahrheit sagt. Wenn man sie jedoch beim Lügen erwischt oder sie zur Rede stellt, vertuschen sie ihre Fehler mit einer weiteren Lüge oder streiten die Anschuldigungen ab. Sie benutzen Lügen, um sich selbst zu entschuldigen, Sie in ein schlechtes Licht zu rücken oder Ihnen die Schuld zuzuschieben, damit sie Sie kontrollieren können. Lügen sind auch dazu da, das Opfer zu verwirren. Tatsächlich geben viele Betroffene an, dass sie vor lauter Lügen und Leugnen gar nicht gemerkt haben, dass sie manipuliert wurden. Am Ende stellen sie Ihre Intuition in Frage und wissen nicht, was wahr ist und was nicht, denn jedes Mal, wenn sie glauben, den Manipulator bei einer Lüge ertappt zu haben, erfindet der Manipulator eine bessere Lüge, um seine Spuren zu verwischen!

Beispiel

Ihr Kollege arbeitet an einem Projekt, aber er hat Schwierigkeiten und bittet Sie um Hilfe. Sie erklären sich bereit zu helfen, aber der Kollege lässt plötzlich Sie die ganze Arbeit machen. Sie sagen ihm, dass auch Ihr Name auf dem Projekt stehen sollte, und dass Sie es gemeinsam präsentieren sollten. Später erfahren Sie jedoch, dass die Person das Projekt ohne Sie präsentiert hat. Als Sie die Person damit konfrontieren, sagt sie Ihnen, dass Sie sich keine Sorgen machen müssen, weil jeder weiß, dass Sie gemeinsam daran gearbeitet haben. Sie erfahren dann, dass dies eine Lüge ist - der Kollege hat Sie nicht einmal erwähnt. Wenn Sie ihn erneut darauf ansprechen, sagen er Ihnen die „Wahrheit". Der Vorgesetzte war mit dem Projekt nicht zufrieden, also hat der Kollege Ihre Rolle dabei nicht erwähnt und beschlossen, die ganze Schuld auf sich zu nehmen. Eine weitere Lüge. In Wirklichkeit hat Ihr Chef das Projekt geliebt und gebilligt. Falls Sie sich entscheiden, den Kollegen erneut zu konfrontieren, wird er weiterhin eine Lüge nach der anderen erzählen, diesen Streit können Sie nicht gewinnen. Sie können zu Ihrem Chef gehen und ihm die Wahrheit sagen, aber der Manipulator wird alles vehement leugnen.

Anzeichen dafür, dass Sie einem Lügner zum Opfer gefallen sind

- Die Person leugnet die Wahrheit, selbst wenn man Beweise für die Lüge hat
- Jede Lüge wird mit einer anderen Lüge verdeckt
- Man gewinnt nicht mal dann die Auseinandersetzung, wenn man die Person beim Lügen erwischt.
- Versprechen werden immer wieder gebrochen
- Die Person gibt vor, etwas vergessen zu haben, was sie fest mit Ihnen vereinbart hatte
- Die Person gibt eine verzerrte Version der Wahrheit wieder, anstatt die ganze Geschichte zu erzählen
- Die Person erzählt viele „Notlügen"

Passiv-aggressives Verhalten

Passiv-aggressives Verhalten ist oft äußerst subtil. Der Begriff beschreibt eine schlechte Form der Kommunikation von Wut, ohne die eigenen Emotionen offen auszudrücken. Der Manipulator kann Sie dabei übermäßig kritisieren, Sie mit Schweigen bestrafen oder ignorieren, eine indirekte oder kryptische Ausdrucksweise verwenden oder sich weigern, Ihnen zu sagen, was los ist, selbst wenn Sie ihn ständig danach fragen. Mit dieser Taktik versuchen manche Menschen, ihre Opfer im Unklaren darüber zu lassen, was sie falsch gemacht haben. Infolgedessen ändern die fraglichen Opfer ihr Verhalten, um den Manipulator zu besänftigen, oder geben seinen Forderungen nach.

Beispiel

Ihr Partner hilft nicht im Haushalt, und Sie sprechen ihn darauf an. Anstatt zu verstehen, dass Sie hart arbeiten, und anzubieten, Sie zu entlasten, erledigt er die Aufgaben, um die Sie ihn gebeten haben, aber schlecht. Das Geschirr ist immer noch nicht sauber, und er vergisst, den Müll rauszubringen oder den Hund auszuführen. Wenn Sie ihn darauf ansprechen, sagt er Ihnen: „Mehr kann ich nicht tun." Das soll Sie nur frustrieren, damit Sie ihn nicht noch einmal um Hilfe bitten.

Anzeichen dafür, dass Sie ein Opfer von passiv-aggressivem Verhalten geworden

- Sie werden mit Feindseligkeit behandelt
- Sie sind ständigen Beschwerden ausgesetzt
- Man ist nicht bereit, zu kooperieren
- Sie spüren, dass etwas nicht stimmt, aber die Person behauptet: „Alles ist gut".
- Die Person verhält sich Ihnen gegenüber nachtragend

Übertreibung und Verallgemeinerung

Verallgemeinerungen und hyperbolische (übertriebene) Aussagen sind selten sachlich, und es ist fast unmöglich, sie zu widerlegen. Wenn Manipulatoren diese Strategie einsetzen, kann es notwendig werden, die Person zur Rede zu stellen. Manipulatoren verwenden jedoch lieber vage und übertriebene Anschuldigungen, um ihre Opfer in die Enge zu treiben, um ihnen leichter Schuldgefühle machen oder sie kontrollieren zu können. Diese Taktik ist als Ablenkung gedacht, wenn Sie den Manipulator konfrontieren oder ihm etwas vorwerfen wollen.

Beispiel

Ihre Mutter lädt morgen Familienmitglieder zum Essen ein und bittet Sie, ihr zu helfen. Sie sagen ihr, dass Sie nicht können, weil Sie morgen eine wichtige Präsentation bei der Arbeit haben, auf die Sie sich vorbereiten müssen. Daraufhin wird sie wütend und sagt Ihnen, dass Sie ihr nie bei irgendetwas helfen. Sie habe Sie noch nie um etwas gebeten, bei dem Sie ihr geholfen hätten. Das ist natürlich nicht wahr. Trotzdem fühlen Sie sich schuldig und erklären sich bereit, ihr auf Kosten Ihrer Karriere zu helfen.

- Vage Anschuldigungen, oft unter Verwendung des Wortes „nie"
- Es werden übertriebene Aussagen verwendet
- Schuldzuweisungen durch falsche und übertriebene Anschuldigungen werden regelmäßig gemacht
- Sie wurden durch Schuldgefühle dazu gebracht Dinge, die Sie nicht tun wollten zu tun

Angst nutzen

Die Angst ist ein starkes Gefühl; jeder hat vor irgendetwas Angst, sei es die Angst vor dem Unbekannten, die Angst davor, verletzt zu werden, oder die Angst vor dem Verlassenwerden. Da Manipulatoren wissen, wie sie Menschen lesen können, können sie herausfinden, wovor sie Angst haben, und dies gegen sie verwenden. Es gibt auch allgemeine Ängste, die viele von uns fürchten, z. B. Angst vor körperlichen Schäden, Naturkatastrophen, körperlichen Schmerzen, Terroranschlägen usw. Auch Politiker und Werbekaufleute nutzen diese Taktik, um Wahlen zu gewinnen oder Produkte zu verkaufen. Viele Politiker haben Wahlen gewonnen, indem sie den Menschen versprachen, sie vor Terroranschlägen zu schützen oder die Kriminalitätsrate im Land zu senken. Marketingagenturen nutzen die Ängste der Menschen vor dem Altern, der Einsamkeit oder der Gewichtszunahme, um ihre Produkte zu verkaufen.

Beispiel

Sie und Ihr Partner hatten einen heftigen Streit. Sie haben genug und beschließen, ihn zu verlassen. Als Sie Ihre Tasche packen, hält er plötzlich ein Messer in der Hand und droht, sich selbst oder Sie zu verletzen, wenn Sie gehen. Natürlich fürchten Sie um Ihr Leben (und/oder das Ihres Partners), also bleiben Sie schließlich bei ihm.

Anzeichen dafür, dass jemand Sie durch Angst manipuliert hat

- Sie sind im Umfeld einer bestimmten Person immer sehr vorsichtig
- Sie haben ständig Angst (dass Ihr Chef Sie feuert, Ihr Partner Sie verlässt oder Ihre Eltern Ihnen gegenüber gewalttätig werden)
- Es gibt immer eine direkte oder indirekte Androhung von Gewalt

- Sie neigen dazu, das zu tun, was man Ihnen sagt, aus Angst vor den Konsequenzen

- Sie haben Angst, die Beziehung oder das Abhängigkeitsverhältnis zu Verlassen

Bedingung, die sich ständig ändern

Das ständige Ändern der Bedingungen, im Englischen auch bekannt als *„moving the goal post"* (den Torpfosten verschieben), ist eine Manipulationstechnik, die auf der Demütigung des Opfers beruht. Diese Taktik gibt der Person das Gefühl, dass sie unzureichend ist und den Erwartungen des Manipulators niemals gerecht werden kann. Was auch immer Sie tun, Sie werden scheitern, weil der Manipulator die Kriterien, die Sie erfüllen sollen, immer wieder verändert und seine Erwartungen erhöht. Selbst wenn Sie etwas erreichen, werden Ihre Handlungen heruntergespielt und Ihnen wird das Gefühl gegeben, alles, was Sie tun, sei unbedeutend. Sie wollen das Selbstwertgefühl ihres Opfers zerstören, damit sie leicht Macht über die Person ausüben können. Vielleicht wissen sie tief in ihrem Inneren, dass sie besser sind als die Person, oder es fehlt ihnen an Selbstwertgefühl, und sie können sich nur dann gut fühlen, wenn sie andere schlecht machen. Viele Tyrannen wenden dieses Verfahren ebenfalls an.

Beispiel

Ihr Partner beklagt sich darüber, dass Sie durch Ihre Arbeit viel Zeit verlieren und er Sie nie zu Gesicht bekommt. Sie erklären sich bereit, einen Abend pro Woche nur für Sie beide freizuhalten. Nach ein paar Wochen sagt er Ihnen, dass ein Abend nicht genug ist und dass Ihnen Ihre Beziehung offensichtlich egal ist. Was auch immer Sie tun, selbst wenn Sie Ihren Job kündigen, es wird ihrem Partner nie genügen, denn der wird seine Erwartungen immer höherschrauben.

Anzeichen dafür, dass man für Sie die Bedingungen ständig geändert hat

- Die Person billigt nie etwas, was Sie tun

- Die Person bestätigt Ihre Gefühle nicht

- Die Person ist nie mit dem zufrieden, was man für sie tut

- Sie haben nie das Gefühl, dass Sie gut genug sind

- Sie geben Ihnen das Gefühl, dass Ihre Leistungen unbedeutend sind

Das Thema wechseln

Das Wechseln des Themas während eines Gesprächs mag Ihnen trivial erscheinen, aber wenn ein Manipulator dies tut, stecken meist böse Absichten dahinter. Wenn Sie einen Manipulator zur Rede stellen, wird er immer einen Weg finden, die Aufmerksamkeit von sich abzulenken und das Thema zu wechseln. Sie drehen vielleicht den Spieß um und zeigen mit dem Finger auf Sie. Manipulatoren wenden diese Technik an, weil sie niemals für ihre Handlungen verantwortlich gemacht oder zur Rede gestellt werden wollen. Sie werden nie in der Lage sein, ein Gespräch über ihr Verhalten zu beenden oder Ihren Standpunkt klarzumachen. Dies kann sehr frustrierend sein, und der Streit wird sich sinnlos anfühlen. Schließlich werden Sie aufhören, die verletzenden Handlungen der Person anzusprechen, und das ist genau das, was der Manipulator von Anfang an wollte.

Beispiel

Ihre Mutter sagt Ihnen, dass sie Ihren Bruder vermisst und dass er sie seit einem Jahr nicht mehr besucht hat. Sie rufen Ihren Bruder an, um ihm zu sagen, dass Ihre Mutter ihn vermisst. Anstatt seine Gründe zu erklären, schimpft er: „Was ist mit dir? Du hast deinen Vater nicht ein einziges Mal besucht, als er im Krankenhaus lag." Sie sagen ihm, dass das nicht stimmt, dass Sie Ihren Vater ein paar Mal besucht haben, und er antwortet: „...aber nicht jeden Tag, wie ich es getan habe." Sie ertappen sich dabei, wie Sie ihm erklären, dass Sie zu der Zeit an der Uni waren und nicht jeden Tag hin- und herfahren konnten. Sie beenden das Telefonat mit einem Gefühl der Frustration, und Ihr Bruder hat Ihnen nicht einmal wirklich erklärt, warum er Ihre Mutter die ganze Zeit über nicht besucht hat!

Anzeichen dafür, dass man im Gespräch mit Ihnen häufig das Thema wechselt

- Die Person wechselt während des Streits das Thema
- Die Person schiebt die Schuld von sich ab
- Die Person lenkt vom Hauptthema ab
- Sie haben das Gefühl, dass das Gespräch ins Leere läuft
- Sie fühlen sich ungehört und haben das Gefühl, dass Ihre Gefühle nicht erwidert werden

- Sie fühlen sich nach jeder Konfrontation mit der Person sehr frustriert
- Eine einfache Bemerkung über ihre Handlungen kann zu einem Streit führen
- Sie hören auf, die Person mit ihren Problemen zu konfrontieren, weil Sie derartige Gespräche für sinnlos halten

Manipulatoren sind ziemlich clevere Menschen. Sie sind wie Raubtiere, die ihre Beute ständig beobachten, um etwas über deren Ängste und Schwächen zu erfahren. Die Taktiken, die sie anwenden, können erhebliche negative Auswirkungen auf die geistige Gesundheit und das emotionale Wohlbefinden der Menschen haben. Das Erkennen dieser Taktiken ist der erste Schritt, um für sich selbst einstehen zu können und zu verhindern, dass dieses destruktive Verhalten Ihr Leben beeinträchtigt.

Kapitel 5: Unheimliche Überredungstaktiken

Überredungstaktiken werden ständig eingesetzt, um Dienstleistungen und Produkte zu vermarkten und zu verkaufen. Was theoretisch ganz normal und unschuldig erscheint, kann aber tatsächlich ziemlich manipulativ und schädlich sein. Viele von uns denken, dass wir Werbung gegenüber unempfindlich sind. Dennoch sind Werbespots und Anzeigen darauf ausgerichtet, uns zu beeinflussen und uns zu einer Reaktionzu bewegen.

Werbung ist dazu da, uns zu beeinflussen.

Wenn wir mit Werbung konfrontiert werden, bilden wir uns unbewusst oder bewusst eine Meinung über die Produkte, Dienstleistungen und Marken, die wir sehen, oder ändern unsere vorherige Meinung. Wir fragen uns vielleicht sogar, warum es ein solches Produkt oder eine solche Dienstleistung überhaupt gibt. Die Werbung ist jedoch schon lange nicht mehr dazu gedacht, die Verbraucher zum sofortigen Kauf zu verleiten.

Moderne Werbespots sind nicht dazu da, Sie über ein Produkt zu informieren. Sie sollen Ihnen eine Idee vermitteln, damit Sie sich eine Meinung über eine Marke bilden können. Wenn Sie die Marke mögen, werden Sie vielleicht eines der Produkte kaufen. McDonald's, ein Fastfood-Restaurant, das fast überall bekannt ist, macht aus diesem Grund immer noch Werbung. In diesem Kapitel werden die gängigsten Überredungstaktiken, denen wir täglich ausgesetzt sind, näher beleuchtet.

Effekt-bloßer-Aussetzung

Heutzutage verwenden die Kaufleute in ihrer Werbung hauptsächlich zwei psychologische Taktiken. Die Aussetzung von oder Konfrontation mit dem Produkt ist eine dieser Methoden. Bei dieser Art von Marketing werden groß angelegte Sättigungskampagnen durchgeführt, um positive Gefühle für eine Marke oder ein Produkt bei einer breiten Bevölkerungsschicht zu wecken. Vor allem für die großen Marken der Lebensmittel- und Getränkeindustrie ist der Wiedererkennungswert der Marke ein wichtiger Verkaufsschwerpunkt.

Warum also sollte eine etablierte Marke so viel in Werbung investieren, wenn ihr Name bereits bekannt ist? Die einfache Antwort auf diese Frage ist die sogenannte Mob-Mentalität. Wir alle wollen das Gefühl haben, Teil einer Gruppe zu sein oder zu einer Gemeinschaft zu gehören. Wenn uns etwas populär zu sein scheint, wollen wir natürlich daran teilhaben. Es ist eine bequemere und einfachere Entscheidung, die es uns ermöglicht, uns dem anzupassen, was gesellschaftlich akzeptiert wird.

Beispiele

Die Grundlage für diese Methode ist die Verbraucherpsychologie. Wenn wir etwas von einem bekannten Unternehmen kaufen, fühlen wir uns sicher. Wenn die Marke bekannt ist und viele Menschen ihr vertrauen, dann muss sie auch vertrauenswürdig sein. Aus diesem Grund kaufen wir im Supermarkt oft Markenprodukte und keine Generika. Wir sind gerne bereit, etwas mehr für eine Marke zu bezahlen, der wir vertrauen, auch wenn sie nicht besser ist als ihre weniger bekannten

Konkurrenten.

Ein Generikum hat vielleicht die gleiche Zusammensetzung der Inhaltsstoffe wie ein Markenmedikament. Trotz des höheren Preises ziehen wir es vor, die bekannte Marke zu kaufen, um uns als Verbraucher oder auch als Privatperson sicher zu fühlen.

Klassische Konditionierung

Im Marketing ist die klassische Konditionierung eine weitere gängige psychologische Technik, bei der Marken mit bestimmten Gefühlen oder Reaktionen in Verbindung gebracht werden. Die Belohnung von gewünschten Verhaltensweisen ist eine Taktik der klassischen Konditionierung. Ein Beispiel dafür wäre zum Beispiel der Gebrauch einer Lochkarte, mit der man einen kostenlosen Kaffee bekommt, wenn man einen bestimmten Betrag im Geschäft ausgibt.

Eine Reaktion wird ausgelöst, wenn wir bestimmte Produkte oder Dienstleistungen mit einem Gefühl oder einer Emotion in Verbindung bringen. Bei der klassischen Konditionierung, und im obigen Beispiel, wenn Sie mit einem kostenlosen Kaffee belohnt werden, werden Sie anfangen, das glückliche Gefühl, etwas umsonst zu bekommen, mit dem Kauf eines Kaffees zu assoziieren. Im Laufe der Zeit wird der Kauf des Kaffees das positive Gefühl auslösen, und Sie müssen vielleicht nicht einmal mehr belohnt werden, damit das Gefühl anhält.

Beispiele

Autohäuser nutzen oft die klassische Konditionierung durch die Bilder, die sie zur Präsentation ihrer Produkte verwenden. Ein Großteil der Werbung, die Sie sehen, hat nichts mit den Eigenschaften des Fahrzeugs zu tun, sondern eher mit einem Gefühl oder einer Emotion, die das Fahrzeug bei Ihnen auslösen soll. Wir sehen oft attraktive Menschen in der Werbung, die ein Auto fahren, und assoziieren diese Attraktivität später unbewusst mit dem Fahrzeug. Wenn wir dieses Auto fahren, gehen wir davon aus, dass wir selbst auch attraktiv sind.

Nachdem wir mehrere Werbespots gesehen haben, interessieren wir uns mehr für den Lebensstil, der mit dem Fahrzeug einhergeht, als für das Fahrzeug selbst. Wenn ein Prominenter die Werbekampagne unterstützt, werden wir aufgrund des Images von Ruhm und Reichtum, das viele Menschen anstreben, noch mehr von dem Produkt angezogen.

Beats, ein großes Technologieunternehmen, hat dies bei der Veröffentlichung seiner Kopfhörer perfekt umgesetzt. Die

Werbekampagnen präsentierten das Leben, das man mit den Kopfhörern führen kann, und nicht unbedingt die Kopfhörer an sich (deren Klangqualität viele Leute im Vergleich zu den teureren High-End-Kopfhörern auf dem Markt als mittelmäßig bezeichnen). Dennoch gehören Beats zu einer der meistverkauften Kopfhörermarken.

Die Werbung von Prominenten ist einer der Gründe, warum Beats einen so hohen Marktanteil hat. Das Produkt wird auch eher als Modestatement statt als funktionales Produkt vermarktet - wenn man die Kopfhörer trägt, sieht man gut aus, sellbst wenn die Musik nicht so gut klingt!

Häufig verwendete Überredungstechniken

Das im Jahr 1984 von Robert B. Cialdini verfasste Buch „The Psychology of Persuasion" (Die Psychologie der Überredung) ist ein Muss für jeden, der im Marketing oder in der Werbebranche arbeitet und an der Optimierung von Konversionen interessiert ist. Cialdini hat das Konzept der „Beeinflussung" auf der Grundlage von sechs Hauptprinzipien entwickelt:

- Seltenheit
- Die richtige Plattform
- Gefällt mir
- Behördenunterstützung
- Engagement und Konsequenz
- Sozialer Nutzungsbeweis

Mit dem Aufkommen des modernen Marketings und der Wirkung von Überzeugungstechniken auf die menschliche Psyche wurden diese Grundsätze aktualisiert und an moderne Marketingpraktiken angepasst. Da sich im Marketing alles um Umsatz dreht, ist es sinnvoll, dass Unternehmenstaktiken die gleichen Strategien anwenden. Das bedeutet einfach ausgedrückt: Eine Konversion findet statt, wenn eine Person auf eine Aufforderung zum Handeln reagiert, nachdem sie eine Marketingbotschaft erhalten hat. Mit anderen Worten: Die Begeisterung von Verbrauchern ist der Grund, warum Marken Umsätze machen. Verbraucher, die ihre Webseite besuchen oder ihre Produktwerbung sehen, werden durch Überzeugungsarbeit in Käufer umgewandelt.

Fuß-in-der-Tür-haben

Nach dieser Umsatzstrategie erhöht die Annahme einer geringfügigen Forderung die Möglichkeit, später eine bedeutendere Forderung zu akzeptieren. Sobald wir einer geringfügigen Forderung zustimmen, wird die Ablehnung einer größeren Forderung schwieriger.

Angenommen, einer Ihrer Klassenkameraden hat letzte Woche den Englischunterricht verpasst und möchte Ihre Notizen benutzen. Als Reaktion auf eine freundliche Bitte leihen Sie ihm großzügig Ihre Notizen, da Sie die Bitte für eine verständliche Forderung halten. Kurz darauf verlangt die Person, dass sie von Ihnen abschreiben darf. Wären Sie bereit, dieser anspruchsvolleren Forderung ebenfalls zuzustimmen?

Konsistenz ist der Schlüssel der Fuß-in-der-Tür-Taktik. Damit die Methode funktioniert, muss die Anfrage gleichwertig mit der ersten, vorsichtigen Anfrage sein oder mit dieser übereinstimmen.

Beispiel

In den 1980er Jahren führte der Psychologieforscher S. J. Sherman ein Experiment zur Compliance durch. Sherman und sein Team fragten die Einwohner des Bundesstaates Indiana, ob sie bereit wären, sich drei Stunden lang freiwillig zu engagieren, um Spenden für die American Cancer Society (eine Krebshilfestiftung) zu sammeln.

Ein anderer Experimentator nahm einige Tage später Kontakt zu denselben Personen auf und bat um weitere Hilfe für die Organisation. Die Befragten waren bereit, nach der ersten Anfrage zu helfen: 31 % gaben an, dass sie dies gerne tun würden. Dies ist deutlich mehr als die 4 %, die anfangs um Hilfe gebeten wurden, bevor sie sich während des ersten Experiments freiwillig gemeldet hatten.

Tür-vor der-Nase-zu

Bei dieser Taktik stellen die Überredungskünstler eine umfangreiche Forderung, die die Befragten wahrscheinlich ablehnen werden, um sie später zum Einlenken zu bewegen. Infolgedessen wird ein weniger übertriebener Vorschlag wahrscheinlich angenommen, wenn eine exzessive Bitte zuvor abgelehnt wurde. Bei der folgenden Bitte fühlt sich die Person verpflichtet, sie zu akzeptieren, weil sie nicht unvernünftig erscheinen will. Ein Beispiel dafür ist eine Situation, in der Sie Ihren Arbeitgeber um eine Gehaltserhöhung bitten. Die erste Forderung, die Sie stellen, ist für eine Erhöhung um 25 %, was nicht machbar ist.

Angemessener wäre es, stattdessen um 10 % oder 15 % zu bitten.

Beispiel

Die Probanden in Cialdinis Studie von 1975 wurden gefragt, ob sie sich einer Gruppe jugendlicher Straftäter im Zoo anschließen würden. Die Mehrheit lehnte ab (Gruppe 1). In Gruppe 2 wurden die Personen gebeten, jugendliche Straftäter zu beraten, was die meisten ebenfalls ablehnten. Unter Versuchsbedingungen wurden die Personen gebeten, als Berater tätig zu sein, bevor man sie bat, die Straftäter in den Zoo zu begleiten. 50 % der Gruppe stimmten zu.

Studien zeigen, dass die „Tür-vor-der-Nase-zu"-Strategie am erfolgreichsten ist, wenn die Forderung von derselben Person gestellt wird und mit vergleichbarem Aufwand verbunden. Diese Methode erfordert Gegenseitigkeit, um wirksam zu sein. Wenn eine Person eine erhebliche Forderung ablehnt, kann sie sich dadurch verpflichtet fühlen, dem Nachfrager bei einer kleineren Sache zu helfen.

Verankerung

Unsere Entscheidungsfindung wird durch die Verankerung, einer Art kognitiver Verzerrung, beeinflusst. Zum Beispiel beeinflusst unser erster Eindruck vom Preis eines Produkts unsere Kaufentscheidung sehr stark. Ein Preis von 130 Euro wird zu einem „Anker" oder einem Bezugspunkt, wenn wir etwas lesen wie: „Regulärer Preis: 130 Euro". Dieser Anker bestimmt unsere Wahrnehmung des Wertes. Ein Angebot wird mehr oder weniger attraktiv, je weiter der Preis von 130 Euro entfernt wird. Marketingexperten wissen das, weshalb sie oft mit sehr hohen „Listenpreisen" für ihre Produkte werben - der Listenpreis verankert den erwarteten Verkaufspreis.

In Fernsehwerbespots treiben die Werbekaufleute diese Taktik oft auf die Spitze. Der hohe Anfangspreis wird mehrfach gesenkt, manchmal um bis zu 30 %. Aber das ist noch nicht alles - sie intensivieren die Verankerung noch weiter und schließen ihre Kampagne mit einer Aufforderung zum Handeln ab. In der Regel bedeutet dies, dass man ein Exemplar kaufen kann, und durch den Kauf ein zweites kostenlos erhält. Zusätzlich gilt ein Angebot meist für einen begrenzten Zeitraum („Angebot endet bald" oder „Nur solange der Vorrat reicht").

Auch wenn Ihnen diese Technik geschmacklos und durchschaubar erscheinen mag, werden die Vermarkter sie weiterhin anwenden - weil sie funktioniert. Und obwohl wir wissen, dass wir betrogen werden, scheint das Angebot einfach zu gut, um es abzulehnen. Der Anker ist der Ausgangspunkt - er soll in uns den Glauben erwecken, dass diese Sonnenbrille wirklich häufig für 240 Euro verkauft wurde. Aber stattdessen sind jetzt zwei Paar für weniger als 50 Euro erhältlich. Wenn Sie also ein Angebot finden, bei dem Sie eine Brille zum Nulltarif bekommen, sollten Sie sich über die tatsächlichen Kosten des Produktes im Klaren sein.

Hinter der Verankerung steckt mehr als nur ein verdächtig guter Preis in der Werbung. Diese Strategie erklärt außerdem, warum unsere Antworten stark davon beeinflusst werden, wie wir eine Frage formulieren, wenn wir etwas einschätzen sollen.

Beispiel

Den Psychologen Tversky und Kahneman zufolge ermöglichen gedankliche Abkürzungen (kognitive Verzerrungen) es den Menschen, Probleme schnell und effizient zu lösen und ihre eigenen Urteile zu fällen. Es handelt sich dabei um schnelle, aber fehlbare Strategien, die Menschen täglich für ihre Entscheidungen nutzen. In der Vergangenheit galten Logik und Wahrscheinlichkeitsrechnung als die wesentlichen Ausgangspunkte des rationalen Denkens, so dass die Entdeckung der kognitiven Verzerrungen großen Einfluss auf die Forschung hatte.

Tversky und Kahneman untersuchten das kognitive Denken, indem sie die Versuchspersonen darum baten, grob zu schätzen, wie viele afrikanische Staaten Mitglieder der Vereinten Nationen seien. Doch zunächst setzten sie den Partizipanten einen Anker, indem sie den Teilnehmern die folgenden Fragen stellten:

- Liegt der Anteil über oder unter 65 %? **ODER**
- Liegt der Anteil über oder unter 10 %?

Die Ergebnisse waren sehr aufschlussreich:

- Die erste Gruppe schätzte durchschnittlich 45%
- Die zweite Gruppe schätzte durchschnittlich 25%

Engagement und Konsequenz

Durch die Verwendung dieser Technik werden wir von einem tiefen Bedürfnis angetrieben, als verlässlich zu gelten. Wenn wir uns für ein Projekt oder eine Person engagieren, sind wir folglich eher geneigt, unsere Verpflichtungen auch in Zukunft einzuhalten (Konsistenz). Konsistente Überzeugungen und Werte sind wichtig, um in der Gesellschaft als verlässliches Mitglied akzeptiert zu werden, da das Selbstbild mit Verantwortung verbunden ist. Vermarkter nutzen diese Strategie, um den Absatz ihrer Firma zu steigern.

Die Verbraucher werden eher zu Kunden, wenn sie von einer Firma ein kostenloses Produkt erhalten haben. Ein Perspektivwechsel ermutigt sie später zu Folgekäufen, so wie der „Fuß in der Tür"-Ansatz zu Käufer zu geldbezogenen Geschäften ermutigt.

Es gibt viele Möglichkeiten, das Prinzip der Verbindlichkeit und Beständigkeit auf Überzeugungstaktiken anzuwenden. Auf diese Weise kann der Überredungskünstler andere dazu motivieren, sich weiterhin mit seinem Produkt oder seiner Dienstleistung zu beschäftigen, da sie sich durch ihren angeborenen Wunsch nach Beständigkeit dazu gezwungen fühlen.

Beispiel

Ein anschauliches Beispiel für die Anwendung dieses Prinzips findet sich auf vielen Marketingplattformen, die ihre Dienstleistungen online verkaufen. Sie haben bestimmt schonmal eine Pop-up-Nachricht bemerkt, die Sie dazu einlud, sich für einen kostenlosen Workshop auf der Webseite anzumelden, wobei der nächste Schritt einfach die Eingabe einer E-Mail-Adresse ist.

Wenn Kinder für ihre Leistungen und ihre harte Arbeit beglückwünscht werden, ist es wahrscheinlicher, dass sie weiterhin nach Spitzenleistungen streben. Wenn eine Person als jemand angesehen wird, der viel über Politik weiß, ist sie auch eher bereit, sich an politischen Gesprächen zu beteiligen, selbst wenn sie kein wirkliches Interesse an dem Thema hat.

Sozialer Nutzungsbeweis

Ein sozialer Nutzungsbeweis ist das, was Menschen aufgrund der Beobachtung anderer tun. Denn für die meisten von uns gibt es nichts Befriedigenderes als das Gefühl, von anderen bestätigt zu werden. Das zeigt sich in der Praxis, wenn die meisten Ihrer Freunde eine bestimmte TikTok-Seite als die lustigste in der Umgebung anpreisen. Das Prinzip des sozialen Nutzungsbeweises stützt sich auf eine Kernannahme:„wenn jeder es glaubt, dann muss es wahr sein".

In den meisten sozialen Gruppen herrscht ein hohes Maß an Gruppenmentalität. Unabhängig davon, ob alle mit einer Idee einverstanden sind, muss sie nur jemand erwähnen, und schon sind alle mit an Bord. Die Menschen folgen bei Entscheidungen dem Beispiel ihrer Mitmenschen und verhalten sich ähnlich. Zum Beispiel arbeiten wir eher länger, wenn unsere Kollegen das auch tun. Je mehr Leute ein neues Restaurant in der Stadt besuchen, desto wahrscheinlicher ist es, dass wir es ausprobieren. Dieser Grundsatz wirkt sich noch stärker aus, wenn unser Selbstvertrauen erschüttert ist oder wenn wir mit der Gruppe mehrere Gemeinsamkeiten haben.

Beispiel

Eine der wirkungsvollsten Möglichkeiten, den sozialen Nutzungsbeweis einzusetzen, ist die sogenannte „Weisheit der Massen". Bei diesem Verfahren werden unabhängige Urteile statistisch kombiniert, um ein möglichst genaues Endurteil zu erhalten. Stellen Sie sich eine beliebige Seite in den sozialen Medien vor. Die Seite bietet Ihnen die Möglichkeit, eine Aussage, ein Foto, einen Artikel, ein Produkt oder eine Dienstleistung mit „gefällt mir" oder „gefällt mir sehr" zu bewerten. Dies ist eine Zustimmung oder Wertschätzung für das, was „geliked" (mit „gefällt mir" markiert) wird. Je mehr „Likes" ein Post hat, desto mehr wird er als gültig und vertrauenswürdig angesehen.

Behörde

Die meisten von uns sind darauf konditioniert worden, uns den Autoritäten zu unterwerfen. Wenn jemand eine Autoritätsposition innehat, gehen wir davon aus, dass er hart gearbeitet haben muss, um dorthin zu gelangen, wo er jetzt ist. Und wenn wir Autoritätspersonen zufrieden stellen, fühlen wir uns besonders erfolgreich. Mehr noch: Je höher die wahrgenommene Autorität ist, desto gefügiger sind wir in der Regel. Unternehmen machen sich diese Tatsache oft zunutze, um den Verbrauchern ein Gefühl der Sicherheit und Belohnung zu vermitteln. Dies bezieht sich auf die Tendenz, dem Rat von Autoritätspersonen wie Professoren, Polizisten, Ärzten, Regierungsvertretern, Anwälten und anderen zu folgen.

Beispiel

Der Psychologe Leonard Bickman führte drei Experiment edurch, um die Wirkung von Uniformen zu testen. Sein Ziel war es dabei, festzustellen, ob situative Faktoren den Gehorsam der Menschen beeinflussen, wenn in jedem Szenario eine uniformierte Autoritätsperson anwesend ist. In einem Szenario erzählte dabei ein Wachmann den Teilnehmern, dass ein Mann Schwierigkeiten habe, das Wechselgeld für eine Parkuhr zu finden, und schlug ihnen vor, mit etwas Geld zu ihm zu gehen, um ihm zu helfen. Die Studie ergab, dass 92 % der Teilnehmer dieser Bitte folgeleisteten. Diese Zahl sank drastisch auf 42 %, wenn derselbe Bittsteller in der gleichen Situation Zivilkleidung trug. Das Experiment zeigt uns ein typisches Beispiel für das Autoritätsprinzip im täglichen Gebrauch.

Anzeichen dafür, dass man bei Ihnen Überzeugungstaktiken verwendet hat

Überzeugungstaktiken können für viele Zwecke eingesetzt werden, z. B. für den Verkauf von Produkten und Dienstleistungen - oder um andere von einem bestimmten Standpunkt in einer Diskussion zu überzeugen. Um ihre Zuhörer zu überzeugen, setzen auch Politiker häufig Überredungstechniken ein. Die Macht der Überzeugungsarbeit liegt in ihrer Fähigkeit, klare Ziele zu erreichen. Menschen, die andere gut überreden können, weisen in der Regel die folgenden Eigenschaften auf:

- Eine starke, selbstbewusste Persönlichkeit, der andere leicht folgen.

- Ihre Persönlichkeiten sind charismatisch, und sie begeistern andere.

- Sie arbeiten häufig in den Bereichen Recht, Öffentlichkeitsarbeit, Kundendienst, Verkauf usw.

- Sie präsentieren ihre Meinungen und ihre Ideen mit Charme und Selbstvertrauen.

- Es macht ihnen nichts aus, ein Thema anzuschneiden, das andere vielleicht nur zögerlich ansprechen würden, und sie tun alles, was nötig ist, um ihren Standpunkt zu vermitteln.

Diese Personen zeichnen sich dadurch aus, dass sie andere davon überzeugen können, ihren Vorstellungen zu folgen, egal wie sie es genau anstellen. Hier sind einige gängige Überredungstechniken und die dazugehörigen Beispiele:

Überredungstechnik	Beispiel
Verwendung von faktischen Daten, wie Zahlen und Statistiken	„70 % der Menschen stimmten zu, dass dies ihre Nachbarschaft verbessern würde."
Verwendung der 3-Punkte-Taktik zur Unterstützung eines Arguments	„Für Sie, Ihre Freunde und Ihre Familie bedeuten sicherere Straßen Seelenfrieden, Komfort und Sicherheit."
Verwendung von Personalpronomen wie „ich", „du"und „wir"	„Letztendlich hängt diese ganze Idee von Ihnen ab, und wir werden bei jedem Schritt an Ihrer Seite sein. Ich danke Ihnen so sehr! Ich kann nicht sagen, wie dankbar ich bin."
Persönliche Meinungen als Fakten darstellen	„Die Filme sind viel besser als die Bücher."
Kompliment an die Person	„Ein intelligenter Mensch wie Sie hat etwas viel Besseres verdient."
Rhetorische Fragen	„Gibt es jemanden, der keinen Erfolg will?"
Worte verwenden, um Emotionen hervorzurufen	„Unser Egoismus und unsere Missachtung des Gebots der Nächstenliebe haben Tausenden von Tieren Leid zugefügt."
Befehlsformen im Sprachgebrauch verwenden	„Werden Sie Teil unseres Teams und entdecken Sie neue Möglichkeiten, um Geld zu verdienen."
Übertreiben der Qualitäten eines Produkts oder einer Person	„Es wird Sie umhauen - es ist wirklich spektakulär!"

Überzeugende Kommunikatoren setzen eine Vielzahl von Taktiken ein, um ihr Zielpublikum zu einer entsprechenden Reaktion zu bewegen. Natürlich sind einige dieser Strategien offensichtlicher als andere. Dennoch haben sie alle eines gemeinsam - sie wollen uns dazu bringen, etwas zu tun, was letztlich dem Überredenden zugutekommt. Denken Sie bitte daran, wenn Sie das nächste Mal in Versuchung geraten, ein Markenprodukt zu kaufen oder dazu neigen, der aufrichtigen Rede eines Politikers Glauben zu schenken. Der Gebrauch von überzeugenden Formulierungen ist ein wirkungsvolles Mittel, das die Menschen ständig zu ihrem Vorteil nutzen. Deshalb ist es wichtig, dass Sie sich dieser Versuche bewusst werden, die uns auf die eine oder andere Weise zu beeinflussen versuchen.

Kapitel 6: Umgekehrte Psychologie in Aktion

Durch die umgekehrte Psychologie werden Menschen dazu gebracht, etwas zu tun, indem man sie auffordert, das Gegenteil tun. Zu den verschiedenen Ansätzen der umgekehrten Individualpsychologie gehören die Formulierung eines Ziels, die Infragestellung der Fähigkeit der Person, das Ziel zu erreichen, und die Förderung des widersprüchlichen Verhaltens.

Umgekehrte Psychologie wird dazu benutzt, Menschen dazu zu bringen, etwas zu tun, indem man sie dazu auffordert, genau das Gegenteil zu tun.

Im Wesentlichen unterstützt das gesetzte Ziel ein Verhalten, das sich vom gewünschten Ergebnis unterscheidet. Es ist so, als ob man versucht, die andere Person zu dem Verhalten zu bewegen, das man eigentlich will, indem man das Verhalten provoziert, das man eigentlich nicht will. Eine Mutter könnte zum Beispiel umgekehrte Psychologie anwenden, um ihren intelligenten, aber faulen Sohn im Teenageralter davon zu überzeugen, beim Streichen des Gartenzauns zu helfen, indem sie sagt: „Macht nichts, ich mache das schon. Ich bin sowieso ein besserer Maler". In der Regel weiß die Person, auf die diese Taktik angewandt wird, nicht, was vor sich geht, wenn sie derartigen Aufforderungen ausgesetzt ist und ist sich möglicherweise nicht einmal der wahren Absichten der anderen Person bewusst.

Es gibt unzählige Situationen, in denen umgekehrte Psychologie zum Einsatz kommt, daher ist es wichtig, dass Sie dieses Konzept verstehen. Die umgekehrte Psychologie kann dazu verwendet werden, das Verhalten einer anderen Person zu steuern oder sie zu manipulieren, um sie dazu zu bringen, das zu tun, was der Manipulator will. Ein Beispiel dafür ist die umgekehrte Psychologie, die von Unternehmen häufig eingesetzt wird, um Kunden zum Kauf ihrer Produkte oder Dienstleistungen zu bewegen. Und wir fallen immer wieder darauf herein! Glücklicherweise können Sie meistens das Manipulationsrisiko vermindern, wenn Sie wissen, dass Sie von den Firmen manipuliert werden.

Manipulatives Marketing

Die umgekehrte Psychologie schlägt in den jüngsten Untersuchungen der Zeitschrift „Marketing Review" als Verhaltensmodifikationstaktik hohe Wellen. In einem Beitrag wird die Beziehung zwischen modernem Marketing und umgekehrter Psychologie genauer untersucht. Im modernen Marketing beinhalten die Techniken der umgekehrten Psychologie einzigartige und mysteriöse Kampagnentaktiken, die bei den Verbrauchern Empörung und Verwirrung hervorrufen und sie dazu bringen, mehr zu wollen:

- indem sich die Kampagnen auf ein bestimmtes Marktsegment konzentrieren und ein anderes ausschließen (z. B. die Nestlé-Kampagne für einen Schokoriegel „Nicht für Mädchen")
- Durch Werbung für ein Produkt bei den Verbrauchern überraschte Abschreckung hervorrufen (z. B. Kampagnen der Firma Little Ceasar's, die verkünden „Besuchen Sie nicht unsere

Website" und „Rufen Sie hier nicht an").

Diese Methode wird durch die oben genannte Studie untermauert, die durch Untersuchungen bestätigen konnte, dass immer mehr Unternehmen innovative Taktiken im Verkauf, in der Werbung und in der Produktplanung anwenden. Diese Methoden widersprechen den herkömmlichen Marketingprinzipien. Sie umfassen neumodische Tricks, zum Beispiel:

- Schaufenster, die verriegelt sind

- Eine begrenzte Auswahl an Artikeln und unprofessionelle Werbung

- Namenlose Geschäfte

- Marken, die unverblümt produktorientiert statt verbraucherfreundlich sind

- Produkte, die absichtlich mengenmäßig begrenzt sind

Kunden, die in der Regel medienmüde und Marketingstrategien gegenüber gleichmütig geworden sind, scheinen nun besser in der Lage zu sein, sich auf solche Ansätze einzulassen. Darüber hinaus kommen diese neuen Marketingtaktiken bei der jüngeren Generation gut an, die weniger dazu geneigt ist, die ausgefallenen Behauptungen der Verkäufer der Vergangenheit zu akzeptieren.

Wie funktioniert es?

Bei der umgekehrten Psychologie handelt es sich um eine Überredungstechnik, bei der der Überredende jemandem rät, genau das Gegenteil von dem zu tun, was eigentlich gewünscht wird. Der Zweck dieser Taktik ist es, die Wahrscheinlichkeit zu erhöhen, dass die Person in der gewünschten Weise handelt, indem man ihr vorgaukelt, dass sie es nicht tun soll. Nehmen wir einige Beispiele aus dem Alltag:

- Kinder dazu bringen, ihr Gemüse zu essen:

  „Wenn du deine Karotten nicht aufisst, bleibst du klein."

- Manipulation eines Mitarbeiters, damit er an einem freien Tag zur Arbeit kommt:

  „Mach dir keine Sorgen, wenn du morgen nicht kommst; ich habe meine besten Leute, die mir helfen können."

- Der Verkäufer versucht, Sie zum Kauf eines teuren Produktes zu bewegen:

„Sie können genauso gut gehen, denn Sie können sich das eh nicht leisten."

Die meisten Menschen werden irgendwann in ihrem Leben Opfer oder sogar Täter, die umgekehrter Psychologie ausgesetzt werden oder sie selbst anwenden, auch wenn sie sich dessen nicht unbedingt bewusst waren.

Wie umgekehrte Psychologie funktioniert

Ein wichtiger Grund dafür, dass der Ansatz der umgekehrten Psychologie funktioniert, ist die Reaktanz Theorie von Jack Brehm. Er schlug eine sozialpsychologische Theorie vor, die erklärt, wie Menschen reagieren, wenn sie in ihrer Entscheidungsfreiheit eingeschränkt werden. Wir ziehen es vor, unsere Unabhängigkeit zu untermauern, indem wir das Gegenteil von dem tun, was uns vorgeschlagen wird, weil wir uns durch den Vorschlag gedrängt fühlen. Experten sagen, dass die umgekehrte Psychologie eher bei Menschen funktioniert, die gerne die Kontrolle haben. Beispiele dafür sind Menschen, die Persönlichkeiten vom Typ-A haben, und rebellisch oder narzisstisch veranlagt sind. Menschen, die von Natur aus gutmütig sind, neigen ohnehin dazu, das zu tun, was man ihnen sagt, und sind daher weniger anfällig für indirekte Manipulation. Menschen, die Entscheidungen auf der Grundlage von Emotionen treffen, neigen eher dazu, in die „Falle" zu tappen, als solche, die in Ruhe nachdenken, bevor sie eine Entscheidung treffen.

Einige Psychologen glauben jedoch, dass die Wirksamkeit der Strategie eher von der Beziehungsdynamik zwischen zwei Personen als von dem Persönlichkeitstyp abhängt. Diejenigen, die mit Individualität und Eigenständigkeit schwer zu kämpfen haben, empfinden dieses Phänomen vielleicht als wirksam, weil sie das Gefühl haben, dass sie in einer Form Widerstand leisten, wenn sie tun, was ihnen verboten worden ist.

Als Beispiel kann man den Wikileaks-Gründer und Whistleblower Julian Assange heranziehen:

- Ihm wurde gesagt, er solle aufhören.

- Er weigerte sich.

- Er wurde von mächtigen Ländern bedroht.

- Als weitere Drohungen und Warnungen gegen ihn ausgesprochen wurden, widersetzte er sich ihnen und wurde so zum Märtyrer.

- Wäre er ermutigt worden, weiterzumachen, wäre sein Engagement vielleicht nicht so groß gewesen.

Die umgekehrte Psychologie funktioniert gut bei Menschen, die von Natur aus argumentativ veranlagt sind. Darüber hinaus kann es vorkommen, dass anfällige Menschen mit anderen im Allgemeinen oder mit bestimmten Situationen oder Personen nicht einverstanden sind. Bei der umgekehrten Psychologie suchen Menschen nach Autonomie, um sich so zu fühlen, als hätten Sie die volle Kontrolle über eine Situation, wenn man Ihnen sagt, sie müssten sich auf eine bestimmte Weise verhalten. In einigen Fällen kann diese Manipulationstaktik auch als eine Form der Rache eingesetzt werden.

Beispiele der umgekehrten Psychologie

Die meisten von uns haben die umgekehrte Psychologie in der einen oder anderen Form schonmal selbst erlebt. Manchmal ist es offensichtlich, dass wir (oder die andere Person) umgekehrte Psychologie anwenden, auch wenn die Strategie nicht offen durch den Begriff benannt wird. Die Verwendung der umgekehrten Psychologie wurde auch von mehreren Forschern in der akademischen Zeitschrift„Consumer Neuroscience" von 2015 untersucht, in der Ausgabe „Applications, Challenges, and Possible Solutions" (Anwendungsmöglichkeiten, Herausforderungen und Lösungsansätze). Die Ergebnisse zeigen, dass die Manipulationstaktik in Beziehungen, im Verkauf, in der Lehre, im Marketing usw. im Allgemeinen häufig und absichtlich eingesetzt wird.

Umgekehrte Psychologie im Unterricht

Schüler können durch den Einsatz von umgekehrter Psychologie dazu motiviert werden, anspruchsvolle Themen ausführlicher zu recherchieren. Lehrkräfte, die wollen, dass ihre Schüler etwas lernen, das nicht auf dem Lehrplan steht, können mehr Erfolg haben, wenn sie ihnen suggerieren, dass die Informationen die intellektuellen Fähigkeiten ihrer Schüler übersteigen oder ihnen dabei helfen, eine bessere Note zu bekommen.

Umgekehrte Psychologie im Verkauf

Das Prinzip der umgekehrten Psychologie ist die Grundlage für mehrere erfolgreiche Verkaufsstrategien. Zunächst einmal unterbreitet ein Verkäufer einem Kunden ein übermäßig aggressives Angebot. Unter dem Vorwand, sich um die Erschwinglichkeit des Produktes zu kümmern, weigert sich der Verkäufer, dem Verbraucher das Produkt zu verkaufen. In der Regel wird stattdessen ein geringeres Angebot gemacht, das der Verbraucher lieber annimmt, da er weniger Druck verspürt oder sich dadurch wohler fühlt.

Der Verkäufer beginnt mit einer ausführlichen Beschreibung eines Hightech-Fernsehers und schwärmt von seinem hochmodernen Design, der superschnellen Software und den zahlreichen Funktionen. Als Sie jedoch von seinem Preis hören und ihm sagen, dass er für Sie einfach zu teuer ist, verweist der Verkäufer Sie auf ein günstigeres Modell, das Sie prompt kaufen, weil es Ihnen passender erscheint. Tatsächlich war das günstigere Modell das Produkt, das der Verkäufer die ganze Zeit zu verkaufen versuchte.

Umgekehrte Psychologie in der Kindererziehung

Die Erziehung von Kindern ist zweifellos eine der größten Herausforderungen im Leben. Um als Eltern erfolgreich zu sein, müssen wir immer wieder neue Strategien finden, um das Verhalten unserer Kinder zu lenken und gleichzeitig ihre Entwicklung zu eigenständigen Persönlichkeiten zu fördern. Manchmal stehen die Vorstellungen der Kinder von dem, was richtig ist, im Widerspruch zu dem, was für sie am besten ist. Wenn dies der Fall ist, können Eltern und Kinder miteinander in Konflikt geraten.

Viele Eltern bedienen sich der umgekehrten Psychologie, um ihren Kindern dabei zu helfen, selbst für die Option zu entscheiden, die am besten für sie ist. Ein Kind, das sich weigert, seine Hausaufgaben zu machen, ist ein gutes Beispiel dafür. Trotz der Forderungen der Eltern kann sich das Kind unter Druck gesetzt fühlen, es bekommt den Eindruck, dass es gebeten wird, etwas zu tun, was es nicht tun will. Wenn die Eltern ihr Kind jedoch davon überzeugen, dass das Erledigen von Hausaufgaben etwas ist, was nur intelligente Erwachsene tun - und dass Kinder solche Aufgaben nicht tun dürfen -, fühlt sich das Kind vielleicht versucht, sein Arbeitsheft herauszuholen und seine Hausaufgaben aus eigenem Antrieb zu erledigen! Durch die umgekehrte Psychologie wurde das Kind davon überzeugt, dass dies in seinem eigenen Interesse ist.

Umgekehrte Psychologie in Beziehungen

Umgekehrte Psychologie kann für jede Beziehung schädlich sein. Das, was Sie selbst wollen, auf Kosten Ihres Partners zu erreichen, ist grundsätzlich ein manipulativer Ansatz. Anstatt ihn zum Beispiel einfach zu bitten, mit Ihnen in den Supermarkt zu gehen, schlagen Sie ihm vielleicht vor, besser nicht mitzugehen, weil er sich durch das Gedränge im Supermarkt überfordert fühlen könnte.

Die Verwendung von umgekehrter Psychologie zur Kontrolle eines Ehepartners ist nicht empfehlenswert, da der Versuch nach hinten losgehen kann. Ihr Partner könnte das Vertrauen in Ihre Worte verlieren und sich frustriert fühlen, weil er glaubt, dass Sie versuchen, ihn zu manipulieren. Auch eine zu häufige Anwendung der umgekehrten Psychologie kann problematisch sein. Anstatt sich zu wehren, glaubt Ihr Partner vielleicht mit der Zeit alles, was Sie sagen. In dem oben genannten Beispiel könnte Ihr Partner sogar ganz damit aufhören, Sie zum Supermarkt zu begleiten! Ein weiterer unerwünschter Nebeneffekt ist, dass er auch das Vertrauen in seine eigenen Fähigkeiten verlieren könnte.

Die umgekehrte Psychologie kann emotionale Schäden anrichten, damit die Person bekommt, was sie will. Es gibt viel gesündere Möglichkeiten, die eigenen Bedürfnisse in einer Beziehung zum Ausdruck zu bringen. Deshalb bleibt die umgekehrte Psychologie eine wirksame, aber emotional manipulative Taktik. Sie bringt die andere Person dazu, sich Ihrem Willen zu fügen, ohne, dass Sie ein schwieriges Gespräch führen müssen.

Die umgekehrte Psychologie und ihre Folgen

Die umgekehrte Psychologie hat sowohl Vor- als auch Nachteile. Sie kann eine wirksame Methode sein, um Menschen zu positiven Verhaltensweisen zu veranlassen. Wenn man zum Beispiel einem Freund sagt, er solle nicht so viele zuckerhaltige Getränke trinken, kann man ihn dazu motivieren, mehr Wasser zu trinken, und ihm damit ein Gefühl der Autonomie über sein eigenes Handeln geben. Wenn Sie versuchen, jemanden, der die üblichen Verhaltensweisen nicht mag, zu sozial akzeptablem Verhalten zu ermutigen, kann das ein wirksames Mittel sein, um ihm zu verbieten, das zu tun, was er möchte, um inakzeptables Verhalten effektiv zu unterdrücken.

Die umgekehrte Psychologie kann zwar eine sehr wirksame Überzeugungsstrategie sein, aber sie kann auch dazu führen, dass sich Menschen manipuliert fühlen. Wenn Sie ständig auf diese Methode zurückgreifen, um jemanden zu überzeugen, kann dieser das Gefühl bekommen, dass man Ihnen nicht trauen kann, wenn er glaubt, dass Sie ihn durch Ihr Verhalten immer wieder täuschen wollen. Darüber hinaus ist diese Taktik möglicherweise nicht die beste Option für Sie, falls Sie mit jemandem zusammenarbeiten, der ein geringes Selbstwertgefühl hat. Wie die Wissenschaftler MacDonald, Nail und Harper aus der Compliance-Forschung berichten, neigen Menschen mit einem geringen

Selbstwertgefühl dazu, den Meinungen anderer mehr Glauben zu schenken als Menschen mit einem gesunden Selbstwertgefühl. Wenn Sie sich also für etwas einsetzen, das Sie eigentlich gar nicht wollen, kann diese Strategie das Gegenteil von dem gewünschten Effekt zur Folge haben.

Wie umgekehrte Psychologie richtig eingesetzt wird

In der Praxis wird die umgekehrte Psychologie auf folgende Weise eingesetzt:

- Die Fähigkeit einer Person, eine Tätigkeit richtig auszuführen, wird in Frage gestellt: „Du schaffst das wahrscheinlich sowieso nicht.“

- Es werden negative Äußerungen über ein Hobby gemacht: „Das ist so uncool, wer will das schon?“

- Eine Verhaltensweisewird verboten: „Lass das bleiben.“

- Ein Verhalten wird entmutigt: „Du solltest das sein lassen.“

- Vorhersagen, dass etwas aufgegeben werden wird: „Du wirst es wahrscheinlich sowieso nicht tun.“

Umgekehrte Psychologie kann auch eingesetzt werden, um den Hang eines Menschen zur Rebellion zu kontrollieren und zu zähmen, unabhängig von seinem Alter. Darüber hinaus kann die Strategie zur Förderung des Allgemeinwohls eingesetzt werden. Laut der gleichen Arbeit von MacDonald, Nail und Harper legen Untersuchungen nahe, dass die umgekehrte Psychologie auch als Beeinflussungstaktik dienen kann. Darüber hinaus stärkt diese Methode die Unabhängigkeit als Schlüsselelement, um dem Einzelnen dabei zu helfen, seine Fähigkeiten zu optimieren und in allen Aspekten seines Lebens seine eigenen Entscheidungen zu treffen, auch wenn er sich dagegen wehrt. Es handelt sich um eine nützliche Taktik der umgekehrten Psychologie, um den Widerstand gegen Verhaltensweisen zu überwinden, die sich negativ auf das Wohlbefinden einer Person auswirken. Der beste Weg, jemanden in die richtige Richtung zu lenken, ist ein strategisches Gespräch mit der Person. Dieser Ansatz fördert die Individualität, indem er den Menschen ein Gefühl der Autonomie vermittelt.

Mit Hilfe der umgekehrten Psychologie können Sie der Person eine Frage stellen oder eine Verhaltensweise vorschlagen, die das Gegenteil von dem ist, was Sie wirklich von der Person erwarten. Vielleicht machen Sie sich Sorgen um die Gesundheit Ihres Angehörigen, weil der sich sträubt, seine Ernährungsgewohnheiten oder sein Sportprogramm zu ändern. Anstatt jemandem zu sagen, er solle besser auf sich aufpassen, könnten Sie ihm sagen, dass nur er selbst weiß, was das Beste für ihn ist: „Welche Änderungen würdest du an deiner Ernährung und deinem Sportprogramm vornehmen, um dich besser zu fühlen und mehr Energie zu haben?"

Sie haben die Unabhängigkeit der Person bestärkt, indem Sie Ihre Angehörigen ermutigt haben, ihre eigenen Entscheidungen zu treffen. Sie haben sie dazu ermächtigt, indem Sie sie ermutigen konnten, darüber nachzudenken, was ihrer Meinung nach für sie von Vorteil sein könnte.

Dinge, die man beachten sollte

Die umgekehrte Psychologie ist in vielen Situationen von Vorteil und kann auf verschiedene Art und Weise angewendet werden. Um zum Beispiel eine rebellische Person zum Handeln zu bewegen, können Sie ihr verbieten, sich Autoritätspersonen zu widersetzen. Wenn Sie beispielsweise möchten, dass jemand Ihre Meinung unterstützt, der aber immer gegen alles ist, was Sie sagen, können Sie die entgegengesetzte Haltung einnehmen, unter der Voraussetzung, dass die fragliche Person Ihre ursprüngliche Position definitiv verteidigen wird.

Parallel dazu können Handlungen, die die andere Person dazu bringen sollen, gegen Ihre persönlichen Wünsche zu handeln, manchmal auch nach hinten losgehen. Trotzdem können Sie Ihre bevorzugte Option zum Beispiel in einem negativen Licht darstellen und hoffen, dass dies jemanden dazu bringt, diese Option allen anderen vorzuziehen. Wenn Sie wollen, dass die umgekehrte Psychologie funktioniert, müssen Sie sorgfältig abwägen, ob Sie Ihre bevorzugte Alternative ausreichend negativ dargestellt haben und sich ausreichend distanziert haben, dass sich die andere Person von Ihnen entfremdet fühlt.

Wann immer möglich, sollte die umgekehrte Psychologie vorsichtig und subtil eingesetzt werden, um die Aufmerksamkeit der anderen Person nicht übermäßig zu erregen. Es überrascht schließlich nicht, dass die umgekehrte Psychologie in den meisten Fällen scheitert, wenn die Person, die Sie zu überzeugen versuchen, merkt, was Sie vorhaben. Da die umgekehrte Psychologie von Natur aus manipulativ ist, kann sie sich auch negativ auf Ihre Beziehung zu der Person auswirken, sobald diese merkt, was Sie vorhatten.

Anzeichen dafür, dass jemand umgekehrte Psychologie anwendet

Wir lassen uns in der Regel nicht gerne zu etwas überreden und ziehen es vor, selbst zu einer Entscheidung zu kommen - schließlich sind wir alle Individuen. Wenn jemand versucht, uns zu einer Tätigkeit zu überreden, an der wir nicht interessiert sind, reagieren wir negativ. Zum Beispiel reagieren die meisten Menschen negativ auf die Einschränkung oder Verweigerung bestimmter Rechte und Freiheiten. Wenn wir nicht das Gefühl haben, dass wir die Freiheit haben, unsere eigene Entscheidung zu treffen, sind wir weniger dazu geneigt, überhaupt eine Entscheidung zu treffen. Als Reaktion auf diese Ablehnung handeln wir gegen die Überzeugungshandlung, weil diese uns glauben lässt, dass wir unseren freien Willen zum Ausdruck bringen können.

Achten Sie auf die folgenden Anzeichen, die darauf hindeuten, dass jemand versucht, Sie von etwas zuüberzeugen, was Sie eigentlich nicht tun wollen:

- Die Person sagt Ihnen das eine und tut selbst das genaue Gegenteil, was die Widersprüchlichkeit ihrer Handlungen offenbart.

- Wenn Sie wiederholt dieselbe Idee hören, möchten Sie am Ende vielleicht genau das Gegenteil von dem tun, was Sie ursprünglich vorhatten.

- Eine Person kann übermäßig kritische Aussagen treffen, um bei Ihnen eine Reaktion hervorzurufen.

- Wenn Sie das Gegenteil von dem zu tun, was die Person sagt, scheint es ihr mehr zu nützen, als wenn Sie dem folgen, was die Person vorschlägt.

- Sie haben das Gefühl, dass jemand Sie auffordert, etwas zu tun, aber die Aufforderung ist nur indirekt - beispielsweise wird die Bitte nur angedeutet.

Umgekehrte Psychologie kann durch verschiedene Strategien eingesetzt werden, z.B. indem man eine Verhaltensweise verbietet, die Fähigkeit einer Person, eine Aufgabe auszuführen, in Frage stellt und stattdessen die gegenteilige Handlung fördert. Beim Einsatz der umgekehrten Psychologie ist es wichtig, subtil vorzugehen, aber Sie sollten sich auch in Selbstbeherrschung üben, um sicherzustellen, dass Sie die Person nicht in die entgegengesetzte Richtung dessen drängen, was Sie eigentlich von ihr wollen.

Umgekehrte Psychologie beinhaltet die Manipulation der Gedanken, der Gefühle oder des Verhaltens von Menschen. Es handelt sich um eine heimtückische Form der Manipulation, die von so ziemlich jedem genutzt wird, der seinen Willen durchsetzen will. In der Tat erscheint dieses Verhalten fast wie ein Zug in einem unfairen Spiel, das darauf beruht, dass der Verlierer nichts von der Existenz des Spieles weiß. Wenn Sie jedoch erst einmal wissen, wie die Taktik eingesetzt werden kann und auf welche Anzeichen Sie achten müssen, werden Sie diese Manipulationsversuche schon von weitem erkennen können.

Abschließend möchte ich darauf hinweisen, dass dieser Ratschlag nicht dazu dienen soll, dass Sie umgekehrte Psychologie zu Ihrem persönlichen Vorteil einsetzen. Die Konsequenzen dieser Taktik kann Ihren Beziehungen ernsthaften Schaden zufügen und andere Menschen psychologisch beeinträchtigen. Um anderen dabei zu helfen, sich von selbstzerstörerischen Verhaltensweisen zu schützen, wird von Experten empfohlen, derartige Taktiken, wir oben vorgeschlagen, zum Guten einzusetzen.

Obwohl wir keine Kontrolle über die umgekehrte Psychologie im Marketing haben, können wir etwas über die Taktiken, die benutzt werden, lernen. Es ist ziemlich faszinierend, wenn man all die Tricks kennt, mit denen Verkäufer ihre Kunden überzeugen wollen, ihr Geld für ihre Produkte oder Dienstleistungen auszugeben. Auch wenn wir manchmal nicht widerstehen können, wissen wir dabei zumindest, dass wir manipuliert werden, damit wir etwas kaufen oder uns auf die gewünschte Weise verhalten.

Kapitel 7: Strategien zur Gehirnwäsche

Der Begriff „Gehirnwäsche" wurde nach einer Reihe von Ereignissen während des Koreakriegs in den frühen 1950er Jahren geprägt, als einige amerikanische Soldaten als Folge extremer Misshandlung und Konditionierung zu kommunistischen Überzeugungen bekehrt wurden. Die Entführer brachten die amerikanischen Gefangenen in eine karge Umgebung und in schwierige Situationen und boten ihnen später bequemere Situationen und die Erleichterung ihrer Schmerzen an. Diese Schikanen reichten zwar nicht aus, um die Soldaten dauerhaft einer Gehirnwäsche zu unterziehen, hatten aber einen kurzfristigen Effekt, der sie dazu brachte, sich der kommunistischen Ideologie anzuschließen.

Unter Gehirnwäsche versteht man die absichtliche Manipulation menschlicher Gedanken gegen den Wunsch und Willen des Einzelnen.

https://pixabay.com/illustrations/downloading-matrix-upload-binary-5061051/

Ganz allgemein wird Gehirnwäsche als die Überredung oder Nötigung eines Ungläubigen definiert, die ihn dazu zwingen soll, eine bestimmte Zugehörigkeit, Denkweise oder politische Ansicht anzunehmen. Mit anderen Worten, es handelt sich um den Prozess der Manipulation menschlicher Gedanken gegen den Wunsch und Willen der Zielperson. Dies geschieht hauptsächlich durch die Kontrolle des physischen und sozialen Umfelds der Person, damit sie von dem Manipulator abhängig gemacht wird. Darüber hinaus führt die Konditionierung der Person dazu, dass sie glaubt, ihre Loyalität liege woanders, meist zugunsten des Manipulators. Um den Prozess der Gehirnwäsche oder Indoktrination abzuschließen, wird dem Opfer schließlich eingeredet, dass seine Gedanken und Ansichten zugunsten des Manipulators geändert werden müssen.

Die Gehirnwäsche ist eine hochgradig manipulative Strategie und erfordert oft, dass der Gehirnwäscher die Person, die manipuliert wird, isolieren kann. Deshalb findet Gehirnwäsche oft statt, wenn Menschen aus der Gesellschaft entfernt werden oder sich zurückziehen. Isolation und Abhängigkeit sind die beiden wichtigsten Aspekte der Gehirnwäsche. Sie findet so statt, dass die grundlegendsten menschlichen Bedürfnisse des Opfers, wie Essen, Schlafen und die Benutzung einer Toilette, vom Willen des Gehirnwäschers abhängig werden. Der Prozess ist ein systematischer Abbau der Identität einer Person, bis sie sich selbst nicht mehr zu erkennen scheint und nichts anderes mehr tun kann, außer den Informationen zu glauben, die in ihr Gehirn eingespeist werden.

Heutzutage wird der Begriff „*Gehirnwäsche*" informell verwendet, um zu beschreiben, dass eine Person starke Vorstellungen hat, die der Logik, dem gesunden Menschenverstand und der Erfahrung widersprechen. Diese Ideen werden normalerweise unter dem Einfluss von Büchern, Nachrichten, sozialen Medien und sogar religiösen und politischen Organisationen entwickelt. Tatsächlich findet die Gehirnwäsche sogar in den eigenen vier Wänden oder im Freundes- und Familienkreis statt. Es braucht dazu nur eine Person, die versucht, Ihre Gedanken und Vorstellungen in ihrem Sinne zu manipulieren. Deshalb müssen Sie wissen, wie diese Gedankenmanipulation sogar im eigenen Haus stattfinden kann, und Sie müssen sich vor allen Gehirnwäschestrategien hüten, die Ihre Mitmenschen oder die Medien bei Ihnen anzuwenden versuchen. In diesem Kapitel wird ausführlich auf die Praxis der Gehirnwäsche eingegangen und Sie erfahren, wie Sie sie vermeiden können.

Woran man Gehirnwäsche erkennt

In der heutigen Zeit sollten Sie lernen, wie Sie erkennen können, ob jemand versucht, Sie einer Gehirnwäsche zu unterziehen – dieses Wissen kann Ihnen helfen, falls Sie es plötzlich mit einem Manipulator oder einer bösartigen Person zu tun haben. Gehirnwäscher neigen dazu, Menschen ins Visier zu nehmen, die anfälliger für emotionale Manipulation sind oder eine schwierige Phase in ihrem Leben durchlaufen. Typischerweise haben es Gehirnwäscher und Manipulatoren auf die folgenden Menschen abgesehen:

- Arbeitslose Menschen mit ungewisser Zukunft.

- Personen, die kürzlich geschieden wurden, insbesondere solche, die sich von einem traumatisierten oder misshandelnden Ehepartner getrennt haben.

- Menschen, die derzeit krank sind oder langsam von einer langwierigen Krankheit genesen.

- Menschen mit psychischen Problemen wie Angstzuständen, Depressionen, Schlaflosigkeit usw. sind besonders gefährdet.

- Menschen, die vor kurzem einen geliebten Menschen verloren haben, insbesondere wenn sie sich durch den Verlust isoliert und einsam fühlen.

- Teenager oder junge Erwachsene, die zum ersten Mal von zu Hause weg sind.

- Sozial „unbeholfene" Menschen und Einzelgänger.

Gehirnwäscher recherchieren oft Informationen zu einem bestimmten Thema und können alternative Erklärungen dafür anbieten, warum jemand sich gerade in einer Notlage befindet oder eine schwere Zeit durchmachen musste. Oft sind diese Alternativideen für denjenigen, der einer Gehirnwäsche unterzogen wird, günstiger und erscheinen positiv. Aus diesem Grund ist es wichtig, aufmerksam und wachsam zu bleiben, wenn jemand versucht, Sie von Ihren Freunden, Verwandten und anderen äußeren Einflüssen zu entfernen. Menschen, die ein Trauma oder eine Tragödie erleben, fühlen sich oft einsam und ziehen dadurch andere an, die ihre Verletzlichkeit ausnutzen wollen. Die darauffolgende Isolation kann viele Formen annehmen, zum Beispiel:

- Können Jugendliche von Sektenmitgliedern oder -leitern daran gehindert werden, ihre Freunde und Familie zu kontaktieren.

- Werden Gefangene in der Regel von anderen Häftlingen abgegrenzt, wenn sie gefoltert werden oder in Gefangenenlagern inhaftiert sind.

- Können missbrauchende Ehepartner oder Verwandte die Betroffenen daran hindern, Kontakt zu ihren Freunden oder Angehörigen aufzunehmen, um dafür zu sorgen, dass ihr Opfer isoliert bleibt.

Methoden der Gehirnwäsche

Die Gehirnwäsche ist ein komplizierter und systematischer Prozess, der umfangreiche Methoden einsetzt, um sicherzustellen, dass die Zielperson vollständig von Informationsquellen und Unterstützung isoliert wird, so dass sie nicht mehr in der Lage ist, für sich selbst einzustehen und eigene Entscheidungen zu treffen. Diese Strategien dienen einzig und allein dem Zweck, vollständigen Gehorsam und Demut bei der Zielperson zu erreichen. Die Gehirnwäsche kann Folgendes beinhalten:

Rezitieren und Singen

In vielen Religionen, vor allem im Hinduismus und im Buddhismus, sind rituelle Gesänge üblich, und derartige Praktiken können den Prozess der Gehirnwäsche möglicherweise unterstützen. Wenn Menschen zusammenkommen, setzt die sogenannte Mob-Mentalität ein, und es entsteht ein Gefühl der Gemeinschaft. Wenn die Stimmen in der Masse verloren gehen, entsteht ein Gefühl der Zusammengehörigkeit. Dadurch fühlen sich die Mitglieder als Teil von etwas, als geeint und gemeinsam stark. Dieses Gefühl - zusammen mit den anderen Effekten von Gesang und Gebeten (wie ein verlangsamter Herzschlag und ein beruhigendes Gefühl) - kann das aktive kognitive System einer Person davon abhalten, ständig nachzudenken, die Situation kritisch zu bewerten und die Umgebung zu beobachten.

Menschen erleben oft eine Art Trance, wenn sie Mantras singen oder Dinge rezitieren. Wenn Mantras immer und immer wieder wiederholt werden, handelt es sich um eine Art Meditation. Dies hat zur Folge, dass der logisch denkende Teil des Gehirns in einem tranceähnlichen Zustand wie ausgeschaltet ist. Darüber hinaus sehen Sekten in der Regel Bestrafungen vor, wenn einige Mitglieder nicht für eine bestimmte Zeit in diesem Trancezustand bleiben. Während diese Praxis dazu dient, den erfolgreichen Ablauf der Gehirnwäsche zu gewährleisten, stellt die Bestrafung sicher, dass jeder Einzelne sich den von der Sekte definierten

Überzeugungen und Ideen anschließt.

Die Forschung hat außerdem bewiesen, dass die Fähigkeit von Menschen, Entscheidungen zu treffen und neue Informationen zu bewerten, erheblich beeinträchtigt wird, wenn sie wiederholt hypnotisiert werden. Deshalb entscheiden sich viele Gehirnwäscher für die Benutzung von Hypnose und das Singen von Mantras, um die Fähigkeit zum kritischen Denken für die Zielperson außer Kraft zu setzen. Dadurch werden wenig hinterfragte Überzeugungen bei den Menschen hervorgerufen und ihre rationalen Fähigkeiten werden beeinträchtigt. Diese wird auch eingesetzt, um ein kollektives Denken („groupthink") zu erzeugen, ein Konzept, das der Gehirnwäsche ähnelt.

Isolation

Die Isolation ist eine der wichtigsten Taktiken bei dem Versuch, Menschen einer Gehirnwäsche zu unterziehen. Ob es sich um die Isolation von anderen Gefangenen in einem Gefängnis oder die Isolation von der Außenwelt in Sekten handelt, sie hat immer nur einen Zweck: die Person soll sich einsam fühlen und von ihrem Missbraucher vollständig abhängig werden. So brachte der Sektenführer Jim Jones etwa 1.000 seiner Mitglieder in eine isolierte Gemeinde in Guyana. Dort konnten die Menschen keinen Kontakt zur Außenwelt aufnehmen und verloren so den Bezug zu den Normen und Werten der Außenwelt. Auf diese Weise konnte Jim Jones sie dazu bringen, sich an die von ihm vorgegebenen Werte und Normen anzupassen. Im Wesentlichen wurden sie durch die Gehirnwäsche dazu gebracht, den Befehlen und Ansichten ihres spirituellen Anführers zu folgen. Diejenigen, die ihm widersprachen oder sich ihm widersetzten, mussten mit schwerwiegenden Konsequenzen rechnen und wurden darauf konditioniert, Jims Befehle ohne weitere Nachfragen blind zu befolgen.

Manipulative Menschen setzen die Isolation als Druckmittel ein, um Gleichaltrige, Ehepartner oder Freunde einer Gehirnwäsche zu unterziehen. Ein psychisch missbrauchender Ehepartner kann beispielsweise die Kommunikation und den Umgang seines Partners mit anderen Menschen so weit einschränken, dass er ihm nicht einmal erlaubt, sich mit seinen engen Freunden oder Verwandten zu treffen oder mit ihnen zu kommunizieren. Auf diese Weise fühlt sich das Opfer nicht nur einsam, sondern hat plötzlich keine andere Wahl, als sich ausschließlich auf denTäter zu verlassen. Isolation ist eine weit verbreitete Methode der Gehirnwäsche, und umfangreiche Untersuchungen können belegen, dass sie unsere kognitiven Funktionen im Laufe der Zeit verändern kann.

Abhängigkeit und Furcht

Neben der Isolation sind auch Abhängigkeits- und Angsttechniken bei der Gehirnwäsche von Menschen weit verbreitet. Das Anwendungsmuster ist das gleiche, ob es sich um eine Sekte handelt, die jemanden einer Gehirnwäsche unterzieht, oder um eine toxische Person, die ihresgleichen manipuliert. Zunächst wird die Person von der Gesellschaft und anderen Menschen isoliert. Dann wird die Bedrohung in die Situation eingebracht. Wie bereits erwähnt, ist Angst eine starke menschliche Emotion, die das Verhalten eines Menschen drastisch beeinflussen kann. Wenn Menschen isoliert sind und ständig bedroht und unter Druck gesetzt werden, neigen sie dazu, schneller nachzugeben und sich allen Überzeugungen anzupassen, die ihnen aufgedrängt werden.

Patty Hearst wurde von der Symbionese Liberation Army entführt. Sie wurde in Isolationshaft festgehalten und war ständigen Drohungen sowie körperlichen und seelischen Misshandlungen ausgesetzt. Später wurde sie von einer angesehenen Dame zu einer Bankräuberin und ein engagiertes Mitglied der gleichen Organisation, die sie misshandelt hatte. Während ihrer Gefangenschaft wurde sie ständig damit bedroht, dass sie ihr Leben verlieren könnte. Dies gab ihren Entführern die komplette Kontrolle über sie, so dass sie keine andere Wahl hatte, als allen Forderungen und Wünschen willig nachzugeben.

Auch hier lässt sich das Konzept des *Stockholm-Syndroms* anwenden. Hearst wurde von ihren Entführern abhängig und ihre Ideale und Überzeugungen wurden während dieser Zeit völlig verändert. Selbst nach ihrer Verhaftung wurde sie aufgrund ihres Verhaltens der Kollaboration mit der SLA für schuldig befunden. Wie Sie sehen, werden Abhängigkeit und Angst in einem Individuum durch eine Reihe von Bestrafungs- und Belohnungsmustern hervorgerufen. Derartige Methoden werden regelmäßig zur Gehirnwäsche eingesetzt, insbesondere in Sekten.

Dies ist auch in Haushalten oft zu beobachten. So können missbrauchende Eltern ihre Kinder einer Gehirnwäsche unterziehen, indem sie Drohungen aller Art gegen sie einsetzen, darunter in der Regel auch extreme Drohungen wie Gewalt oder das Verlassen des Kindes. Darüber hinaus ist die Strategie, das Kind abwechselnd zu bestrafen und zu belohnen bei missbrauchenden Eltern weit verbreitet.

Aktivitätspädagogik

Die Aktivitätspädagogik nutzt im Wesentlichen Sport und Bewegung, um Menschen zu Überzeugungen und Ideologien zu veranlassen, die sie sonst nicht akzeptieren würden. Ursprünglich handelte es sich dabei nicht unbedingt um eine Strategie zur Gehirnwäsche, und doch wird die Aktivitätspädagogik heute häufig von Sekten und extremistischen Gruppen eingesetzt, um Menschen einer Gehirnwäsche zu unterziehen. Ursprünglich diente sie der Disziplinierung von Schülern. Dabei bestrafte ein Lehrer seine Schüler mit körperlicher Betätigung in Form von anstrengenden Übungen, wie Rundenlaufen oder Liegestützen, um sie dazu zu bringen, sich anzupassen oder um sie für ihr Fehlverhalten zu bestrafen. Nach der körperlichen Betätigung wurden die Schüler müde und waren weniger dazu geneigt, sich weiter zu streiten oder Ärger zu machen.

Sekten und terroristische Gruppen wandten dieselben Prinzipien bei ihren Gehirnwäschestrategien an. Dies geschah in der Regel dadurch, dass die Person an körperlichen Übungen wie Laufen, Springen oder Schwimmen teilnehmen musste und dann ideologischen Überzeugungen ausgesetzt wurde. Auf diese Weise wird der Einzelne erschöpft und ist weniger geneigt, sich Argumente gegen diese Überzeugungen auszudenken. Infolgedessen werden die Menschen darauf konditioniert, alles zu glauben, was ihnen nach der körperlichen Ertüchtigung gesagt wird. In der Sowjetunion gab es zum Beispiel Massensportveranstaltungen, um die Gesellschaft nach den Grundsätzen des Kommunismus zu formen und zu vereinheitlichen.

Schlafentzug und Müdigkeit

Eine der einfachsten Möglichkeiten, jemanden von sich abhängig zu machen, besteht darin, die grundlegenden menschlichen Bedürfnisse zu kontrollieren, die er zum Überleben braucht. Am wichtigsten sind dabei der Schlaf und die körperliche Ruhe. Schlafentzug und absichtlich herbeigeführte Müdigkeit, beides häufig angewandte Gehirnwäschemethoden, können dazu führen, dass eine Person unkonzentriert wird und Entscheidungen trifft, die sie in ihrem normalen Geisteszustand nicht getroffen hätte.

Schlafmangel kann nicht nur zu Desorientierung führen, sondern auch zu körperlicher Müdigkeit und Reizüberflutung. Zusammengenommen können diese Probleme die Fähigkeit zum Denken, zur Verarbeitung und zur Bewertung von Informationen beeinträchtigen. Wenn eine Person unter Schlafmangel leidet, befindet sie sich in ihrem schwächsten und verletzlichsten Zustand, und das ist genau der Zeitpunkt, an dem Gehirnwäscher sie ausnutzen können.

Sekten nutzen diese Technik, um ihre Mitglieder zu schwächen und sie dazu zu bringen, sich den vorher festgelegten Glaubensvorstellungen und Normen anzupassen. Darüber hinaus kontrollieren sie auch die Ernährung und stellen sicher, dass ihre Opfer nur eine begrenzte Menge an Nahrung und Energie erhalten, gerade genug, um die ihnen zugedachten Aufgaben in der Sekte durchführen zu können. Das Ergebnis sind schwache, angepasste, geistig und körperlich erschöpfte Menschen, die nicht mehr richtig denken oder Entscheidungen treffen können, geschweige denn für sich selbst einstehen wollen.

Selbstkritik und Schuldzuweisungen

Dies ist eine der Methoden, die bei der Gehirnwäsche von amerikanischen Soldaten während des Koreakriegs angewandt wurden. Die Soldaten wurden stundenlang mit Kritik und Einschüchterungsversuchen konfrontiert. Sie wurden dazu gezwungen, still zuzuhören, wenn andere sie kritisierten, und wurden dann aufgefordert, ihre eigenen Fehler vor anderen Gefangenen zu diskutieren. Dadurch wurde ihr Geist schließlich gebrochen, ihre Identität und ihr Selbstwertgefühl wurden zerstört. Von da an war es für ihre Peiniger ein Leichtes, sie den von ihnen bevorzugten Überzeugungen und Ideologien auszusetzen.

Die menschliche Psyche funktioniert so, dass das Gehirn das, was es immer wieder hört, zu glauben beginnt. Selbst wenn eine Person vorher nicht an bestimmte Meinungen oder Ideen geglaubt hat, zwingt das wiederholte Hören derselben Dinge das Gehirn mit der Zeit dazu, sie als die Wahrheit zu akzeptieren. Mit der Zeit begannen die amerikanischen Soldaten, an ihren eigenen Ideologien und an der Richtigkeit des Krieges zu zweifeln. Sie zweifelten an ihrem eigenen Patriotismus und an ihren Landsleuten. Am Ende weigerten sich viele dieser Soldaten, in die Vereinigten Staaten zurückzukehren, selbst, nachdem sie aus den Gefangenenlagern entlassen worden waren.

Diese Art von Verhalten kann auch in ungesunden häuslichen Beziehungen beobachtet werden. Wenn einem Kind beispielsweise immer wieder von einem Elternteil gesagt wird, dass es versagt hat und das es wertlos ist, verliert das Kind schließlich das Vertrauen in sich selbst und beginnt, an seinem Selbstwert zu zweifeln.

Liebesbombardement

Gehirnwäscher tun oft so, als seien sie die einzigen guten Menschen auf der Welt, und lassen das Opfer glauben, die Außenwelt sei bedrohlich oder hasse die Person. Um dies zu erreichen, wenden die Täter die Strategie des „Liebesbombardements" an. Zur Erinnerung: „Liebesbombardement" bezeichnet einen Prozess, bei dem der Manipulator beginnt, die Zielperson mit Aufmerksamkeit, Liebe und sogar Selbstbewusstsein zu überschütten. Später verhält sich dieselbe Person dann auf einmal völlig distanziert oder nachlässig. Dies führt zu einem Zustand der Verwirrung, des Schmerzes und des Traumas für die Zielperson. Liebesbombardement wird in der Regel von Personen mit narzisstischer Persönlichkeitsstörung praktiziert, kann aber auch von Anführern von Sekten und extremistischen Gruppen eingesetzt werden, um verletzliche Personen von ihrer Denkweise zu überzeugen.

Eine einsame Person kann zum Beispiel von einem Sektenführer oder einem anderen Sektenmitglied, das in der Hierarchie der Gruppe weit oben steht, durch Liebesbombardement attackiert werden. Dabei werden die Menschen normalerweise mit besonderer Aufmerksamkeit, Zuneigung und Luxus überhäuft. Dieses Verhalten lässt sie glauben, dass sie für die Sache oder die Gruppe etwas Besonderes sind. Wenn sie ihre Wachsamkeit verlieren, beginnen sie, an die Ideologien der Gruppe zu glauben, ganz gleich, wie irrational oder verrückt diese ihnen anfangs erscheinen mögen. Dieses Verhalten erzeugt ein Gefühl der Schuld, des schlechten Gewissens und der Verpflichtung gegenüber der Gruppe, die der Einzelne meint, aufrechterhalten zu müssen. Infolgedessen verpflichten sich die Menschen zur Loyalität gegenüber der Gruppe und tun alles, was die Sekten- oder Gruppenführer ihnen befehlen, um dadurch Bestätigung zu erlangen und von der Gemeinschaft akzeptiert zu werden.

Der gleiche Ansatz kann auch bei Menschen mit psychischen Störungen angewendet werden. Erst geben sie Ihnen das Gefühl, etwas Besonderes zu sein, indem sie Ihnen Liebe, Aufmerksamkeit und Zuneigung entgegenbringen, und später lassen sie Sie völlig links liegen oder ändern ihr Verhalten Ihnen gegenüber völlig. Dies untergräbt Ihr Selbstwertgefühl und lässt Sie an Ihrer eigenen Identität zweifeln.

Mystische Manipulation

Mystische Manipulation findet hauptsächlich in Sekten statt, in denen sich die Täter auf übernatürliche Überzeugungen, göttliche Kreaturen und magische Kräfte berufen. Obwohl nichts davon tatsächlich existiert, bringen die Manipulatoren ihre Anhänger dazu, an diese abergläubischen Vorstellungen zu glauben, um sie dazu zu bringen, sich ihren Überzeugungen bedingungslos zu unterwerfen. Um jemandem blind zu folgen, müssen sich viele Menschen ihren Anführern gegenüber unterlegen fühlen. Sektenführer nutzen diese Taktik der dunklen Psychologie, um die Gedanken, Handlungen und Überzeugungen ihrer Anhänger zu kontrollieren. Diese Art der Gehirnwäsche wird gewöhnlich bei Massenveranstaltungen und innerhalb von Sekten oder anderen extremistischen Organisationen durchgeführt.

Missbrauch des Rechtssystems

Wenn Sekten oder Organisationen kritisiert werden, vor allem in der Öffentlichkeit, können sie sogar Personen oder Gruppen verklagen. In Wirklichkeit tun sie dies nicht, um den Fall zu gewinnen, *sondern weil sie es sich leisten können und die Gegenpartei nicht.* Diese Anklagen zielen in der Regel darauf ab, das Opfer zu schikanieren, es zu bedrohen und zu isolieren und es in den finanziellen Ruin zu treiben. Sekten und mächtige Organisationen sind selten darauf aus, ein Gerichtsverfahren zu gewinnen. Diese Art der Manipulation und Gehirnwäsche wird als Missbrauch des Rechtssystems bezeichnet und kommt häufiger vor, als Sie vielleicht denken.

Anzeichen für die Gehirnwäsche

Jetzt, da Sie die verschiedenen Methoden der Gehirnwäsche kennen, können Sie besser einschätzen, ob jemand versucht, Sie zu manipulieren oder sogar einer Gehirnwäsche zu unterziehen. Hier sind einige Anzeichen dafür, dass Sie möglicherweise einer Form von Gehirnwäsche ausgesetzt werden:

- Ihre Gedanken und Entscheidungen sind nicht Ihre eigenen, sondern werden von jemand anderem in Ihrem Leben beeinflusst.

- Ihre Überzeugungen klingen für andere Menschen seltsam - nicht gerade rational oder logisch.

- Sie werden übermäßig verwöhnt und belohnt, wenn Sie etwas tun, was eine andere Person von Ihnen verlangt hat.

- Sie fühlen sich schuldig und furchtbar, wenn Sie die Werte des anderen mit Ihren eigenen Überzeugungen in Konflikt bringen.

- Sie werden finanziell manipuliert und sind von jemandem abhängig geworden.

- Sie haben das Gefühl, dass Sie keine andere Wahl haben, als die vorgegebenen Regeln und Normen zu befolgen.

- Die Werte des anderen werden verinnerlicht und Ihre eigenen werden aufgrund des Einflusses der Person sogar vernachlässigt.

Während die emotionale Manipulation viele Formen annehmen kann, ist die Gehirnwäsche vielleicht eine der schlimmsten. Es handelt sich dabei um eine invasive Taktik der Gedankenmanipulation, die so intensiv ist, dass die Menschen selbst lange nach der Erfahrung noch die Auswirkungen der Erfahrung spüren. Es gibt viele Arten der Gehirnwäsche, die alle darauf abzielen, die Gedanken, Überzeugungen und Ideologien einer Person zu manipulieren. Es ist dabei nicht nur wichtig, die verschiedenen Formen von Gehirnwäsche zu verstehen, sondern auch zu merken, wenn jemand versucht, Sie einer Gehirnwäsche zu unterziehen. So wissen Sie, wie Sie sich vor diesen böswilligen Versuchen schützen und Ihre geistige Gesundheit bewahren können, ganz gleich, wie überzeugend Ihnen das Gegenteil suggeriert wird.

Kapitel 8: Werden Sie „Gaslighting" ausgesetzt?

Gaslighting ist eine weitere weit verbreitete Strategie der psychologischen Manipulation und des emotionalen Missbrauchs. Es geschieht allmählich und über einen längeren Zeitraum hinweg, was das Opfer oft veranlasst, seinen eigenen Verstand in Frage zu stellen. Die Täter sind oft sehr charmante und charismatische Personen. Sie verstehen es, die Sympathien anderer für sich zu gewinnen, weshalb die Opfer oft zögern, bevor sie über ihren Missbrauch sprechen. Selbst wenn sie es schließlich tun, reagieren andere oft mit Unglauben auf die geschilderten Erfahrungen. Deshalb beginnen die Betroffenen, die Richtigkeit ihrer Gedanken und Gefühle, ja sogar ihre eigenen Erinnerungen und ihre Wahrnehmung in Frage zu stellen.

Die Menschen, die „Gaslighting" einsetzen, sind oft psychisch instabil.
https://www.pexels.com/photo/light-fashion-love-people-6670149/

Mit der Zeit verlieren die Opfer dieser Art von Manipulation ihr Selbstwertgefühl und ihr Selbstvertrauen. „Gaslighting" kommt am häufigsten in Liebesbeziehungen vor, kann aber auch am Arbeitsplatz, im Haushalt und in Freundschaften auftreten. Die Täter haben in der Regel mit eigenen psychischen Problemen zu kämpfen, mit Persönlichkeitsstörungen wie antisozialem Verhalten, Narzissmus und Borderline-Persönlichkeitsstörungen. Die Wahrscheinlichkeit ist daher groß, dass jemand, der über sich hinauswächst, um seine Kontrolle und Macht über andere auszuweiten, psychisch nicht stabil und gesund ist.

Derartige Menschen verhalten sich häufig so, weil sie selbst in einem toxischen Umfeld aufgewachsen sind. Oft haben sie diese Verhaltensweisen von ähnlich manipulativen Eltern oder Geschwistern übernommen. Vielleicht ist das „Gaslighting" für sie zu einem Verteidigungs- oder sogar zu einem Überlebensmechanismus geworden. Wenn man unter dem Einfluss einer solchen Person aufgewachsen ist, gibt es zwei Möglichkeiten: Entweder wird man in dem Glauben erzogen, dass man nie an etwas schuld ist, oder man wird immer für alles verantwortlich gemacht, und hat das Gefühl, an allem schuld zu sein. In beiden Fällen beginnt man zu glauben, dass alle Menschen entweder von Natur aus gut oder schlecht sind. Man wird zu einer Art Extremist, der glaubt, dass Menschen sich nicht in Grauzonen bewegen können. Daraufhin beginnt man, andere auf der Grundlage dieses binären Menschenbildes einzuschätzen.

In diesem Kapitel werden Sie die langfristigen Auswirkungen von „Gaslighting" kennenlernen und mehr darüber erfahren, wie es sich auf Ihr psychisches Wohlbefinden auswirken kann. Dann werden Sie auf verschiedene Warnzeichen und Indikatoren stoßen, mit deren Hilfe Sie feststellen können, ob Sie „Gaslighting" ausgesetzt worden sind. Außerdem finden Sie ein kurzes Quiz, mit dem Sie herausfinden können, ob Sie je Opfer dieser Taktik geworden sind.

Die langfristigen Auswirkungen von „Gaslighting"

Wie Sie oben bereits gelesen haben, kann ein Opfer von „Gaslighting" plötzlich beginnen, sein Selbstvertrauen in Frage zu stellen, wenn es dieser Art von bösartigem Verhalten lange genug ausgesetzt worden ist. Personen, die unter „Gaslighting" leiden, sind oft davon überzeugt, dass sie mit einer psychischen Störung oder anderen kognitiven Problemen zu kämpfen haben. Der Grund dafür ist, dass der Täter die Erinnerungen des Opfers und die Erinnerung an die Ereignisse ständig widerlegt und den Erfahrungen widerspricht. Außerdem stimmt das, was das Opfer durch das Verhalten des Täters erlebt, nicht mit der Wahrnehmung anderer Menschen überein. Aus diesem Grund fragen sich die Opfer oft, ob das, was ihnen widerfährt, reine Einbildung ist oder ob sie bei bestimmten Interaktionen mit anderen Menschen einfach zu sensibel sind. All dies kann zu Angstzuständen und Depression führen. Opfer von „Gaslighting" können auch in die Selbstisolation geraten. Während bestimmte psychische Probleme auch zur Isolation führen, können auch die Täter ihre Opfer dazu bringen, die Kommunikation mit ihrem Umfeld abzubrechen. Sie bringen ihre Opfer gegen ihre Angehörigen auf, weil sie wollen, dass sie sich so weit wie möglich von anderen Menschen fernhalten, die ihre Denkweise beeinflussen könnten. Die Anwesenheit eines solchen Manipulators in Ihrem Leben führt zwangsläufig zu einem großen Ausmaß an Trauma und Schmerz.

Der Umgang mit einer solchen Person kann Ihr Selbstwertgefühl zerstören, Ihre Energie aufbrauchen und Ihre geistige Gesundheit beeinträchtigen. Je mehr Sie sich in der Beziehung verausgaben, desto überwältigender wird das Gefühl von Chaos und Verwirrung, das in Ihrem Gehirn entsteht. Dies führt zu einer intensivierten Desillusionierung, die es noch schwieriger macht, die missbräuchliche Beziehung zu beenden. „Gaslighting" kann sich zu einer Zwangskontrollbeziehung weiterentwickeln - eine weitere Form des emotionalen Missbrauchs. Wenn Ihr Partner diese Art von Missbrauch ausübt, kann er fast jeden Teil Ihres Lebens kontrollieren. Der Missbraucher kann die sozialen und digitalen Aktivitäten des Partners kontrollieren, seine E-Mails durchsehen, sein Handy regelmäßig durchsuchen, alle Finanzen des Partners überwachen, zu Drohungen und Beleidigungen greifen und sogar gewalttätig oder sexuell missbräuchlich werden.

Warnzeichen für „Gaslighting"

Wie Sie bereits wissen, funktioniert „Gaslighting" hauptsächlich dadurch, dass es die Realitätswahrnehmung einer Person durcheinanderbringt. Das Hauptziel des Täters ist es, sein Opfer dazu zu bringen, seine Wahrnehmung, geistige Gesundheit, Vernunft und Erinnerungen in Frage zu stellen. Das Ziel ist es, das Opfer an sich selbst zweifeln zu lassen - die Person soll sich selbst in Frage stellen. Wenn Sie den Verdacht haben, dass Sie es mit einem solchen Täter zu tun haben, fühlen Sie sich vielleicht jedes Mal, wenn Sie mit ihm zu tun haben, überwältigt und etwas verwirrt. Sie fragen sich ständig, ob etwas mit Ihnen nicht stimmt. Manipulatoren bringen Sie dazu, zu glauben, Sie seien an allem schuld, was schiefläuft. Sie entwerten Ihre Gefühle und überzeugen Sie davon, dass Sie zu sensibel oder melodramatisch sind. Solche Personen sind sehr geschickt darin, Sie an Ihrem Selbstbewusstsein und persönlichen Wert zweifeln zu lassen.

Im Folgenden finden Sie einige Warnzeichen dafür, dass Sie „Gaslighting" ausgesetzt sein könnten:

Sie werden oft belogen

Menschen, die „Gaslighting" einsetzen, sind pathologische Lügner (Mythomanen). Sie lügen fast so oft, wie sie atmen, und tun dies meist ohne ersichtlichen Grund. Sie erzählen ihre eigenen erfundenen Versionen der Dinge und nehmen ihre Worte nie zurück oder lassen sich korrigieren. Sie bleiben bei dem, was sie gesagt haben, selbst wenn Sie ihnen handfeste Beweise dafür liefern, dass das, was sie sagen, nicht wahr ist. Das Einzige, was Sie dann zu hören bekommen, ist eine passiv-aggressive Antwort wie „Denkst du dir denn alles nur aus?"oder „So habe ich das nicht in Erinnerung". Lügen und die Verzerrung der Realität gehören zu den wichtigsten Anzeichen für „Gaslighting".

Erschwerend kommt noch hinzu, dass Menschen, die „Gaslighting" anwenden, sehr wortgewandt sind. Sie sind die geborenen Manipulatoren und werden Sie davon überzeugen, dass sie die Wahrheit sagen, selbst wenn Sie Beweise für das Gegenteil haben. Am Ende werden Sie fast immer an sich selbst zweifeln.

Die Person diskreditiert, was Sie sagen

Die Täter versuchen oft, Sie von Ihren Freunden und Ihrer Familie zu isolieren. Sie wollen nicht riskieren, dass Sie mit anderen darüber sprechen, wie Sie sich durch ihr Verhalten fühlen, weil Außenstehende mitbekommen könnten, was mit Ihnen geschieht. Wenn dieser Fall eintritt, können sie Ihnen helfen, dem emotionalen Missbrauch zu entkommen. Aus diesem Grund verbreiten solche Menschen Gerüchte über Sie und behaupten, Sie seien verrückt oder melodramatisch. Sie tun dies auf eine sehr hinterhältige Art und Weise, die es ihnen ermöglicht, so zu tun, als ob sie sich wirklich Sorgen um Sie machen. Sie könnten Ihrem Freund zum Beispiel etwas sagen wie: „Hast du in letzter Zeit etwas von Julia gehört? Sie verhält sich ein bisschen seltsam. Wahrscheinlich ist sie im Moment einfach nur müde oder ausgebrannt, denn sie scheint sich nicht mehr richtig an Dinge erinnern zu können. Kannst du dir vorstellen, dass sie denkt, ich hätte sie angelogen? Ich bin nicht sauer. Ich mache mir nur wirklich Sorgen um sie." Da sich Menschen, die „Gaslighting" anwenden, durch ihre Manipulationskünste auszeichnen, können ihre Techniken unglaublich effektiv sein. Sogar Ihre Angehörigen können sich auf die Seite des Täters schlagen, ohne sich Ihre Version der Geschichte zu hören.

Ihr Masterplan endet jedoch nicht an dieser Stelle. Wenn der Täter behauptet, Ihr Gedächtnis sei schlecht, oder Ihnen sagt, dass Sie einfach hochsensibel sind, lügt er Sie an und erzählt Ihnen, dass Ihre Angehörigen auch auf seiner Seite sind. Selbst wenn Ihre Freunde und Verwandten diese Dinge nie über Sie gesagt haben, versucht die Person alles zu tun, um Sie glauben zu lassen, dass auch andere schlecht über Sie denken. Infolgedessen versinkt das Opfer immer tiefer im Selbstzweifel.

Sie lenken Sie ab

Derartige Personen erlauben Ihren Opfern niemals, sie offen zu konfrontieren. Wie bereits erklärt, reagieren sie auf alles, was Sie sagen, passiv-aggressiv. Nicht nur das, sie sind auch sehr geschickt darin, das Thema zu wechseln, wenn Sie versuchen etwas anzusprechen, was sie getan haben. Wenn Sie ihre Handlungen in Frage stellen, stellen sie Ihnen Fragen oder lenken das Gespräch in eine andere Richtung, anstatt die Frage direkt zu antworten. Das unterbricht Ihren Denkprozess und lenkt Sie vom eigentlichen Thema ab.

Sie entwerten Ihre Gedanken und Gefühle

Die Täter entwerten und entkräften Ihre Gefühle, um dadurch Kontrolle über Sie auszuüben. Haben Sie jemals versucht, mit dem Täter über eine Situation oder ein Gefühl zu sprechen, mit dem Sie schon länger zu kämpfen hatten? Wahrscheinlich hat er alles, was aus Ihrem Mund kam, bagatellisiert und Ihnen dadurch das Gefühl gegeben, klein und wertlos zu sein. Wahrscheinlich haben Sie die Worte „Du übertreibst" schon öfter gehört, als Ihnen lieb ist, und Sie kamen sich dumm vor, weil Sie überhaupt in Erwägung gezogen haben, etwas dagegen zu sagen. Wenn Ihre Gedanken und Gefühle ständig entkräftet werden, beginnen Sie sich zu fragen, ob etwas mit Ihnen nicht stimmt. Dadurch stellt der Täter sicher, dass seine Meinung das Einzige ist, was zählt, da er Sie bereits von Ihrem Umfeld isoliert hat. Da Sie niemanden haben, mit dem Sie reden oder dem Sie sagen können, dass Sie sich nicht irren, nur weil Sie sich so fühlen, wie Sie sich fühlen, haben Sie am Ende keine andere Wahl, als Ihrem Missbraucher zu glauben. Wenn Sie in einer Beziehung feststecken, in der Sie sich entwertet und missverstanden fühlen, können Sie sich beschämt und überfordert fühlen. Sie stauen dann alle Ihre Gefühle in sich auf, was im weiteren Verlauf zusätzliche Probleme verursacht.

Sie drehen den Spieß um

Wenn man sich mit einem solchen Täter streitet, möchte man sich die Haare ausreißen. Diese Menschen sind Meister darin, den Spieß umzudrehen und die Schuld auf andere zu schieben. Jedes Mal, wenn Sie versuchen, mit der Person über etwas zu sprechen, das sie falsch gemacht hat, in einer Situation, in der Sie selbst unmöglich etwas falsch gemacht haben können, findet sie trotzdem einen Weg, Ihnen die Schuld für etwas zu geben, das passiert ist. Angenommen, Sie versuchen, mit ihnen darüber zu sprechen, wie schlecht Sie sich durch das Verhalten der Person fühlen. In diesem Fall wird die Situation so verdreht, dass Ihnen die Schuld dafür gegeben werden kann, dass die Person sich schlecht verhalten hat.

Sie geben nie zu, dass sie sich geirrt haben

Der Täter wird nicht nur niemals zugeben, dass er im Unrecht ist, sondern er wird auch schamlos seine eigenen Fehler leugnen. Diese Menschen sind dafür bekannt, dass sie nie die Verantwortung für etwas übernehmen, das sie verbockt haben. Sie können das Leben ihrer Opfer ruinieren, indem sie sie ständig abwerten und ihnen das Gefühl geben, unbedeutend zu sein, und trotzdem so tun, als hätten sie nichts falsch gemacht. Da sie ihr Fehlverhalten nie zugeben, haben die Opfer keine Möglichkeit, das negative Kapitel abzuschließen. Das macht es ihnen schwer, ihr Leben weiterzuführen und sich von der Zeit in der toxischen Beziehung zu erholen.

Sie reden sich gekonnt aus Situationen heraus

Die Täter können dafür sorgen, dass Sie sich Hals über Kopf wieder verlieben, oder Ihnen zumindest die Illusion vermitteln, dass Sie ohne sie nicht überleben können - selbst wenn die Person sie furchtbar verletzt hat. Sie werden plötzlich mit liebevollen, mitfühlenden und freundlichen Worten überhäuft, wenn Sie sie auf ihr Verhalten ansprechen. Die Person wird Sie daran erinnern, wie sehr sie Sie lieben und Ihnen Schuldgefühle einreden, weil Sie dachten, dass sie Sie absichtlich verletzen würde. Der Täter weiß alles, was Sie hören wollen, und stellt sicher, dass er es Ihnen dann sagt, wenn Sie es am meisten brauchen. Diese leeren Worte sind es, die Sie bis zur nächsten Konfrontation bei der Stange halten. Wenn das negative Verhalten wieder geschieht, weiß der Täter genau, was er sagen muss, damit er sich wieder aus der Situation rausreden kann.

Sie erfinden ihre eigene Realität

Die Täter haben kein Problem damit, Geschichten zu erfinden, damit sie ungeschoren davonkommen. Nehmen wir zum Beispiel an, die Person schubst Sie während eines Streits. In diesem Fall könnten sie Sie davon überzeugen, dass sie bemerkt haben, dass Sie zu fallen drohten, und Sie deshalb versehentlich geschubst haben, obwohl sie eigentlich nur versuchen wollten, Sie festzuhalten. Wenn der Streit hitzig war, fangen Sie wahrscheinlich schnell an, Ihre Erinnerungen an die Situation zu hinterfragen. Sie könnten sich einreden, dass Sie einfach nur verwirrt waren, wodurch die Lügen und das böswillige Verhalten des anderen vertuscht werden.

Quiz: Bin ich ein Opfer von „Gaslighting" geworden?

Es kann schwierig sein, mit Sicherheit zu sagen, ob Sie „Gaslighting" zum Opfer gefallen sind, vor allem dadurch, dass Sie sich möglicherweise in einer langjährigen toxischen Beziehung befinden. Unsere Wahrnehmung ist oft verzerrt, wenn wir zu sehr in die Situation verwickelt sind. Das folgende Quiz kann Ihnen dabei helfen herauszufinden, ob Sie es mit einem Menschen zu tun haben, der „Gaslighting" anwendet. Kreuzen Sie alle zutreffenden Aussagen in den unteren Kästchen an. Wenn die meisten dieser Aussagen auf Ihre Situation zutreffen, müssen Sie sofort Vorsichtsmaßnahmen ergreifen.

- Sie zweifeln ständig an Ihrer Wahrnehmung der Realität und stellen Ihre eigenen Gefühle in Frage. Sie fragen sich, ob Sie überreagieren und sagen sich Dinge wie: „So schlimm ist es wahrscheinlich gar nicht. Ich bin einfach nur zu sensibel, die Person hat recht."

- Sie trauen Ihrem Urteilsvermögen nicht und haben oft Angst, über Ihre Gedanken und Gefühle zu sprechen. Sie wissen, dass Sie sich noch schlechter fühlen, sobald Sie offen über Ihre Gefühle sprechen.

- Die Person schiebt die Schuld auf Sie, anstatt selbst die Verantwortung zu übernehmen.

- Sie können in der Gegenwart der Person nichts tun oder sagen. Sie haben das Gefühl, dass Sie in der Nähe des Täters übervorsichtig sein müssen. Sie befürchten, dass jedes Wort oder jede Handlung Ihrerseits die Person provozieren könnte.

- Sie fühlen sich isoliert und missverstanden. Sie glauben, dass Ihre Angehörigen Sie für genauso dramatisch, verrückt und sensibel halten, wie Ihr Missbraucher behauptet. Sie wenden sich nicht mehr an Ihre Angehörigen, weil Sie befürchten, auch von ihnen missverstanden zu werden. Sie fühlen sich allein mit Ihrem Problem.

- Sie fragen sich, ob der Täter recht hat, was Sie angeht. Der Täter weiß genau, was er sagen muss, damit Sie sich dumm, unwichtig, falsch, klein und unintelligent fühlen. Sie verbringen viel Zeit damit, sich zu fragen, ob seine negativen Aussagen wahr sind, und das schadet Ihrem Selbstwertgefühl.

- Sie schämen sich und sind enttäuscht von sich selbst. Sie denken zurück an die starke und entschlossene Person, die Sie einmal waren. Sie sind jedes Mal enttäuscht, wenn Sie versuchen, Ihren Missbraucher zur Rede zu stellen, und sich am Ende entschuldigen, weil er es geschafft hat, Ihnen das Gefühl zu geben, dass Sie selbst schuld sind. Sie fragen sich, warum Sie nicht selbstbewusster und durchsetzungsfähiger sind.

- Sie fühlen sich benebelt und verwirrt. Wenn Sie mit dem Täter sprechen, fühlen Sie sich manchmal verwirrt und von seinem Verhalten verblüfft.

- Sie sagen sich, dass Sie zu sensibel sind. Die Lieblingssprüche des Täters sind entweder „Du bist zu sensibel" oder „Du verstehst wohl keinen Spaß".

- Man hat immer ein ungutes Gefühl, wenn die Person in der Nähe ist. Sie sind immer nervös und warten darauf, dass etwas Schlimmes passiert. Sie fühlen sich scheinbar grundlos bedroht und sind sogar überrascht, wenn das Gespräch oder die Begegnung ohne Probleme verläuft.

- Sie entschuldigen sich ständig, auch wenn Sie nichts falsch gemacht haben. Wenn Sie sich nicht gerade für etwas entschuldigen, das der Täter Ihnen angelastet hat, dann entschuldigen Sie sich vermutlich sogar dafür, dass Sie so sind, wie Sie sind.

- Sie haben das Gefühl, nicht gut genug zu sein. Niemand ist jemals gut genug für einen Menschen, der zu „Gaslighting" neigt. Sie können seinen Ansprüchen und Erwartungen nicht gerecht werden, weil sie Ihnen in Wirklichkeit das Gefühl geben, dass Sie unwürdig sind, selbst wenn Sie bewiesen haben, dass Sie ein intelligenter und fähiger Mensch sind.

- Sie zweifeln ständig an Ihrem Gedächtnis und Ihrer Glaubwürdigkeit. Sie verbringen absurd viel Zeit damit, sich Gedanken über die Richtigkeit Ihrer Erinnerung an bestimmte Ereignisse zu machen. Vielleicht haben Sie sogar ganz damit aufgehört, darüber zu sprechen, wie Sie sich an bestimmte Situationen erinnern, weil Sie glauben, Sie könnten sich irren.

- Sie fragen sich, ob Sie in guter geistiger Verfassung sind. Sie denken wirklich, dass mit Ihrem geistigen oder kognitiven Wohlbefinden etwas nicht stimmt.

- Sie trauen sich selbst nicht mehr zu, Ihre eigenen Entscheidungen zu treffen. Sie vermeiden es soweit möglich, Entscheidungen zu treffen und bitten andere Menschen, wichtige Dinge für Sie zu entscheiden.

Alles in allem nutzen die Täter diese Art der Manipulation und des Missbrauchs, um anderen das Gefühl der Machtlosigkeit zu geben. Sie brechen ihre Hemmungen, schwächen sie und stiften bei ihren Opfern ein Gefühl der permanenten Verwirrung. „Gaslighting" findet nicht immer hinter verschlossenen Türen statt, und es ist auch keine einmalige Angelegenheit. Die Täter sind außerordentlich geschickt darin, ihre Opfer auf subtile, aber schädliche Weise zu verletzen. Sie bauen ihre Handlungen allmählich und so heimlich auf, dass die Opfer gar nicht merken, dass etwas ganz und gar nicht stimmt. Ihr Verhalten ist hartnäckig und führt dazu, dass die betroffene Person immer tiefer in Selbstzweifel versinken. Wenn dieser Kreislauf nicht rechtzeitig durchbrochen wird, kann das Opfer am Ende sogar sein Identitätsgefühl verlieren.

Wir hoffen, dass die in diesem Kapitel vermittelten Kenntnisse und Einsichten Sie in die Lage versetzen werden, das Fehlverhalten einer Person zu erkennen und sich in Zukunft vor deren Einfluss zu schützen.

Kapitel 9: Jemand weist Ihnen eine Schuld zu

Schuldzuweisungen können in jeder Beziehung vorkommen, insbesondere in unseren engsten Beziehungen. Bei dieser Methode der dunklen Psychologie handelt es sich im Wesentlichen um den Versuch, das Verhalten einer Person zu ändern, indem man ihr Schuldgefühle einflößt, damit sie sich schlecht fühlt. Schuldzuweisungen sind dabei viel häufiger, als wir denken. Wahrscheinlich sind Sie schon in mehreren Situationen und von vielen verschiedenen Menschen in Ihrem Leben mit Schuldgefühlen konfrontiert worden.

Schuldzuweisungen sind eine Form der Manipulation.

Haben Sie einen Freund, der Ihnen immer sagt, dass er sich Zeit für Sie nimmt, dass Sie sich aber nie Zeit für ihn nehmen, obwohl er weiß, wie eng Ihr Zeitplan ist? Hat Ihre Mutter Ihnen je ein schlechtes Gewissen gemacht, weil Sie vergessen haben, eine Aufgabe zu erledigen, indem sie all das aufgezählt hat, was sie in ihrem Leben für Sie getan hat, um Sie zu umsorgen? Vielleicht haben Sie auch einen Partner, der Ihnen oft ein schlechtes Gewissen eingeredet hat, weil Sie sich mit Ihren Freunden verabredet haben, weil er sich dadurch „einsam" fühlen musste. Auch das ist eine Art von Schuldzuweisung.

Schuldzuweisungen sind wirksam, weil sie eine sehr starke Emotion in Ihnen wecken. Sie gehören zu den wichtigsten Motiven und Beweggründen für menschliches Verhalten. Deshalb wird diese Methode häufig ausgenutzt, um anderen ein Verantwortungsgefühl einzuflößen und ihre Gedanken, Verhaltensweisen und Gefühle zu beeinflussen. Clevere Manipulatoren wissen, wie sie aus Dingen, für die sich Menschen bereits schuldig fühlen, Kapital schlagen können. Wenn jemand – zum Beispiel ein Mann namens Alex - weiß, dass sein Partner bereits ein schlechtes Gewissen hat, weil er nicht genug Geld verdient und die Rechnungen nicht bezahlen kann, könnte Alex zu ihm sagen: „Ich arbeite immer hart, um sicherzustellen, dass alle unsere Bedürfnisse gedeckt sind." Das gibt dem Partner ein schlechtes Gewissen und bringt ihn dazu, alles zu tun, was Alex will.

Jetzt, da Sie wissen, wie solche Schuldtricks funktionieren, werden wir darüber sprechen, was die Ursachen für diese Art von Verhalten sind. In diesem Kapitel geht es um die verschiedenen Arten von Schuldgefühlen und die Anzeichen dafür, dass Ihnen jemand in einer Beziehung Schuldgefühle einzureden versucht. Danach finden Sie eine Checkliste, mit der Sie feststellen können, ob Sie diesem Verhalten schonmal ausgesetzt wurden. Und schließlich erfahren Sie, wie sich Schuldzuweisungen auf Ihre täglichen Beziehungen auswirken können.

Die Ursachen der Schuldzuweisung

Schuldzuweisung ist eine Strategie, um jemanden dazu zu bringen, das zu tun, was man will, oder ihren Vorstellungen Vorrang zu geben. Es handelt sich daher um eine Art der Manipulation. Das bedeutet, dass Sie in den meisten Fällen einem absichtlichen Manipulationsversuch ausgesetzt werden, wenn Sie spüren, dass jemand Ihnen Schuldgefühle einredet.

Viele Menschen machen anderen gerne Schuldgefühle, insbesondere, wenn ihre eigenen Gefühle verletzt wurden oder wenn sie Schwierigkeiten dabei haben, anderen ihre Gedanken mitzuteilen und ihre Gefühle auszudrücken. Schuldzuweisungen sind in der Regel auch das Ergebnis schlechter Kommunikation. Dies ist vor allem dann der Fall, wenn der Manipulator sich untergeordnet fühlt oder das Gefühl hat, dass er in der Beziehung nicht an erster Stelle steht. Viele greifen auf das Erwecken von Schuldgefühlen zurück, da sie wütend sind, weil Sie nicht dazu gebracht werden können, sich auf die gleiche Seite wie die Person zu stellen. Dieses Verhalten steht ebenfalls häufig bei Personen auf, die in einem ähnlich manipulativen Haushalt oder Umfeld aufgewachsen sind.

Die Arten von Schuldgefühlen

Wir erleben oft verschiedene Arten von Schuldgefühlen, und Manipulatoren nutzen sie oft alle aus. Das Ziel, das hinter jeder Taktik steht, bleibt jedoch immer gleich. Sie handeln auf diese Art und Weise, weil sie wollen, dass andere ihren eigenen Bedürfnissen und Wünschen nachgeben.

Im Folgenden werden einige Möglichkeiten aufgezeigt, durch die Manipulatoren Schuldgefühle zu ihrem eigenen Vorteil zu nutzen versuchen:

Sie lösen moralische Schuldgefühle aus

Schuldzuweiser können Ihnen schnell ein schlechtes Gewissen einreden, indem sie Sie darüber belehren, dass eine bestimmte Entscheidung, die Sie getroffen haben, eindeutig unmoralisch gewesen sei. Dies führt dazu, dass Sie Ihr Verantwortungsbewusstsein und Ihre Moral in Frage stellen und sich fragen, wie gut Sie eigentlich wirklich sind.

Angenommen, Sie und Ihr Partner haben die Angewohnheit, Geld zu sparen. Obwohl Ihr Laptop in gutem Zustand ist, haben Sie beschlossen, ihn durch ein neueres Modell zu ersetzen, das Sie schon eine Weile ins Auge gefasst und für das Sie einen angemessenen Betrag angespart haben. Den Rest des Betrags hatten Sie für Notfälle aufgespart. Sie kommen nach Hause und freuen sich, Ihrem Partner Ihre neue Anschaffung zu zeigen. Anstatt Ihre Freude zu teilen, sagt er/sie Ihnen sofort, dass es falsch war, das ganze Geld für einen Laptop auszugeben, obwohl Sie es für einen Besuch bei Ihren Eltern hätten verwenden können. Dann stellt sich heraus, dass er/sie gespart hat, um in diesem Sommer Ihre Heimatstadt zu besuchen, in der Sie beide aufgewachsen sind. Ihr Partner hat es geschafft,

Ihnen ein schlechtes Gewissen einzureden, weil Sie sich nicht genug um Ihre Familie gekümmert haben, und überzeugt Sie vielleicht sogar davon, um eine Rückerstattung des Kaufpreises zu bitten, damit Sie die von ihm geplante Reise antreten können.

Dadurch sucht Ihr Partner nach Sympathie.

Schuldzuweiser können Ihnen ein schlechtes Gewissen einreden, indem sie so tun, als seien sie durch Ihr Verhalten geschädigt worden. Sie erzählen immer wieder, wie sehr sie sich durch Ihr Verhalten verletzt fühlen. Wenn sie dabei überzeugend genug sind, werden Sie sich am Ende für Ihr Verhalten schämen. Sie werden vielleicht auch Mitleid für die Person entwickeln und am Ende das tun, was der andere von Anfang an von Ihnen wollte.

Stellen Sie sich vor, einer Ihrer Freunde setzt diese Taktik in die Praxis um. Sie haben sich schon lange nicht mehr mit ihm getroffen und verabreden sich schließlich für den kommenden Dienstag auf einen Kaffee. Ein paar Stunden später schickt Ihr Chef Ihnen eine E-Mail, in der er eine sehr wichtige Besprechung ankündigt, an der Sie an dem gleichen Tag teilnehmen müssen. Sie rufen Ihren Freund an, entschuldigen sich und fragen ihn, ob er den Termin verschieben kann. Ihr Freund sagt Ihnen, dass Sie bereits einige Ihrer vorherigen Pläne abgesagt haben und dass er nicht zu Hause bleiben wolle, weil er sich sonst einsam fühle. Er betont, wie enttäuscht er ist, und dass er den Nachmittag wahrscheinlich mit Schlafen oder Trübsal blasen verbringen wird, weil Sie das Kaffeetrinken abgesagt haben. Dadurch fühlen Sie sich schlecht und versprechen ihm, dass Sie Ihr Bestes tun werden, um Ihre Arbeitsverpflichtung zu verschieben oder Ihren Terminplan auf andere Weise zu entlasten.

Die Person manipuliert Sie

Schuldzuweisungen sind zwar im Allgemeinen eine Form der Manipulation, aber Schuldzuweiser können dieses Verhalten sogar gezielt, zu reinen Manipulationszwecken, an den Tag legen. Dabei haben sie die grundlegende Absicht, bei Ihnen Schuldgefühle auszulösen, damit Sie keine andere Wahl haben, als etwas für sie zu tun, was Sie sonst nicht tun würden.

Angenommen, Sie melden sich nur ungern krank oder schwänzen nie die Arbeit, es sei denn, Sie müssen es *wirklich* tun. Gerade als Sie sich morgens fertig machen wollten, bittet Sie Ihr Partner, den Tag mit ihm zu Hause zu verbringen. Sie sagen ihm, dass Sie sich nur dann krankmelden wollen, wenn die Situation es wirklich erfordert. Daraufhin behauptet er, dass Sie nie etwas für ihn tun und dass Sie, falls Sie ihn wirklich lieben, nur dieses eine Mal zu Hause bleiben sollten.

Konflikte werden vermieden

Die Schuldzuweiser sind zwar nicht gewillt, Sie direkt zu konfrontieren, können aber trotzdem schnell verärgert reagieren. Sie fangen beispielsweise an, Sie anders zu behandeln und Ihnen ein schlechtes Gewissen einzureden und bestehen gleichzeitig darauf, dass alles in Ordnung sei, wenn Sie direkt nachfragen. Gegebenenfalls können Sie spüren, dass die Person verärgert ist oder das sonst etwas mit ihr nicht stimmt. Sie zeigt Ihnen jedoch die kalte Schulter, wenn Sie versuchen, mit ihnen zu reden, und sagen Ihnen, dass eigentlich nichts passiert ist. Sie wollen Ihnen ein schlechtes Gewissen machen, indem sie sich ganz traurig und emotional verhalten. Aber sie werden niemals ehrlich zu Ihnen sein.

Die Anzeichen dafür, dass jemand Sie mit Schuldgefühlen manipuliert

Es ist nicht immer einfach, schuldbewusstes Verhalten bei sich selbst zu erkennen, weil die Manipulation durch Schuldgefühle so weit verbreitet ist. Wir haben uns so sehr daran gewöhnt, mit dieser Art von Verhalten konfrontiert zu werden, dass wir nicht mehr erkennen können, ob die Person, mit der wir es zu tun haben, wirklich verärgert ist oder nur versucht, uns zu manipulieren. Zum Glück gibt es einige Anzeichen, auf die Sie achten können, um mehr über die Situation herauszufinden:

Die Personen verwenden eine abwertende Sprache

Manipulatoren bitten selten um etwas Nettes. Wenn sie also Ihre Hilfe bei der Hausarbeit brauchen, wollen sie nicht nett darum bitten. Stattdessen erzählen sie, wie sie früh aufstehen und zur Arbeit gehen mussten, nur um dann nach Hause zu kommen und stundenlang in der Küche stehen zu müssen. Sie zählen alles auf, was sie im Haus tun, und beißen Ihnen förmlich den Kopf ab, weil Sie einmal vergessen haben, den Müll rauszubringen. Am Ende haben Sie ein schlechtes Gewissen, weil Sie nicht öfter im Haushalt helfen, *obwohl Sie die Bitte ohnehin niemals ablehnen würden, wenn man Sie höflich und ausdrücklich darum bittet, etwas im Haus zu tun.*

Die Person macht sarkastische Bemerkungen über die Art, wie Sie sich verhalten

Abgesehen von ihren abfälligen Bemerkungen äußern sich Schuldzuweiser oft sarkastisch über Ihr Verhalten. Auch wenn sie gegebenenfalls versuchen, ihre Kommentare als Scherz abzutun, wissen sie doch instinktiv, was sie sagen können, um Sie zu verletzen. Sarkastische Bemerkungen können dazu führen, dass Sie sich noch schuldiger fühlen.

Sie behandeln Sie mit Schweigen

Manipulatoren mögen keine Konfrontation und sind bereit, alles zu tun, um Konflikte zu vermeiden. Sie gestehen ihre Fehler nicht ein und ziehen sich selbst nie zur Verantwortung. Deshalb sollten Sie damit rechnen, dass sie Sie nach einem Streit mit Schweigen bestrafen. Die Person neigt nicht dazu, mit Ihnen zu diskutieren, ganz gleich, wie sehr Sie sich bemühen, eine Diskussion zur Lösung des Problems zu initiieren. Stattdessen will Ihr Gegenüber, dass Sie sich so lange schuldig fühlen, bis Sie schließlich nachgeben und sich entschuldigen, auch wenn Sie gar nichts falsch gemacht haben.

Alle Ihre Fehler werden dokumentiert

Es gibt nur wenige Situationen, in denen man sich schuldiger fühlt, als wenn man eine Liste all seiner Unzulänglichkeiten auf einmal vorgelegt bekommt. Wann immer Sie versuchen, einen Schuldzuweiser für seine Handlungen zur Rede zu stellen oder ihm zu erklären, dass sein Verhalten sich negativ auf Sie ausgewirkt hat, wird er Ihnen sofort eine Liste mit all Ihren Fehlern aufzählen, und jeden Fehler, den Sie je gemacht haben, anprangern. Anstatt Ihnen zuzuhören, verlagern Schuldzuweiser den Fokus des Gesprächs, indem sie Ihnen Schuldgefühle einreden.

Dadurch werden Sie dazu verleitet, ihnen einen Gefallen zu tun.

Wenn Sie ein Manipulator um einen Gefallen bittet, den Sie ihm aus dem einen oder anderen Grund nicht erfüllen können, wird er Ihnen sofort ein schlechtes Gewissen machen. Zum Beispiel wird er wahrscheinlich jeden Gefallen aufzählen, den er Ihnen je getan hat, und Sie an all die Gelegenheiten erinnern, bei denen er Ihnen geholfen hat. Auf diese Weise versucht er dafür zu sorgen, dass Sie Ihr Verhalten anpassen und den Bedürfnissen des Manipulators Priorität einräumen.

Die Person verhält sich nach einem strengen System des Gebens und Nehmens

Gesunde Beziehungen sollten ausgewogen sein. Man sollte auf jeden Fall so viel in die Beziehung investieren, wie man aus ihr herausbekommt. Andernfalls fühlt sich eine Partei unterschätzt und ausgelaugt. Wenn die Beziehungsdynamik ausgewogen ist und beide Parteien auf die Lebensumstände der anderen Rücksicht nehmen, sollte eigentlich alles in Ordnung sein. Wenn man sein wahres Selbst versteckt, führt das nur zu unnötigen Spannungen innerhalb der Beziehung und kann dazu führen, dass jemand einen Groll hegt. Leider führen Schuldgefühle und ein übertriebenes Bewusstsein über das, was eine Person je für Sie getan hat dazu, dass immer eine Gegenleistung erwartet wird. Der Manipulator wird Sie bei Bedarf sogar daran erinnern, was Sie ihm etwas schulden.

Die Person verhält sich passiv-aggressiv

Da sie Konflikte und Konfrontationen nicht mögen, kann man Schuldzuweiser nicht direkt fragen, was ihrer Ansicht nach schiefgelaufen ist. Diese können dadurch sehr wütend und verärgert erscheinen, werden aber durch ein passiv-aggressives Verhalten reagieren, wenn sie direkt mit Ihnen zu tun haben. Sie werden Ihnen einfach mit „nichts" antworten, falls Sie sie fragen, was los ist. Das kann dazu führen, dass Sie über alles nachdenken, was Sie hätten anders machen sollen, weil Sie sich schuldig fühlen.

Sie verwenden ihre Körpersprache, um ihre Wut zu kommunizieren

Schuldzuweiser tun alles, damit Sie sich schuldig fühlen. Sie nutzen sogar ihre Körpersprache, um Ihnen ihre Gefühle mitzuteilen, ohne tatsächlich etwas sagen zu müssen. Sie seufzen zum Beispiel laut, wenn sie an Ihnen vorbeigehen, oder knallen die Tür zu, nur damit Sie wissen, dass sie sich heimlich über Sie aufregen.

Sie ignorieren Sie

Wenn Sie versuchen, alles wiedergutzumachen, ignoriert die Personen Ihre Bemühungen, nur damit Sie sich noch schuldiger fühlen. Wenn Sie eine Diskussion anstoßen wollen, um Ihre Meinungsverschiedenheit zu klären, tut sie so, als ob sie Sie nicht hören kann und zeigt Ihnen die kalte Schulter.

Die Person gibt direkte Kommentare ab

Wenn alle anderen Stricke reißen, entschließt sich die Person, Ihnen direkt ein schlechtes Gewissen einzureden. Andere Menschen sind von Anfang an sehr direkt. Sie machen Ihnen Schuldgefühle, indem sie Sie wahllos an all die großartigen Dinge erinnern, die sie je für Sie getan haben. Sie könnten dabei eigentlich ein ganz normales Gespräch führen und dann aus heiterem Himmel sagen: „Weißt du noch, wie ich dir einmal das teure Kleid gekauft habe, das du dir gewünscht hast?"

Werden Sie durch Schuldgefühle manipuliert?

Es ist wichtig zu wissen, dass Schuldzuweisungen nicht immer beabsichtigt sind. Das bedeutet, dass Ihr Partner, Freund oder Verwandter nicht unbedingt eine böswillige Person ist, die Sie zu ihrem eigenen Vorteil ausnutzen will. Wenn Sie einmal ordentlich nachdenken, merken Sie bestimmt, dass Sie selbst schon einmal jemandem versehentlich ein schlechtes Gewissen eingeredet haben.

Obwohl es in der Regel leicht zu erkennen ist, wenn man Ihnen absichtlich ein schlechtes Gewissen einredet, kann dieses Verhalten manchmal sehr subtil und dadurch schwer zu erkennen sein. Im Folgenden finden Sie eine Checkliste, mit der Sie feststellen können, ob Sie Schuldgefühlen ausgesetzt werden:

- Jemand macht abfällige Bemerkungen darüber, wie wenig Arbeit Sie im Vergleich zu ihnen geleistet haben.

- Jemand behält alle Ihre früheren Fehler im Auge und bringt sie bei Bedarf zur Sprache.

- Jemand erwähnt beiläufig, was sie schon alles für Sie getan haben.

- Jemand erinnert Sie ständig an all die Gefallen, die sie Ihnen je getan haben.

- Jemand verhält sich verärgert und wütend, gibt aber nicht zu, dass es ein Problem gibt, wenn man ihn direkt darauf anspricht.

- Die Person ignoriert Sie und behandeln Sie mit stillem Schweigen, wenn Sie versuchen, die Wogen zu glätten.

- Die Person erinnert Sie daran, dass Sie ihnen etwas schulden, wenn sie etwas von Ihnen will.

- Die Person reagiert oft passiv-aggressiv, wenn man versucht, sie zur Rede zu stellen.

- Die Person macht sarkastische Bemerkungen über Ihr Verhalten, Ihre Handlungen oder Ihre persönlichen Leistungen.
- Die Person trifft Sie mit ihren Kommentaren dort, wo es weh tut, und tut so, als wäre alles nur ein Scherz.
- Sie nutzt ihre Körpersprache, Mimik, Wortwahl und ihren Tonfall, um Ihnen zu zeigen, dass sie verärgert ist.
- Sie bringt Sie dazu, Ihre eigene Moral in Frage zu stellen und sich wegen Ihrer Entscheidungen schuldig zu fühlen.

Wie sich Schuldgefühle auf Ihre Beziehungen auswirken

Schuldzuweisungen und Schuldgefühle beeinträchtigen nicht nur Ihr geistiges und emotionales Wohlbefinden, sondern wirken sich auch negativ auf die Gesundheit Ihrer Beziehung aus. Diese Form der Manipulation führt oft zu:

Gefühlen der Verbitterung

Schuldzuweiser nutzen ihre Taktik, um ihren Willen durchzusetzen. Kurzfristig mag das gut funktionieren, aber wenn dieses Verhalten über längere Zeit anhält, kann es sich negativ auf die Beziehungen des Manipulators auswirken. Der Umgang mit einer solchen Person kann dazu führen, dass Sie Gefühle der Abneigung gegen sie entwickeln. Vielleicht haben Sie sogar das Gefühl, dass diese Person Ihnen ständig ein schlechtes Gewissen einzureden versucht.

Sie fühlen sich manipuliert

Mit der Zeit werden Sie das Gefühl bekommen, dass Sie absichtlich benutzt und manipuliert werden. Sie erkennen vielleicht, dass Ihr Partner oder Freund sich ständig als Opfer darstellt, um Ihre Schuldgefühle auszunutzen.

Schuldgefühle verkomplizieren die Dinge

Wenn Sie sich in einer Beziehung oft übermäßig schuldig fühlen, tun Sie am Ende vielleicht genau das Gegenteil von dem, was der Manipulator von Ihnen will. Niemand möchte sich ständig demoralisiert fühlen. Deshalb versuchen die Opfer derartiger Verhaltensweisen, ihr Selbstwertgefühl, ihr Selbstvertrauen und ihre Freiheit wieder aufzubauen, indem sie die Dinge auf ihre Weise tun - oder zumindest auf eine andere Weise, als es der Manipulator von ihnen erwartet.

Ihr Wohlbefinden wird durch die Situation beeinträchtigt

Übermäßige und langeanhaltende Schuldgefühle können zu einer ganzen Reihe von psychischen Problemen führen. Längerfristige Schuldgefühle werden mit dem Ausbruch oder der Verschlimmerung von psychischen Störungen wie Zwangsstörungen, schweren Ängsten und Depressionen in Verbindung gebracht, ganz zu schweigen von ihren unmittelbaren negativen Auswirkungen wie beispielsweise Traurigkeit, Muskelverspannungen, Sorgen, Schlaflosigkeit und tiefem Bedauern. Eine Beziehung mit einem Menschen, der bei Ihnen Schuldgefühle auslöst, kann dazu führen, dass Sie ständig glauben, dass Sie entweder alles falsch gemacht haben oder irgendwann etwas falsch machen werden. Wenn Sie einen Manipulator in Ihrem Leben erkennen, können Sie sich täglich über sich selbst schämen, was Ihr Selbstbild und Ihren Selbstwert stark beeinträchtigen kann. Möglicherweise verspüren Sie dann sogar das Bedürfnis, sich sozial zu isolieren und sich von Ihrer Umgebung zurückzuziehen.

Schuldgefühle können schwer zu ertragen sein, vor allem, wenn sie sich auf Ihre psychische Gesundheit auswirken. Glücklicherweise wissen Sie jetzt, wie Sie die Anzeichen für Schuldzuweisungen durch einen Manipulator erkennen können und wie sich dieses Verhalten auf Ihr psychisches Wohlbefinden auswirkt, sodass Sie sich infolgedessen besser schützen können.

Kapitel 10: Wie Sie sich vor Manipulation schützen können

Emotionen sind ein natürlicher Teil unseres Alltags und dienen allen möglichen Zwecken auf unserer Reise durchs Leben. Insbesondere Empathen fühlen ihre Emotionen viel intensiver als normale Menschen. Ihre Emotionen werden immer tief empfunden, egal in welcher Situation. Emotionale Manipulatoren nutzen die Verletzlichkeit der Menschen aus, um ihre Gedanken, Handlungen und Überzeugungen zu beeinflussen. Die Welt ist voll von emotionalen Manipulatoren aller Art. Toxische Menschen und Manipulatoren sind überall anzutreffen – ob in der Schule, am Arbeitsplatz oder im familiären Umfeld. Diese Menschen neigen dazu, nicht nur unsere Gedanken zu beeinflussen, sondern letztlich auch unsere Stimmung und dadurch unsere geistige Gesundheit und Vernunft zu ruinieren.

Schreiben Sie Ihre Gespräche auf, um Manipulationsversuche zu vereiteln.
https://www.pexels.com/photo/white-notebook-and-pen-606539/

Der Seelenfrieden ist das wichtigste Luxusgut der heutigen Zeit. Wenn Gefühlsvampire versuchen, unsere positive Energie abzusaugen, ertragen wir es kaum mehr, die einfachsten Aufgaben des Tages zu erledigen, ganz zu schweigen von der Bewältigung von wichtigen Ereignissen, Treffen und Versammlungen. Wenn Sie dieses Buch bis hierhin gelesen haben, wissen Sie bereits, wie emotionale Manipulatoren agieren, welche Strategien sie anwenden und wie sie mit Überredungstaktiken Ihren Geist kontrollieren. Jetzt müssen Sie nur noch in der Lage sein, die verschiedenen Anzeichen für Manipulation eindeutig zu identifizieren, um sofort zu erkennen, dass Sie manipuliert werden. Außerdem müssen Sie lernen und üben, wie Sie sich vor emotionaler Manipulation und Gedankenkontrolle schützen können. Ich hoffe, dieses letzte Kapitel kann Ihnen bei dieser Aufgabe helfen.

Anzeichen dafür, dass Sie manipuliert werden

Emotionale Manipulation ist ein viel häufigerer Bestandteil unseres Lebens, als Sie sich vielleicht vorstellen können. Es ist eine Taktik, die von Menschen angewandt wird, die Macht oder Kontrolle über Sie gewinnen wollen, und sie tun dies durch verschiedene gezielte Techniken und Verhaltensweisen. Emotionale Manipulation und emotionaler Missbrauch können genauso viel Schaden anrichten wie körperlicher Angriffe und führen oft zu langfristigen psychischen Problemen wie Depressionen, Angstzuständen, Posttraumatischen Störungen usw. Manipulation und emotionaler Missbrauch geschehen meist dann, wenn man es am wenigsten erwartet. Sogar Menschen, die Ihnen nahestehen, können sich unfair und manipulativ verhalten, ohne dass man jemals einen Verdacht gegen sie entwickelt. Deshalb ist es wichtig, darauf zu achten, ob jemand gerade versucht, Sie zu manipulieren. Hier sind einige Warnzeichen dafür, die darauf hindeuten, dass Sie emotional manipuliert werden:

Intellektuell-motiviertes Mobbing

Intellektuell-motiviertes Mobbing ist eine der am weitesten verbreiteten Manipulationstechniken, die es gibt. Menschen nutzen gerne ihr umfangreiches Wissen über ein bestimmtes Thema, um andere einzuschüchtern und zu überwältigen. Dies ist eine Form der Kontrolle. Sie tun dies, um ihre Opfer in einen verletzlichen Zustand zu versetzen, in dem sie leicht zu kontrollieren sind. In der Regel nutzen zum Beispiel Narzissten diese Taktik, um Sie in die Enge zu treiben und Ihre

Schwächen und Verwundbarkeiten zu ermitteln. Menschen, die diese Manipulationstaktik anwenden, gehen manchmal sogar so weit, Sie über Themen auszufragen, in denen sie gut versiert sind. All diese Taktiken zielen darauf ab, dass Sie sich dem Manipulator unterlegen fühlen und von ihm eingeschüchtert werden. Ein intellektueller Tyrann benutzt herablassende Aussagen und Gesichtsausdrücke, um anderen ein schlechtes Gewissen zu machen oder sie auszunutzen. In Wirklichkeit sind sie in Bezug auf sich selbst unsicher und neigen dazu, ihre Unsicherheit auf andere zu projizieren. Es macht ihnen Spaß, sich einzureden, dass sie besser sind als alle anderen, und sie tun dies mit grausamen Sticheleien und arroganten Behauptungen.

Emotionale Herabsetzung

Lob ist ein guter Motivator, ebenso wie Herabsetzung. Eine Möglichkeit, jemanden dazu zu bringen, nach ihrer Aufmerksamkeit und Bestätigung zu streben, ist es, die Person ständig herabzusetzen. Wenn jemandem wiederholt gesagt wird, dass seine Gefühle, Gedanken und Ideen nichts wert sind, wird er dies irgendwann verinnerlichen und glauben. Die Herabsetzung kann auf viele Arten geschehen, aber eine der häufigsten ist die Herabsetzung Ihrer Erfahrungen, Gefühle und Ideen, die er zwanghaft im Vergleich zu seinen eigenen als klein darstellt. Es kann sein, dass ein Opfer über seine Depression spricht, nur damit der andere betont, wie viel depressiver er ist. Das gibt Ihnen das Gefühl, dass Ihre Probleme nicht genauso wichtig oder bedeutend, wie die des anderen sind. Zunächst mag das wie ein unschuldiger Hilfeschrei einer Person in Not wirken. Wenn sich das Muster jedoch immer wieder wiederholt, werden Sie feststellen, dass es nicht um den anderen dreht, sondern darum, dass Sie kontrolliert werden.

Gaslighting

Wie Sie gesehen haben, ist „Gaslighting" eine sehr häufige Form der emotionalen Manipulation. Dabei lässt der Manipulator das Opfer glauben, es sei psychisch instabil oder anderweitig im Unrecht, auch wenn es das nicht ist. Diese schwerwiegende Form der emotionalen Manipulation hinterlässt bei den Opfern Vertrauensprobleme, psychische Probleme und ein vermindertes Selbstwertgefühl. Der Manipulator erfindet alternative Versionen von Ereignissen und verdreht Ihre Worte und Handlungen, so dass Sie oft selbst in Frage stellen, was Sie wirklich getan oder gesagt haben. Sie haben vielleicht sogar das Gefühl, dass Sie langsam verrückt werden.

Denjenigen, die „Gaslighting" betreiben, geht es nur um Schuldzuweisungen an alle anderen und nie an sich selbst. Es ist eine Möglichkeit für sie, ihre eigenen negativen Verhaltensweisen zu vertuschen oder anderweitig zu bewältigen. Dadurch verlieren Sie Ihr Selbstvertrauen und werden noch anfälliger für ihre Gedankenmanipulation. Diese Art von Verhalten ist sehr verwirrend, aber Sie werden in Ihrem Herzen instinktiv wissen, wenn sich in einer Beziehung etwas nicht richtig anfühlt.

Die Opferrolle

Die Opferrolle wird gerne von Manipulatoren gespielt, um dadurch bei anderen Menschen in ihrem Umfeld Schuldgefühle zu erzeugen. Unabhängig davon, ob sie sich selbst für das Opfer halten oder nicht, haben sie die Angewohnheit, das Opfer zu spielen, egal in welcher Situation. Manchmal entziehen sich ihre Argumente so sehr der Logik, dass ihre manipulativen Absichten für andere Menschen deutlich werden. Die Opferrolle wird in der Regel eingesetzt, um bei anderen Mitleid zu erwecken und sie über den wahren Hintergrund einer Situation zu verwirren. Wenn Sie sich zum Beispiel bei jemandem darüber beschweren, dass er Ihren Geburtstag vergessen hat, macht er sich zum vermeintlichen Opfer, indem er Sie daran erinnern, wie Sie sich ihm gegenüber angeblich beleidigend verhalten haben, anstatt sich zu entschuldigen.

Schuldgefühle

Manipulatoren wollen, dass sich ihre Opfer peinlich berührt, schuldig und beschämt fühlen. Dadurch wollen sie sicherstellen, dass Sie sich verletzlich genug fühlen, damit sie Ihre Gefühle kontrollieren können. Wenn sie wissen, dass sie die Möglichkeit haben, Ihnen Schuldgefühle zu machen, wird das für sie zur Sucht. Sie fühlen sich überlegen, wenn sie Ihnen Schuldgefühle machen und Sie für jeden Ihrer Fehler oder jedes Problem verantwortlich machen. Sie Schuldgefühle dienen dabei als Mittel, um Ihre innere Unsicherheit zu steigern. Manipulatoren sind wie Energievampire, die sich von der Energie mitfühlender und freundlicher Menschen ernähren. Sie wollen, dass andere negative Gefühle empfinden, und diese Form der Kontrolle gibt ihnen ein gutes Gefühl.

Einfühlsame und freundliche Menschen sind oft am leichtesten zu manipulieren, da sie das Gute in der Welt und in den Menschen sehen. Selbst wenn sie manipuliert werden, sehen sie es vielleicht zunächst nicht und bemühen sich, der Person, die sie missbraucht, zu helfen. Es kann schwierig sein, sich aus der Situation zu befreien, da einfühlsame Menschen förmlich von positiver Anerkennung leben. Wenn sie ständig mit Schuldgefühlen konfrontiert werden, versuchen sie, zunehmend hilfsbereiter zu sein.

Lügen

Wir alle lügen manchmal, aber man kann es auch übertreiben, nämlich dann, wenn das Lügen zur Gewohnheit oder zum Muster wird. Manipulatoren erzählen oft Notlügen und ziehen sie konsequent durch. Lügen sind eine gute Möglichkeit, um sich weniger mit den eigenen Gefühlen oder den Konsequenzen des eigenen Handelns auseinanderzusetzen, und wenn jemand einmal mit dem Lügen angefangen hat, wird es leichter, mit einer Lüge fortzufahren oder noch mehr zu einer Lügengeschichte hinzuzufügen. Lügen holen die Menschen am Ende immer ein, und es kann sich nicht nur wie ein Verrat anfühlen, wenn sie es tun, sondern es entzieht auch das Vertrauen aus jeder Beziehung. Das Vertrauen ist der Grundstein für jede Beziehung, egal, ob sie romantisch oder rein platonisch ist. Ohne Vertrauen und einem gewissen Grad an Ausgewogenheit sind Beziehungen zum Scheitern verurteilt.

Jemandem ein Ultimatum stellen

Ultimaten sind die schlimmste Form der Manipulation, die ein Mensch anwenden kann. Der Manipulator findet zuerst alle Schwächen und verwundbaren Stellen und zwingt Sie dann, Antworten auf Fragen zu geben, die darauf basieren. Wenn ein Manipulator jemandem ein Ultimatum stellt, bringt er dadurch seinen Hang zu kontrollierendem Verhalten zum Vorschein. Wenn Ihr Partner zum Beispiel sagt, dass er mit Ihnen Schluss macht, wenn Sie mit Ihren Freunden ausgehen wollen, ist das ein Kontrollversuch. Dieses Verhalten bringt auch die tiefsitzenden Unsicherheiten zum Vorschein, unter denen manche Personen leiden. Bedenken Sie daher, dass niemand, der Ihnen ein Ultimatum stellt, Ihr Wohlergehen im Sinn hat.

Jemanden ignorieren

Passiv-aggressives Verhalten ist eine häufige Taktik, die von Manipulatoren oft eingesetzt wird, wenn sie die Kontrolle über eine Situation gewinnen wollen. Das Ignorieren einer Person ist der Kernpunkt des passiv-aggressiven Verhaltens. Diese Art der Manipulation wird gewöhnlich nach einem Streit oder nach einer Meinungsverschiedenheit beobachtet. Wenn Manipulatoren einen Streit nicht gewinnen oder sich nicht durchsetzen können, wenden sie diese Taktik an, um die verlorene Kontrolle wiederzuerlangen. Auf diese Weise versuchen sie, die ganze Aufmerksamkeit auf sich zu lenken und der anderen Person Schuldgefühle einzureden. Schließlich glauben sie, dass das Opfer sich wegen des Streits schuldig fühlt und beschließt, den Streit zu beenden, indem es sich entschuldigt. Die Opfer dieser Art von Manipulation vergessen schließlich das eigentliche Problem und den Grund für den Streit, entschuldigen sich und akzeptieren die Niederlage.

Schützen Sie sich vor Manipulationsversuchen

Leider werden Sie in Ihrem Leben zwangsläufig auf Menschen stoßen, die versuchen, Sie zu täuschen und zu manipulieren. Diese Menschen sind in der Regel unsicher wegen ihrer eigenen Fehler und Schwächen und wollen auch nicht, dass andere in ihrem Leben Erfolg haben. Sie können sogar auf Narzissten ersten Grades treffen, die sich für überlegen halten und vor nichts zurückschrecken, selbst wenn das bedeutet, dass sie sich mit Manipulation und Lügen durchs Leben schlagen müssen. In jedem Fall ist es wichtig zu wissen, wie man sich vor den Annäherungsversuchen von derart toxischen Personen schützen kann, um die eigene psychische Gesundheit zu wahren. Hier erfahren Sie, was Sie tun können, um nicht zum Opfer von Manipulationsversuchen zu werden:

Den Köder nicht schlucken

Emotionale Manipulatoren lieben es, bei ihren Opfern eine Reaktion hervorzurufen. Sie haben es vor allem auf Menschen abgesehen, von denen sie glauben, dass sie negativ reagieren werden, weil sie sich an deren Reaktion erfreuen. Die beste Methode, mit einem emotionalen Manipulator umzugehen, ist daher, gar nicht erst auf seine Taktik hereinzufallen, sondern *ihn einfach zu ignorieren*. Ganz gleich, ob Sie am Arbeitsplatz oder in der eigenen Familie mit solchen Menschen konfrontiert werden, gehen Sie ihnen am besten aus dem Weg oder überraschen Sie sie, indem Sie etwas Nettes sagen. Geben Sie ihnen nicht das, was sie wollen, sondern sagen Sie etwas ganz Nettes, um sie zu überraschen und aus der Bahn zu werfen. Obwohl es viele andere Methoden gibt, um mit Manipulatoren umzugehen, ist dies eine der besten Möglichkeiten, mit ihnen umzugehen und gleichzeitig Ihre geistige Gesundheit zu schützen.

Schreiben Sie Ihre Gespräche auf

Auch wenn Ihnen dieser Ratschlag etwas übertrieben erscheinen mag, werden Sie feststellen, dass Sie sich durch diese Methode schnell viel besser fühlen. Emotionale Manipulatoren neigen dazu, Ihnen die Worte im Mund zu verdrehen und Ihnen das Gefühl zu geben, eine schlechte Person zu sein. Egal, ob sie das Opfer spielen, Ihnen Schuldgefühle einreden oder Sie unter Druck setzen, ihre manipulativen Taktiken führen dazu, dass Sie an sich selbst zweifeln. Damit das nicht passiert, sollten Sie Ihre Gespräche und alle Details der Situation, an die Sie sich erinnern können, aufschreiben. Noch besser ist es, wenn Sie Ihre Gespräche diskret aufzeichnen und sich später anhören, um sich Klarheit darüber zu verschaffen, wie die Person versucht hat, die Situation zu ihren Gunsten verdrehen. Auf diese Weise haben Sie Beweise für alles, was sie sagen und tun, für den Fall, dass jemand abstreitet, dass diese Dinge jemals gesagt oder getan wurden. Dadurch wirken Sie klug und schützen sich vor manipulativen Aussagen. Die Leute werden Sie sicher bald in Ruhe lassen.

Vermeiden Sie sie so weit wie möglich

Die beste Vorgehensweise im Umgang mit manipulierenden Menschen ist es, sie schlichtweg zu meiden. Damit eliminieren Sie nicht nur alle Chancen, von ihnen manipuliert zu werden, sondern Sie sparen auch eine Menge mentaler Energie, indem Sie ihnen aus dem Weg gehen, anstatt zu versuchen, mit ihnen fertig zu werden. Es kann anfangs schwierig sein, toxische Manipulatoren zu meiden, bis man sie besser kennt, aber man kann oft ein Gefühl oder einen Eindruck von jemandem bekommen, die einem sagt, dass man sich von der Person fernhalten oder seine Abwehrkräfte aufrechterhalten sollte. Das kann schwierig sein, wenn man sich einen Raum mit ihnen teilen muss, und es kann sein, dass man viel mit ihnen zu tun hat und die Interaktion so weit wie möglich einschränken muss.

Stellen Sie sie zur Rede

Toxische Manipulatoren sind es gewohnt, andere Menschen herumzukommandieren und einzuschüchtern, und sie vertragen es nicht gut, wenn man ihnen die Stirn bietet. Wenn Sie sie auf ihr toxisches Verhalten ansprechen, werden sie mit Sicherheit darauf reagieren, wenn nicht sogar überrascht sein. Sprechen Sie sie auf ihr unhöfliches Verhalten an und darauf, welchen Einfluss es auf Sie hatte und warum es Sie verletzt hat. Selbst wenn die Person Ihre Anschuldigungen abstreitet, werden Sie endlich die Gewissheit haben, dass Sie Ihrem Missbraucher die Stirn geboten haben und sich nicht weiter von ihm manipulieren lassen müssen. Außerdem weiß man nie, wann man mit seinen Worten einen Nerv trifft, der den Täter dazu bringt, sein Verhalten Ihnen und sogar anderen gegenüber zu ändern.

Emotionale Bindung vermeiden

Wenn man sich erst einmal emotional an jemanden gebunden hat, wird es schwierig, sich aus dem Abhängigkeitsverhältnis zu befreien, vor allem, wenn die Person unfreundlich und manipulativ veranlagt ist. Manipulative Menschen versuchen durch ihre Taktiken sicherzustellen, dass Sie an ihnen hängen oder sich ihnen gegenüber irgendwie verpflichtet fühlen. Dadurch wird sichergestellt, dass Sie nicht anfangen, die Person zu meiden oder sich ganz von ihr trennen. Der beste Weg, um sich vor der Manipulation zu schützen, besteht also darin, die emotionale Bindung zu diesen Personen zu vermeiden oder zumindest zu minimieren.

Das ist leichter gesagt als getan, vor allem, wenn der Manipulator Ihnen noch nie sein wahres Gesicht gezeigt hat oder Sie noch am Anfang der Beziehung stehen. Dennoch sollten Sie auf alle Anzeichen von Manipulation achten und sich schon beim kleinsten Anzeichen von bösartigen Verhaltenstendenzen von ihm trennen. Bleiben Sie nicht in der Hoffnung, dass er sich ändert, denn das ist unwahrscheinlich. Selbst wenn Sie mit der Person reden müssen, sollten Sie Gespräche auf ein Minimum beschränken, damit sie Sie nicht noch mehr verwirren können, als sie es ohnehin schon getan haben.

Drama vermeiden

Emotionale Manipulatoren lieben das Drama. Auch wenn es Ihnen schwerfällt, sollten Sie Dramen so weit wie möglich vermeiden. Wenn Manipulatoren versuchen, Sie zu provozieren, stimmen Sie ihnen einfach widerspruchslos zu. Darauf werden sie sprachlos und verärgert reagieren, weil sie Ihnen nichts anhaben konnten. Wenn sie einen Streit anfangen, lassen Sie sie einfach gewinnen; dann wird es ihnen bald langweilig werden, Sie weiter zu verunsichern. Auch wenn das eine besondere Herausforderung ist, sollten Sie sich darüber im Klaren sein, dass sie durch ihr Verhalten nur ihre eigene Unsicherheit zum Ausdruck bringen und mit Sicherheit ihren Teil des nötigen Karmas abbekommen werden.

Nein sagen können

Ein emotionaler Manipulator kennt viele Tricks, mithilfe derer er Menschen dazu bringen kann, seinen Willen zu befolgen, auch wenn sie es eigentlich nicht wollen. Schließlich lassen sich die Gedanken vieler Menschen mit einigen einfachen Tricks leicht kontrollieren. Um dies zu vermeiden, sollten Sie lernen, Nein zu sagen, vor allem zu toxischen Menschen. Manipulatoren bitten Sie oft um Hilfe in einer Notsituation oder um ein Angebot, das Sie einfach nicht ablehnen können. Sie schaffen dadurch sogar ein Szenario, in dem Sie sich sofort verpflichten sollen, der Bitte Folge zu leisten. Sie versetzen Sie durch den Druck in Zugzwang und verlangen, dass Sie ihnen sofort eine Antwort geben. Das ist der Moment, in dem Sie für sich selbst einstehen und lernen müssen, Nein zu sagen. Sie müssen dabei keinesfalls unhöflich sein oder direkt Nein sagen. Stattdessen können Sie mit Sätzen wie „Ich werde darüber nachdenken" oder „Ich melde mich bei Ihnen" antworten. Mit solchen Aussagen stellen Sie sicher, dass Sie nichts im Eifer des Gefechts versprechen, was Sie nicht wirklich tun wollen, sodass Sie ausreichend Zeit haben, um in Ruhe über die Entscheidung nachzudenken.

Positive Selbstreflektion praktizieren

Es fällt einem Manipulator leicht, Sie an sich selbst zweifeln zu lassen und Ihnen Schuldgefühle, die durch seine Handlungen verursacht wurden, zu vermitteln. Im Umgang mit Meistermanipulatoren müssen Sie lernen, auf sich selbst zu achten. Das können Sie erreichen, indem Sie positive Selbstreflektion praktizieren, um ein schwieriges Gespräch oder eine schwierige Situation, die mit dem Manipulator zu tun hat, zu überstehen. Führen Sie einen inneren Dialog, in dem Sie sich daran erinnern, dass Sie genauso viele Rechte haben, wie Ihr Manipulator und dass er nicht das Recht hat, Ihnen durch sein Verhalten und seine Unsicherheiten den Tag zu verderben. Ein Mensch, der Emotionen manipuliert fühlt sich meist erhaben und mächtig, wenn er Ihnen erfolgreich die Stimmung verdorben hat. Deshalb müssen Sie positive Affirmationen üben, damit Sie sich besser fühlen. Auf diese Weise können Sie lernen, sich nicht von den seelischen Qualen beeinflussen zu lassen, und die Person wird es schließlich leid werden, Sie zu quälen.

Gibt es Menschen, die Sie unterstützen?

Eine der besten Möglichkeiten, mit einem emotionalen Manipulator erfolgreich fertig zu werden, besteht darin, sich mit einer Gruppe von positiven, aufbauenden und unterstützenden Menschen zu umgeben. Menschen, die Sie unterstützen, können einen großen Einfluss auf Ihr Leben und Ihre Stimmung haben. Schwierige Menschen versuchen oft, Sie von anderen zu isolieren und Ihre ganze Aufmerksamkeit auf sich selbst zu lenken. Sie versuchen, Sie von sich abhängig zu machen, so dass Sie sich verpflichtet fühlen, mehr Zeit mit ihnen zu verbringen.

Die emotionale Unterstützung sorgt dafür, dass Sie das alles nicht allein durchmachen müssen. Egal, ob Sie eine Gruppe von Freunden am Arbeitsplatz, einen einzigen besten Freund oder liebevolle Familienmitglieder haben, denen Sie sich anvertrauen können, die Unterstützung anderer Menschen kann im Umgang mit Manipulatoren eine große Hilfe sein. Auf diese Weise haben Sie beispielsweise jemanden, an den Sie sich wenden können, wenn der Manipulator versucht, Ihnen ein schlechtes Gewissen einzureden, und will, dass Sie sich schämen oder Ihnen grundlos Vorwürfe macht. Daraufhin können Sie ihm klarmachen, dass Sie mit seinem Verhalten nicht einverstanden sind und sich manipuliert fühlen.

Emotionale Manipulation findet überall statt, am Arbeitsplatz, in der Schule, an der Hochschule und sogar im eigenen Haus. Die Manipulation kann von Fremden oder von den Menschen, die uns am nächsten stehen, ausgehen. Im Allgemeinen werden diejenigen, die von Natur aus gutherzig sind und ihre Gefühle gut ausdrücken können, eher Opfer von Meistermanipulatoren und Energievampiren. Manipulation kann manchmal sogar unbeabsichtigt stattfinden. Es kann sogar sein, dass Sie schonmal versehentlich jemanden manipuliert haben, ohne es zu wissen. Deshalb ist es wichtig, dass Sie verstehen, wie dieser Prozess abläuft und was Sie tun können, um nicht von dieser Art von Verhalten beeinflusst zu werden.

Vorsätzliche emotionale Manipulation wird oft eingesetzt, um jemanden gezielt herabzusetzen oder zu kontrollieren. Emotionale Manipulatoren sind Blutsauger, die Menschen ihre Energie und damit auch ihr Selbstvertrauen entziehen. Diese Menschen lassen sich durch ihre eigene Unsicherheit davon abhalten, zu besseren Menschen zu werden, stattdessen werden sie zu noch schlechteren Menschen. Deshalb müssen Sie sich vor den Angriffen von Gefühlsvampiren und Manipulatoren schützen, denn diese haben nie Ihr Bestes im Sinn. Außerdem geben sich emotionale Manipulatoren oft offen zu erkennen, genau wie Narzissten, was es Ihnen leichter macht, sich vor ihrem destruktiven und bösartigen Verhalten zu schützen.

Fazit

Niemand möchte gerne manipuliert werden, selbst wenn es vermeintlich zu seinem Besten ist. Stellen Sie sich beispielsweise vor, Sie wollen etwas tun oder ein Produkt kaufen. Gerade, als Sie Ihren Plan in die Tat umsetzen wollten, versucht jemand, Sie zu manipulieren, damit Sie die geplante Aktion durchführen. Es kann gut sein, dass Sie plötzlich nicht mehr bereit sind, das Geplante zu tun, wenn Sie die manipulativen Bemühungen des Verkäufers bemerken. Aus diesem Grund müssen Verkäufer ausgezeichnete Manipulatoren sein.

Manipulation hat oft einen negativen Beigeschmack. Für uns Menschen kann die Vorstellung, manipuliert zu werden, ziemlich beängstigend sein. Denn wer will schon zu etwas gedrängt oder gezwungen werden, was er nicht will? Niemand fühlt sich wohl, wenn er weiß, dass seine Gedanken, Gefühle, Emotionen - oder sogar seine Unsicherheiten - von jemandem zum eigenen Vorteil ausgenutzt werden. Ob man sich dessen bewusst ist oder nicht, Manipulation ist allgegenwärtig. Die Menschen werden oft zu Opfern von Täuschungen in allen Bereichen ihres Lebens. Wie Sie bereits wissen, überzeugen Unternehmen Menschen gerne davon, Dinge oder Dienstleistungen zu kaufen, die sie nicht brauchen, Marken nutzen die sozialen Medien, um aus Ihrer Unsicherheit Kapital zu schlagen, politische Parteien heben die Schwächen ihrer Gegner hervor, um Sie bei der Wahl zu beeinflussen, und Manager nutzen die menschlichen Ängste oder bestimmte Anreize, um die Produktivität zu steigern.

Obwohl es widersprüchlich klingt, gibt es aber auch positive Formen der Manipulation. Sicherlich lassen sich die meisten Menschen nicht gerne austricksen oder betrügen, aber Sie werden überrascht sein, wie erfolgreiche Kampagnen Strategien zur sozialen Vermarktung nutzen können, um Menschen zu helfen, mit dem Rauchen aufzuhören, sich gesünder und ausgewogener zu ernähren, sich regelmäßig vom Arzt untersuchen zu lassen oder sogar ihren CO2-Konsum zu verringern. Kurz gesagt, tragen jeden Tag Strategien zur positiven Manipulation zur Verbesserung der Gesellschaft bei.

Das Wort „Manipulation" klingt gar nicht so schlecht, wenn wir es als die Handhabung einer Situation oder die geschickte Beeinflussung einer Person definieren, um ein gewünschtes Ergebnis zu erzielen. In diesem Fall gilt die Manipulation nicht per se als bösartig. Die Art und Weise, wie wir sie einsetzen und insbesondere die Frage, ob wir dabei eher mit Druck oder einfach überzeugend vorgehen, beeinflusst, ob wir die Manipulation in einem positiven oder in einem negativen Licht wahrnehmen. Jeder, der eine Machtposition innehat, sei es als Manager, Politiker, Lehrer oder Werbetreibender, muss den Unterschied zwischen diesen beiden unterschiedlichen Überzeugungsstrategien kennen.

Kurz gesagt, bringt die Überzeugungsarbeit jemanden dazu, etwas zu tun, wozu er normalerweise ohnehin bereit wäre. Man kann sie also als eine Form der Ermutigung oder als einen positiven „Anstoß" betrachten. Zwang hingegen beinhaltet den Versuch, jemanden dazu zu bringen, etwas zu tun, was er sonst nicht tun würde. Es handelt sich dabei um eine gewaltsame Strategie, die sogar Drohungen oder Erpressung beinhalten kann. Die Absicht, die hinter einem Manipulationsversuch steht, hängt davon ab, wie wahrheitsgetreu oder ehrlich Sie bei Ihrem Versuch sind und wie sich Ihre Handlung auf die beabsichtigte Person auswirkt. So lässt sich feststellen, ob der Manipulationsversuch positiv oder negativ ist.

Egal, ob Sie der Manipulator oder das Opfer dieser Taktiken sind, jeder muss sich diese bösartigen Strategien bewusst machen. Wenn Sie dieses Buch gelesen haben, haben Sie wahrscheinlich eine gute Vorstellung davon gewonnen, wie Sie die Methoden der dunklen Psychologie anwenden können. Sie wissen auch, wie Sie toxische Menschen erkennen können, und wie Sie sich vor Manipulationen und ihren negativen Auswirkungen schützen können.

Zum Schluss geben wir Ihnen noch einen Ratschlag: Setzen Sie Manipulation klug und sparsam ein, denn der Versuch kann schnell nach hinten losgehen und Ihren Beziehungen irreversiblen Schaden zufügen.

Teil 2: Psychologische Kriegsführung

Wie Sie Manipulation, Täuschung und Propaganda erkennen, um zu vermeiden, dass Sie in die Irre geführt, eingeschüchtert und demoralisiert werden

Einführung

Manipulation, Täuschung und Propagandataktiken gibt es schon seit der Antike. Diese drei Worte stehen für die Anwendung unzulässiger Beeinflussung von Opfern durch mentale und emotionale Traumata, um sie auszubeuten, zu kontrollieren und einen persönlichen Vorteil zu erlangen.

Das klingt bedrohlich, nicht wahr? Manipulation, Täuschung und Propaganda sind ohne jeden Zweifel unheimlich. Wenn Sie sich dieser Elemente bewusst sind und sich von solchen Menschen und Umständen fernhalten, kann sich Ihr Leben erheblich zum Besseren wenden. Kontrollierende Ehepartner, Führungspersönlichkeiten, Freunde, Chefs und ihre grausamen Geschichten gibt es in dieser Welt zuhauf. Das ist nichts Neues.

Bevor es das Internet gab, wurde die psychologische Kriegsführung einigermaßen geheim gehalten. Sie war nur denjenigen bekannt, die sie gegen ihre Opfer einsetzten, während sie anderen, insbesondere ihren Opfern, verborgen blieb. Alles, was mit psychologischer Kriegsführung zu tun hatte, war eine geheime Angelegenheit. Tatsächlich wurden die Täter oft als erfolgreich, klug und leistungsstark angesehen, während die Opfer als Schwächlinge abgestempelt wurden, die nicht die Kraft hatten, für sich selbst einzustehen.

Die Tatsache, dass Manipulanten und Betrüger das Leben ihrer Opfer zerstörten, wurde hinter einem Anschein von Ignoranz und mangelnder Offenheit in der Gesellschaft versteckt, nicht nur in ärmeren und weniger entwickelten Ländern, sondern auch in scheinbar fortschrittlichen, entwickelten Gegenden. Es war ein Tabu, über erfolgreiche Menschen zu sprechen, die sich an Schwächeren vergreifen konnten.

Glücklicherweise wird die Welt heute offener, und diese bisher tabuisierten Themen werden transparent und offen diskutiert, damit die Opfer solche Menschen verstehen und nicht in die Falle der daraus resultierenden Grausamkeiten geraten können. In diesem Buch geht es um psychologische Kriegsführung und ihre verschiedenen Facetten, damit Sie, der Leser, erkennen können, worum es sich dabei handelt, wie man sie erkennt und wie man sich vor ihr schützen kann.

Auf persönlicher Ebene ist es wichtig zu wissen, wann Sie es mit manipulativen Menschen zu tun haben, die darauf aus sind, Sie und Ihr Leben zu kontrollieren, Sie daran zu hindern, ein erfülltes Leben zu führen und Ihnen die Freude am Leben zu rauben. Auf öffentlicher Ebene müssen Sie sich vor Führungspersönlichkeiten und politischen Größen in Acht nehmen, die gefälschte Informationen und politische Propagandataktiken verbreiten, um Wahlen und Kriege zu kontrollieren.

Dieses Buch ist in einer einfachen, leicht verständlichen Sprache geschrieben und wird durch zahlreiche wissenschaftliche Beweise gestützt. Mit vielen praktischen Methoden, Empfehlungen und anschaulichen Beispielen gibt Ihnen dieses Buch einen umfassenden Einblick in die Taktiken der psychologischen Kriegsführung und wie sie im öffentlichen, persönlichen und beruflichen Bereich eingesetzt werden.

Dieses Buch eignet sich hervorragend für Anfänger und ist eine ausgezeichnete, strukturierte Auffrischung für diejenigen, die bereits mit dem Thema vertraut sind. Es ist vollgepackt mit relevanten Informationen, Vorschlägen, Tipps und weiteren Daten zum Konzept der psychologischen Kriegsführung, einschließlich Manipulation, Täuschung und Propagandataktiken.

Blättern Sie also weiter und tauchen Sie ein in eine Fülle von Informationen über Manipulation, Täuschung und Propagandataktiken, die in der heutigen Welt bei Menschen angewendet werden.

Kapitel 1: Psychologische Kriegsführung erklärt

Die psychologische Kriegsführung umfasst mehrere gezielte und taktische Strategien, die Propaganda, Gedankenkontrolle und Drohungen einsetzen, um die Emotionen, Meinungen, Motive und das Verhalten des Zielpublikums zu beeinflussen. Wenn sie effektiv eingesetzt werden, können die Taktiken der psychologischen Kriegsführung die grundlegenden Glaubenssysteme des beabsichtigten Opfers/ Zielpublikums verändern.

Das Ziel der psychologischen Kriegsführung ist es, jemandem eine vollständige Gehirnwäsche zu verpassen, damit er das denkt, was Sie von ihm wollen.

https://www.pexels.com/photo/upset-young-woman-touching-face-in-darkness-7366424/

Was ist psychologische Kriegsführung?

Psychologische Kriegsführung wird üblicherweise in Kriegen und bei geopolitischen Unruhen eingesetzt, um die Einstellung einer ganzen Nation gegenüber einer imaginären oder realen Bedrohung zu verändern. Das Ziel ist es, jemanden zu beeinflussen und ihm eine Gehirnwäsche zu verpassen, damit er das denkt, was Sie von ihm wollen. Oft wird sie eingesetzt, um feindliche Nationen in die Irre zu führen, zu demoralisieren, einzuschüchtern und ihr Verhalten zu beeinflussen. Psychologische Kriegsführung ist unter vielen Namen bekannt, darunter:

- Military Information Support Operations (MISO)

- Psy Ops

- Politische Kriegsführung

- Eroberung der Herzen und Köpfe

Die oben genannten Namen werden verwendet, um die psychologische Kriegsführung und die grundlegenden Merkmale psychologischer Operationen zu beschreiben. Für verschiedene Situationen und unterschiedliche Ergebnisse werden unterschiedliche Strategien eingesetzt. Dieses psychologische Werkzeug wird auch eingesetzt, um Einstellungen zu verstärken und Handlungen voranzutreiben, um die von den Initiatoren gewünschten Ergebnisse zu erzielen. Es wird auch eingesetzt, um Kriegsgefangene zu Geständnissen zu bewegen. Zu den wichtigsten Taktiken der psychologischen Kriegsführung gehören die folgenden:

- **Angst erzeugen** - Eines der Hauptziele der psychologischen Kriegsführung, insbesondere in der grauen und schwarzen Kategorie, besteht darin, in der Bevölkerung der feindlichen Nation oder Gruppe Angst zu erzeugen. Die hervorgerufene Angst ist in der Regel so lähmend, dass die Bürger nicht an Protesten, Versammlungen, Treffen usw. teilnehmen, die dem Aufbau der Nation und/oder der Stärkung der Moral dienen. Durch die Angst fühlen sich die Menschen verletzlich, eingeschüchtert und misstrauisch gegenüber den guten Absichten ihrer eigenen Regierung.

- **Spalte und herrsche oder spalte, um zu verwirren** - Wenn sich die Bürger der gegnerischen Nationen zusammenschließen und sich auf gemeinsame nationale Prinzipien konzentrieren, wird das Mittel, mit dem diese Einheit gebrochen werden soll, als spalte und herrsche oder spalte, um zu verwirren bezeichnet. Die

Einheit zerbricht und die Menschen werden in kleinere Einheiten aufgeteilt, wodurch sie die Kraft der Einheit und Solidarität verlieren. - Diese Taktik schafft Misstrauen unter den Menschen, die umherirren und sich fragen, wem oder was sie vertrauen oder an wen sie sich um Hilfe wenden sollen. Auch hier ist das Endergebnis, dass die Moral einer ganzen Bevölkerung gebrochen wird, was es ihr leicht macht, aufzugeben und zu kapitulieren.

- **Entmenschlichung und Demoralisierung** - Diese Taktik zielt darauf ab, die Würde und das Selbstvertrauen des Einzelnen zu zerstören, was zu Demoralisierung und Entmenschlichung führt. Dank des Verlusts des moralischen und mentalen Selbstvertrauens endet dies in der Regel mit einer sanften Kapitulation.

- **Unwissenheit statt Wissen** - Diese Technik der psychologischen Kriegsführung macht sich die Unwissenheit der Zielgruppe zunutze und/oder füttert sie mit Fehlinformationen. Anstatt genaue Informationen weiterzugeben, hält der Täter Daten zurück oder sendet falsche Informationen, was zu Verwirrung, Unwissenheit und falschen Entscheidungen führt.

- **Überwältigung und Zermürbung** - Psychologische Kriegsführung zielt darauf ab, den Feind oder die Opposition mit allen Mitteln zu überwältigen und zu zermürben, einschließlich des Aufhaltens ihrer Fortschritte durch kleinliche Forderungen und Schachzüge. Wenn Menschen in verschiedenen Bereichen ihres Lebens mit überwältigenden Herausforderungen konfrontiert werden, schwinden ihre Entschlossenheit und ihre Stärke, und sie verlieren ihren Willen, aufzustehen und zu kämpfen.

Die Techniken der psychologischen Kriegsführung werden aus verschiedenen Gründen und unter dem Deckmantel guter Absichten eingesetzt. Alle Nationen nutzen diese Methode auf ihre eigene Art und Weise. Nach Angaben der US Central Intelligence Agency wird psychologische Kriegsführung für die folgenden taktischen Ziele eingesetzt:

- Um den Kampfeswillen des Feindes zu brechen.

- Beeinflussung befreundeter Nationen im Sinne der Absichten und Ziele der USA.

- Gewinnung und Aufrechterhaltung der Moral und Unterstützung von befreundeten Gruppen und Menschen in feindlich besetzten Gebieten.

Der erste Schritt zur Erreichung dieser taktischen Ziele besteht darin, die bestehenden Glaubenssysteme, Vorlieben, Abneigungen, Ängste, Schwächen, Stärken und Verwundbarkeiten der anvisierten Menschen und/oder Nationen zu kennen und zu beherrschen. Nur wenn Sie wissen, was den Feind antreibt oder motiviert, kann die psychologische Kriegsführung erfolgreich eingesetzt werden.

Anders als physische Kriege werden psychologische Kriege über den Verstand geführt. Es ist ein Krieg des Geistes. Er ist nicht tödlich und nicht gewalttätig. Er zielt darauf ab, die Köpfe der Zielpersonen zu erobern. Es ist eine gängige Strategie der psychologischen Kriegsführung, um den Denkprozess und sogar die Werte und Glaubenssysteme der Zielperson(en) zu beeinflussen/verändern.

Die Propagandakampagnen sind oft sehr umfangreich und werden von Regierungen, Interessengruppen, politischen Organisationen, zivilen Personen und auch dem Militär unterstützt. Es handelt sich um eine raffiniert konzipierte Informationswaffe, die auf unterschiedliche Weise an das Zielpublikum weitergegeben wird:

- Von Angesicht zu Angesicht, durch direkte verbale Kommunikation.
- Über audiovisuelle Medien, insbesondere Fernsehen und Filme.
- Durch reine Audiomedien wie z.B. Radiosendungen.
- Durch visuelle Medien wie Bücher, Flugblätter, Poster, Zeitungen und Zeitschriften.

Die psychologische Kriegsführung besteht in der Regel aus den folgenden militärischen Taktiken:

- Verteilen von Flugblättern und Prospekten an feindliche Soldaten, in denen diese aufgefordert werden, sich zu ergeben, zusammen mit detaillierten Anweisungen, wie sie sich ergeben können und was sie im Gegenzug erhalten.
- Massive und/oder ununterbrochene Luftangriffe, andere hochentwickelte Waffen und große Truppenzahlen über längere Zeiträume, um bei den Bürgern und Soldaten der feindlichen Nationen Schock und Furcht zu erzeugen.

- Schlafentzug für feindliche Soldaten durch ständige Beschallung mit lauten Geräuschen oder störender Musik.

- Reale oder imaginäre Drohungen mit dem Einsatz biologischer oder chemischer Waffen, die den Menschen unvorstellbare Qualen zufügen könnten.

- Propagandasendungen über Radiosender.

- Wahlloser Einsatz von Sprengfallen, improvisierten Sprengsätzen oder Scharfschützen, um Unsicherheit zu erzeugen.

- Ereignisse unter falscher Flagge, die Anschläge, Operationen oder Vorfälle unter falscher Flagge beinhalten, sollen das Zielpublikum davon überzeugen, dass andere Gruppen oder Nationen diese Vorfälle verübt haben.

Während die Art der Kommunikation und die Art und Weise, wie die Propaganda verbreitet wird, wichtig sind, ist der kritischere Aspekt die Botschaft, die vermittelt wird. Einige der Botschaften sind so wirkungsvoll, dass sie das Verhalten und die Einstellung ganzer ·Nationen beeinflussen und verändern können.

Laut Daniel Lerner, dem Autor des berühmten Buches über psychologische Kriegsführung mit dem Titel *Psychological Warfare Against Nazi Germany*, gibt es drei Arten von Kriegsführung: schwarze, weiße und graue Propaganda.

Schwarze Propaganda ist die schlimmste von allen und betrifft ausschließlich Falschmeldungen. Die Informationen sind trügerisch oder falsch und zielen darauf ab, die Menschen in die Irre zu führen und/oder den Feind oder die Opposition zu verleumden. Die in schwarzer Propaganda enthaltenen Informationen werden fälschlicherweise Personen zugeschrieben, die nicht für ihre Erstellung verantwortlich sind.

Graue Propaganda ist größtenteils wahr, wenn auch mit einer gewissen Verzerrung. Es werden jedoch keine Quellen genannt. Die Informationen in der weißen Propaganda sind wahr und nur in sehr geringem Maße verzerrt. Die Quellen sind eindeutig angegeben. Graue und schwarze Propaganda haben die größte Wirkung in kürzester Zeit. Sie bergen jedoch das größte Risiko, ihre Glaubwürdigkeit viel schneller zu verlieren als die weiße Propaganda.

Dies geschieht, weil das Zielpublikum eher früher als später erkennt, dass die Informationen, mit denen es gefüttert wurde, falsch sind und die Quelle gnadenlos diskreditiert. Daher sterben graue und schwarze

Propaganda oft von selbst. Allerdings ist es auch wahr, dass diese beiden Arten von Propaganda oft viel Schaden anrichten, bevor sie untergehen.

Warum wir über psychologische Kriegsführung Bescheid wissen sollten

Die psychologische Kriegsführung wird unterschätzt, ist aber einer der effektivsten Aspekte des Krieges. In der Tat ist dies ein Grund für die Grausamkeit und das Blutvergießen in Kriegen. Die psychologische Kriegsführung ist das Werkzeug, das überlebende Soldaten dazu bringt, Bände über das emotionale und mentale Trauma zu sprechen, das sie während des Krieges erlitten haben, und das ist der Grund, warum zurückkehrende Soldaten oft den Verstand verlieren.

Die Bilder auf Flugblättern und Prospekten, die den kämpfenden Soldaten zu lesen gegeben werden, enthalten Themen und Bilder, die Unbehagen hervorrufen. Die mit Propaganda gefüllten Papiere sollen den Willen, den Enthusiasmus und die Energie der Soldaten zum Kämpfen verringern. Die psychologische Kriegsführung konzentriert sich auf die Ängste und Schwächen des Zielpublikums, um dessen Moral zu schwächen. Diese Ängste und Schwächen werden ausgenutzt, um Kriege zu gewinnen und kriegsbezogene Ziele zu erreichen.

Jeder kann das Ziel psychologischer Kriegsführung sein, einschließlich Regierungen, bestimmte Gruppen von Menschen, Organisationen und sogar Einzelpersonen. Sie ist nicht auf Soldaten des Militärs beschränkt. Die psychologische Kriegsführung nutzt die immense Macht des Internets, um die Bevölkerung feindlicher Nationen direkt anzusprechen und sie dazu zu bringen, sich gegen ihre eigenen Regierungen zu wenden.

Soziale Medien ermöglichen die Verbreitung von Unwahrheiten und Falschmeldungen in einem Ausmaß, das es in der Geschichte der Menschheit noch nie gegeben hat. Analysten entdecken immer wieder Beweise für trügerische und manipulierte Bilder und Videos, die nicht nur in Umlauf gebracht wurden, sondern auf Social Media-Plattformen viral gingen. Solche Täuschungen in den sozialen Medien waren während des syrischen Bürgerkriegs, der militärischen Intervention der Russen in der Ukraine im Jahr 2014 und sind auch während des russisch-ukrainischen Krieges im Jahr 2022 weit verbreitet.

Interessanterweise wird die psychologische Kriegsführung von vielen Militärstrategen als nützliches Werkzeug angesehen. Sie hilft ihnen,

Kriege zu gewinnen, ohne Blutvergießen und ohne ihre eigenen Männer zu verlieren. Sun-Tzu, der chinesische Militärstratege, erklärte, dass es für jeden Militäroffizier ideal ist, die Sicherheit aller Soldaten seiner Armee, seines Bataillons oder seiner Truppe zu gewährleisten und gleichzeitig Wege zu finden, das feindliche Gebiet zu durchbrechen und Schlachten zu gewinnen. Seiner Meinung nach ist die psychologische Kriegsführung der beste Weg, um dies zu erreichen, denn Kriege zu gewinnen ist nicht so wichtig wie die Armee des Feindes kampflos zu besiegen.

Die Techniken der psychologischen Kriegsführung haben dazu beigetragen, Kriege zu gewinnen und die Herzen und Köpfe der Zivilisten der anvisierten Nation oder Gruppe zu erobern. Einige Strategen glauben, dass es eine gute Sache ist, die Stimmungen, Emotionen und Meinungen der Menschen auf freundliche Weise zugunsten der eigenen nationalen Interessen zu verändern, und psychologische Kriegsführung, insbesondere die Kategorie der weißen Propaganda, hilft dabei.

Als mündige, gebildete Weltbürger müssen wir jedoch wissen, wann diese Taktiken eingesetzt werden, um uns auf eine Art und Weise zu unterwandern, die zwar freundlich erscheinen mag, am Ende aber unsere Persönlichkeit und unsere ethnische Zugehörigkeit ohne unser Wissen neu definieren könnte. Wir müssen tief graben und den ursprünglichen Zweck von Nachrichten, viralen Kampagnen etc. herausfinden, damit uns nicht die Möglichkeit genommen wird, vernünftige Entscheidungen zu treffen, die gut für uns sind, sowohl persönlich als auch als Gesellschaft und auf nationaler Ebene. Der Aufbau von Wissen ist der Schlüssel für das Wachstum und die Entwicklung der Bürger, und es ist unsere Pflicht, dies zu tun.

Viele der Ursprünge der heute verwendeten Taktiken der psychologischen Kriegsführung stammen aus berühmten Büchern wie *Der Fürst* von Nicolo Machiavelli und *Die Kunst des Krieges* von Sun Tzu. Und schließlich ist die psychologische Kriegsführung eine zivile Aktivität, auch wenn das Militär sie einsetzt. Sie ist ein sehr wichtiges Instrument, das von fast allen Ländern der Welt angewandt wird, um nationale Ziele zu erreichen, sowohl in Kriegs- als auch in Friedenszeiten.

Kapitel 2: Die Geschichte der psychologischen Kriegsführung

In diesem Kapitel erfahren wir, wie Propaganda in der Geschichte eingesetzt wurde, wobei der Schwerpunkt auf der modernen Darstellung liegt.

Manipulation und Fehlinformationen über die sozialen Medien stiften nicht nur Verwirrung, sondern fördern auch Gewalttaten und verstärken Feindseligkeiten in der ganzen Welt.
https://pixabay.com/es/photos/noticias-falsas-broma-prensa-4881488/

Es mag den Anschein haben, dass die psychologische Kriegsführung eine Erfindung der Neuzeit ist. Sie wurde jedoch schon während unserer gesamten geschriebenen Geschichte eingesetzt, wofür es zahlreiche Beweise gibt. Wenn zum Beispiel die mächtigen Römer schon vor Beginn der Schlacht rhythmisch mit ihren Schwertern schlugen, geschah dies, um ihren Feinden Angst, Schrecken und Furcht einzuflößen. Schon vorher setzte Kyros der Große psychologische Kriegsführung gegen die Babylonier ein und Philipp II. gegen Athen.

Auch in den antiken Zivilisationen wurden Taktiken der psychologischen Kriegsführung eingesetzt. Die Schlacht bei Pelusium wurde 525 v. Chr. zwischen den Persern und den Ägyptern ausgetragen. In dieser Schlacht hielten die Perser Katzen als Geiseln, wohl wissend, dass die Ägypter sie verehrten und anbeteten. Auf diese Weise versuchten die Perser, sich einen psychologischen Vorteil gegenüber ihren Feinden zu verschaffen, denn sie wussten, dass die Ägypter den Katzen nichts antun würden.

Dschingis Khan, der mongolische Herrscher aus dem 13. Jahrhundert, galt als ein erstaunlicher Kriegsstratege. Er setzte die psychologische Kriegsführung ausgiebig in seinen militärischen Strategien ein. In Schlachten, in denen seine Truppen klein waren, ließ er jeden seiner Soldaten nachts drei Fackeln tragen, um den Anschein zu erwecken, seine Armee sei dreimal so groß wie in Wirklichkeit, was seine Feinde vor Angst erzittern ließ.

Eine weitere Strategie, um die Herzen seiner Feinde mit Angst zu erfüllen, war die Konstruktion von Pfeilen mit Pfeifen. Das Geräusch hunderter pfeifender Pfeile, die durch die Luft flogen, versetzte die feindlichen Soldaten in unvorstellbare Angst und sie flohen oft vom Schlachtfeld oder wurden getötet, noch bevor sie Zeit hatten zu reagieren. Er nahm die abgetrennten Köpfe der toten Soldaten und katapultierte sie über die Mauern der feindlichen Territorien. Der Anblick der herabfallenden abgetrennten menschlichen Köpfe versetzte die Dorfbewohner in Angst und Schrecken. Schauen wir uns einige dieser antiken Taktiken der psychologischen Kriegsführung etwas genauer an:

Psychologische Kriegsführung in der Antike

Es wird angenommen, dass **Alexander der Große** einer der ersten Pioniere war, der eine ausgeklügelte psychologische Kriegsführung einsetzte, um die griechische Vorherrschaft über die ganze Welt auszudehnen. Er kombinierte geschickt Einschüchterung und freundschaftliche Bündnisse. Vor ihm marschierten die Heerführer einfach durch Städte und Nationen, plünderten und brandschatzten alles, töteten wahllos die Männer und behielten den Reichtum, das Gold und die Frauen.

Alexander machte das anders. Nachdem er ein Land durch Schlachten erobert hatte, ließ er eine kleine Truppe zurück, ohne die Städte zu zerstören. Er bemühte sich, mit den gesellschaftlichen Eliten aller eroberten Nationen freundlich umzugehen und führte die griechische Kultur langsam ein, so dass sie sich mit der lokalen Kultur assimilierte. Diese Vorgehensweise sorgte dafür, dass die Menschen in den eroberten Städten keine Ablehnung gegenüber Alexander und der griechischen Armee empfanden.

Man darf jedoch nicht vergessen, dass die griechischen Soldaten nur vordergründig freundlich waren, denn sie wollten die griechische Kultur durchsetzen. Auch wenn dies oberflächlich betrachtet nett erschien, war es für die Menschen in den besetzten Gebieten psychologisch beunruhigend. Meistens kapitulierten sie eher aus Angst als aus anderen Gründen.

Cyrus der Große gründete das Persische Reich. Nachdem er viele kleine Städte in und um die Regionen des heutigen Iran erobert hatte, hatte er es auf etwas Größeres abgesehen: die mächtige Stadt Babylon. Seine Taktik der psychologischen Kriegsführung beruhte auf perfektem Timing. Der große persische König wartete auf den richtigen Zeitpunkt, um in Babylon einzumarschieren.

Die Babylonier ärgerten sich über die Gleichgültigkeit und Respektlosigkeit ihres Anführers (Nabodius) gegenüber ihrer Hauptgottheit Marduk. Die Hohepriester Babylons waren besonders verärgert und wütend auf Nabodius. Zudem kämpfte der König seit mehr als 11 Jahren gegen die Königreiche in und um Babylon, um wichtige Handelsrouten zu kontrollieren. Auch die Babylonier hatten die Nase voll von den unerbittlichen Kämpfen.

Das war der Zeitpunkt, zu dem Cyrus Babylon angriff. Er machte sich die Unzufriedenheit der babylonischen Bürger und der Hohepriester zunutze. Außerdem schürte er den Hass auf Nabodius durch Propaganda, die seine Vertreter verbreiteten. Als die Wut des Volkes ihren Höhepunkt erreicht hatte, griff er Babylon an und konnte mit der Hilfe der unzufriedenen Priester einen leichten Sieg erringen.

Julius Caesar war einer der politisch versiertesten Führer aller Zeiten, auch heute noch. Er war ein meisterhafter Manipulant und nutzte seine brillanten strategischen Fähigkeiten, um viele Kriege durch psychologische Kriegsführung zu gewinnen. Eine seiner cleveren Taktiken half ihm, sich an den Galliern zu rächen, die 390 v. Chr. Rom erobert hatten. Im Jahr 58 v. Chr. begann Julius Caesar, Pläne für diese Rache zu schmieden.

Zunächst griff er ein ressourcenreiches Land in der Nähe der von den Kelten kontrollierten Gebiete an. Zu dieser Zeit schloss er Freundschaft mit den Galliern und den gallischen Stämmen, die ihm bei seinen Expansionsplänen halfen. Er wurde bei ihnen beliebt und wohlwollend aufgenommen. Aber 52 v. Chr. hatten die Gallier genug von Caesar und seinen Plänen, die Herrschaft des Römischen Reiches zu erweitern.

Die belgischen Gallier griffen die Römer zuerst an, in der Hoffnung, die gallische Armee zu konsolidieren und die römische Expansion zu verhindern. Doch Caesar hatte seinen Plan inzwischen perfektioniert. Seine Legionen zerschlugen die eindringenden Gallier, drängten sie nach Ost- und Nordeuropa zurück und hielten den Rest Europas unter römischer Kontrolle.

Die Assyrer waren berüchtigt für ihre gewalttätigen und einschüchternden Kriegstaktiken, eine der ältesten Formen der psychologischen Kriegsführung. Sie setzten brutale Mittel der Pfählung ein, um Angst und Schrecken in den Herzen der Menschen zu verbreiten, die sie angreifen und erobern wollten. Antike Darstellungen sind der Beweis dafür. Sie pfählten Menschen, die sie gefangen nahmen und besiegten, aber stachen auch einen Pfahl durch ihren Körper. Der grausame Anblick versetzte sowohl einfallende Armeen als auch Kriminelle in Angst und Schrecken.

Auch die Assyrer setzten in ihren brutalen Kriegen die Methode des Häutens und Pfählens ein. Diese grausame psychologische Kriegsführung war ein Mittel zur Einschüchterung der Menschen. Zunächst wurde ein hochrangiger Edelmann (zum Beispiel der Gouverneur der Provinz) des eroberten Gebiets gehäutet. Die Haut wurde bei lebendigem Leibe abgezogen, ohne die Person zu töten, allerdings in einem Ausmaß, das ihr Leiden unerträglich machte. Dann platzierten sie die Haut an prominenten Stellen an den Mauern der eroberten Stadt, um eindringende Armeen oder diejenigen, die dem eroberten Königreich helfen wollten, abzuschrecken.

Beim Pfählen wurde der Pfahl langsam durch den Anus des Opfers eingeführt, um sicherzustellen, dass die lebenswichtigen Organe nicht verletzt wurden, denn Töten war barmherzig. Das Leiden war erbarmungslos. Das Schlimmste war, dass diese bedauernswerten Opfer viele Tage lang lebten und litten, bevor der gnädige Tod sie ereilte. Die Beobachter waren von Entsetzen erfüllt!

Andere Formen der gewaltsamen psychologischen Kriegsführung, die in der Antike eingesetzt wurden, um die Menschen in Angst und Schrecken zu versetzen, waren die Kreuzigung, die Belagerung und vieles mehr. Die moderne psychologische Kriegsführung hat den physischen Aspekt der Folter und des Schreckens abgeschwächt, aber sie versetzt die Menschen weiterhin in Angst und Schrecken, indem sie ihre Herzen und ihren Verstand angreift.

Interessanterweise gab es während der Amerikanischen Revolution ein Beispiel für eine Taktik der psychologischen Kriegsführung, die zum Nachteil der Erfinder ausfiel. Die britischen Truppen trugen farbenfrohe Uniformen, weil sie dachten, dass sie dadurch einen psychologischen Vorteil gegenüber den schlicht gekleideten amerikanischen Soldaten hätten. Diese Strategie schlug fehl, denn die helle Kleidung der britischen Soldaten machte sie zu leichten Zielen für die schlicht gekleideten, aber dadurch gut getarnten amerikanischen Soldaten.

Taktiken der psychologischen Kriegsführung im Ersten und Zweiten Weltkrieg

Als die Weltkriege stattfanden, hatten elektronische und Printmedien große Entwicklungssprünge gemacht. Diese technologischen Fortschritte machten es einfacher als je zuvor, Propaganda zu erzeugen und zu verbreiten. Die Regierungen nutzten die Massenverbreitung von Zeitungen außerhalb des Schlachtfelds, um Propaganda zu verbreiten. Auf den Schlachtfeldern erlaubten die Fortschritte in der Luftfahrt den Regierungen auch, ihre Flugzeuge einzusetzen, um Prospekte und Flugblätter hinter den feindlichen Linien abzuwerfen, um falsche und echte Informationen zu verbreiten.

Der Beginn der modernen psychologischen Kriegsführung lässt sich in erster Linie auf den Ersten Weltkrieg zurückführen, und zwar nicht nur wegen der verbesserten technologischen Fortschritte in der Druck- und Medienkommunikation, sondern auch aufgrund der Tatsache, dass die westlichen Zivilisationen stärker urbanisiert und gebildet waren als je zuvor.

Während des Ersten Weltkriegs hatten die Briten nicht nur den Vorteil, dass sie über High-Tech-Militärwaffen verfügten, sondern auch das Unterwasserkabelsystem kontrollierten, eines der prestigeträchtigsten Kommunikationssysteme jener Zeit, das es der Nation ermöglichte, Propaganda für ihre Zwecke zu verbreiten. Darüber hinaus hatten die Briten dank ihrer immensen Erfahrung bei der Kolonisierung der Welt viel Übung in kulturübergreifender und internationaler Kommunikation und diplomatischen Beziehungen, ganz im Gegensatz zu ihren deutschen Amtskollegen.

Den Deutschen gelang es nicht, innerhalb des britischen Empire in Regionen wie Indien und Irland Revolutionen anzuzetteln. Dank ihrer Erfahrung im Bereich der Kolonisierung verstanden es die Briten hervorragend, lokale Streitpunkte zu ihrem Vorteil zu nutzen. Sie überzeugten die Araber, sich gegen das Osmanische Reich zu wenden, was den Briten zugutekam.

Außerdem engagierte die britische Regierung große Schriftsteller und Redner wie G. K. Chesterton, Arthur Conan Doyle, Thomas Hardy und Rudyard Kipling, um Propagandainhalte zu schaffen. Diese Schriftsteller und Redner arbeiteten in der Propagandaagentur der britischen Regierung, die von Charles Masterman, einem einflussreichen britischen Abgeordneten, geleitet wurde.

Die von der Propaganda-Agentur erstellten antideutschen Inhalte wurden weltweit verbreitet und brachten viele neutrale Nationen gegen Deutschland auf. Die Briten warfen sogar antideutsche Propagandaflugblätter in den von Deutschland kontrollierten Gebieten ab, um die Bürger gegen die deutsche Führung aufzubringen. Diese Flugblätter brachten viele neutrale Länder und die Weltbevölkerung dazu, sich gegen Deutschland zu wenden.

Auch mit nicht-artilleristischen Geschossen wurden Prospekte und Flugblätter abgeworfen. Britische Piloten warfen auch Postkarten über den Schützengräben der deutschen Soldaten ab. Diese Postkarten wurden angeblich von deutschen Kriegsgefangenen geschrieben, die von den Briten gefangen genommen worden waren. Diese handgeschriebenen Briefe rühmten die humane Behandlung, die die Kriegsgefangenen durch ihre britischen Entführer erfahren hatten. Diese Propaganda zielte darauf ab, die Meinung der deutschen Soldaten zugunsten der Briten und gegen ihre deutschen und kaiserlichen Generäle zu lenken.

Als die Deutschen begannen, Propagandaflugzeuge abzuschießen, setzten die Briten unbemannte Ballons ein, um die Flugblätter über die deutschen Grenzen zu tragen. Die Deutschen verhängten harte Strafen für Soldaten, die diese Flugblätter nicht einreichten. Trotz dieser harten Strafen wurde mindestens eines von sieben Flugblättern nicht an die deutschen Behörden übergeben. Die deutschen Behörden behaupteten, dass viele Tausende von Soldaten auf diese Art von Propaganda hereinfielen und bereit waren, sich zu ergeben, oder zumindest den Willen verloren, für ihr Land zu kämpfen, was einen britischen Sieg leicht machte.

1915 gründeten die Briten eine Propagandazeitung namens *Le Courrier de l'Air*, die sich an die Zivilbevölkerung im deutsch besetzten Frankreich und Belgien richtete. Im Gegensatz dazu übernahm die französische Regierung die Kontrolle über die Medien, um die Verbreitung negativer Propaganda zu verhindern. Dies war jedoch nur eine defensive Haltung, bis Frankreich 1916 in die Offensive ging. Zu Propagandazwecken etablierten sie ein Image und Bilder, die das Zeitungsblatt namens *Maison de la Presse* dominierten.

1917 wurde die britische Propagandaagentur in das neu geschaffene Amt für Information eingegliedert, das sich zu einem großen Informationsministerium entwickelte, das Radio, Telegrafie, Zeitschriften, Zeitungen und sogar Kinofilme umfasste. Das Informationsministerium befasste sich in erster Linie mit antideutscher Propaganda (unter der Leitung von H. G. Wells) und Propaganda gegen das österreichisch-ungarische Reich (unter der Leitung von Robert Williams).

Robert Williams konzentrierte sich auf die spaltende Vielfalt und den mangelnden kulturellen Zusammenhalt in Österreich-Ungarn und schürte damit den Unmut der dortigen Minderheiten, insbesondere der Kroaten und Slowenen. Diese Kampagne trug wesentlich zum endgültigen Zusammenbruch dieses mächtigen europäischen Reiches bei.

Während des Zweiten Weltkriegs ist Adolf Hitlers Aufstieg zur Macht fast ausschließlich auf die von ihm verbreitete Propaganda gegen seine politischen Gegner zurückzuführen. In der Tat lernte er aus den Fehlern Deutschlands im Ersten Weltkrieg und stellte sicher, dass er die psychologische Kriegsführung in einer noch nie dagewesenen Weise strategisch einsetzte.

Die Informationen, die er verbreitete, diskreditierten seine Gegner in den Augen der deutschen Bürger und ließen ihn als die beste Option für die Herrschaft in Deutschland erscheinen. Darüber hinaus half ihm seine ausgezeichnete Redekunst, wütende und bewegende Reden zu halten, die den Nationalstolz der Deutschen weckten, auch wenn er andere für die wirtschaftlichen Probleme Deutschlands verantwortlich machte und verleumdete.

Darüber hinaus war Hitlers Strategie darauf ausgerichtet, die Zivilbevölkerung davon zu überzeugen, dass seine Herrschaft und seine Art des Regierens und Herrschens nicht nur eine vorübergehende Modeerscheinung waren, sondern die Zukunft Deutschlands. Er nannte diese Zukunft das Dritte Reich. Als Hitler 1933 deutscher Führer wurde, ernannte er Joseph Goebbels zum Propagandaminister.

Goebbels stellte Hitler als eine messianische Figur dar, die geboren wurde, um Deutschland zu retten. Diese Darstellung in Verbindung mit seinen eindringlichen Redekünsten machte Hitler zum besten Führer, den sein Land haben konnte. Diese Kampagne funktionierte glänzend. Hitler konnte die Kontrolle über die Tschechoslowakei ohne große Verluste für seine Armee und sein Militär übernehmen.

Zu Beginn des Zweiten Weltkriegs gründeten die Briten die Political Warfare Executive, um Propaganda zu entwickeln und zu verbreiten. Sie setzten leistungsstarke Sender ein, um Botschaften in ganz Europa zu verbreiten. Ziel dieser Propaganda war es, die Moral der deutschen Soldaten zu schwächen und sie zur Kapitulation aufzufordern.

Colonel John Bevan, ein berühmter britischer Soldat, leitete die London Controlling Section oder LCS. Ein weiteres Propagandateam namens A-Force wurde unter der Leitung von Brigadier Dudley Clarke gegründet. Diese beiden Propagandagruppen waren die wichtigsten Akteure der britischen Propaganda. Während des Zweiten Weltkriegs wurden Täuschungstaktiken ausgiebig in der psychologischen Kriegsführung eingesetzt.

Clarke erfand mehrere neue Methoden der Täuschung, darunter die geschickte Kombination von gefälschten Gefechtsbefehlen, Doppelagenten und visuellen und bildlichen Täuschungen. Er verdiente sich den Beinamen der größte britische Täuscher des Zweiten Weltkriegs.

Der wirkungsvollste Effekt der psychologischen Kriegsführung ergab sich, als die Amerikaner falsche Informationen über den Stichtag militärischer Operationen (D-Day) verbreiteten, die von den Deutschen abgefangen wurden. Diese falsche Information besagte, dass der D-Day an den Stränden von Calais beginnen würde. Als die gesamte

Aufmerksamkeit und die Ressourcen der deutschen Streitkräfte auf Calais gelenkt wurden, starteten die Amerikaner den D-Day in der Normandie, Frankreich, und überraschten damit ihre Feinde.

Diese D-Day-Operation wurde sorgfältig geplant, wobei eine Kombination aus ausgeklügelten Täuschungen der Marine, Doppelagenten und Radiosendungen zum Einsatz kam. Kleine Flugzeuge und Schiffe simulierten Invasionsflotten in und um Calais. Die Royal Air Force (RAF) warf falsche Fallschirmjäger in Teilen der Normandie ab, die nicht direkt mit dem D-Day-Angriff zu tun hatten. Die ganze Aufregung und die erfundene Fanfare haben gut funktioniert, um die Deutschen abzulenken, so dass der Angriff in der Normandie sehr erfolgreich war. Der Erfolg des D-Day spielte eine wichtige Rolle bei der totalen Niederlage der deutschen Armee.

Die Japaner gründeten Tokyo Rose, einen Radiosender, über den gefälschte und übertriebene Siegesmeldungen der japanischen Armee gesendet wurden. Diese Kampagne zielte darauf ab, die alliierten Armeen von militärischen Angriffen abzuschrecken. Die Deutschen nutzten ein ähnliches Verfahren durch Radiosendungen mit dem Titel Axis Sally.

Techniken der psychologischen Kriegsführung während des Kalten Krieges

Nach dem Ende der beiden Weltkriege entstanden zwei Supermächte, nämlich die UdSSR und die USA, die beide darum kämpften, eine neue Rolle für sich zu finden, nicht nur in Europa, sondern auf der ganzen Welt. Der Kalte Krieg zwischen den USA und der UdSSR entwickelte sich um 1947. Er basierte auf den ausgeprägten und deutlichen Unterschieden zwischen den beiden Supermächten in Bezug auf Ideologie und Lebensstil. Beide bemühten sich intensiv um internationale Propaganda, um die Köpfe und Herzen der Menschen weltweit durch psychologische Kriegsführung zu erobern.

Die CIA der USA und der KGB der Sowjetunion waren aktive Teilnehmer am Kalten Krieg, der etwa 40 Jahre dauerte. Die Amerikaner gründeten die United Nations Information Agency, um die von der Sowjetunion durch ihre verschiedenen Propagandaagenturen verbreiteten Fehlinformationen zu bekämpfen. Die psychologische Kriegsführung der Sowjetunion zielte darauf ab, die neu gegründeten unabhängigen Länder unter ihren Einfluss zu bringen. Die psychologische Kriegsführung war in der gesamten zweiten Hälfte des 20. Jahrhunderts das dominanteste und am weitesten verbreitete Mittel, das die beiden Supermächte zur Bekämpfung nicht-kommerzieller Kriege einsetzten.

Letztendlich wurde der Kalte Krieg ausschließlich durch psychologische Kriegsführung von den USA gewonnen. Der damalige US-Präsident war Ronald Reagan. Er veröffentlichte detaillierte Pläne für eine Anti-Atomrakete namens Star Wars Strategic Defensive Initiative oder SDI. Diese Rakete sollte in der Lage sein, abgeschossene Atomwaffen zu zerstören, bevor sie wieder in die Erdatmosphäre eintreten.

Damals wusste niemand, ob diese Pläne nur auf dem Papier existierten oder ob diese Raketen tatsächlich gebaut wurden. Der damalige russische Präsident Michail Gorbatschow glaubte jedoch daran und war der Meinung, dass der Bau von Raketen gegen US-Atomwaffen seine Regierung in den Bankrott treiben würde. Also stimmte er zu, die Verhandlungen mit den USA wieder aufzunehmen, was zu dauerhaften Verträgen über die Kontrolle von Atomwaffen und dem Ende des Kalten Krieges führte.

Taktiken der psychologischen Kriegsführung während des Vietnamkriegs

Während des Vietnamkriegs setzten die USA in großem Umfang psychologische Kriegsführungstaktiken ein, die unter dem Namen Phoenix-Programm zusammengefasst wurden, vor allem gegen die Nationale Befreiungsfront (NLF) oder den Vietkong, wie sie allgemein genannt wurden. Die psychologische Taktik der USA zielte darauf ab, die Zunahme von Sympathisanten und Anhängern des Vietkong zu verhindern.

Die brutale Tötung von Vietkong-Mitgliedern versetzte die überlebenden Anhänger und Sympathisanten in Angst und Schrecken, so dass sie dem Vietkong nicht mehr helfen wollten. Außerdem belohnten sie diejenigen, die gegen die NLF-Mitglieder arbeiteten.

Diese Doppelstrategie schwächte die NLF erheblich.

Die USA verwendeten auch Tonbänder mit verzerrten Geräuschen und spielten diese nachts in der Nähe der Lager der vietnamesischen Soldaten ab. Diese furchterregenden Geräusche ließen die vietnamesischen Soldaten glauben, die Toten kämen zurück und wollten sich rächen!

Moderne Techniken der psychologischen Kriegsführung der CIA

Die CIA setzt psychologische Kriegsführungstechniken in der heutigen Zeit ausgiebig ein. Sie setzte rechte Contra-Kräfte ein, um die linke sandinistische Regierung in Nicaragua zu destabilisieren und zu stürzen, sowie illegale Fernsehsendungen gegen die Panamesen. Die CIA nutzte TV Marti, um Propaganda gegen die kubanische Regierung zu verbreiten. Die USA schlugen brutal auf die Anschläge vom September 2001 zurück und setzten dabei bis zum Irak-Krieg die Schock und Ehrfurcht - Strategie ein. Bei dieser Strategie bombardierten die USA Bagdad zwei Tage lang unerbittlich und versetzten die Bürger und die Machthaber in einen schrecklichen Zustand von Angst und Schrecken. Diese Strategie brach den Willen der Soldaten, und sie ergaben sich schnell.

Der Plan funktionierte, weil die irakische Armee nur symbolischen Widerstand leistete. In weniger als einem Monat nach den zweitägigen unerbittlichen Bombardements behaupteten die USA und die verbündeten Koalitionsstreitkräfte, sie hätten den Irakkrieg gewonnen. Propaganda wird auch von Dschihadisten eingesetzt. ISIS rekrutiert seine Anhänger in aller Welt über soziale Medien und andere Online-Plattformen.

Techniken der psychologischen Kriegsführung im Russland-Ukraine-Konflikt

Manipulationen und Fehlinformationen über die sozialen Medien stiften nicht nur Verwirrung, sondern fördern auch Gewalttaten und verstärken Feindseligkeiten in der ganzen Welt. Diese Art von Medienrummel ist in erster Linie dafür verantwortlich, dass sich die Auswirkungen des Krieges weit über die beiden beteiligten Länder hinaus ausbreiten.

Es stimmt, dass viele Länder psychologische Kriegsführung betreiben, insbesondere über das Internet. Laut einem von der Universität Oxford veröffentlichten Bericht mit dem Titel *The Global Disinformation Order 2019 Global Inventory of Organized Social Media Manipulation* soll jedoch nur Russland für 30 Angriffe auf die Wahlen in anderen Ländern verantwortlich gewesen sein. Ein weiterer Bericht, der die russische Sichtweise der Manipulation sozialer Medien unterstützt, wurde 2019 vom Australian Strategic Policy Institute unter dem Titel *Hacking Democracies* veröffentlicht.

Aus den oben beschriebenen historischen Ereignissen wird deutlich, dass Fehlinformationen und Manipulationen für die Menschheit nichts Neues sind. Aber die Zunahme der sozialen Medien, der Propaganda und der Fehlinformationen hat ein noch nie dagewesenes Ausmaß angenommen. Leider haben Fehlinformationen dazu beigetragen, Unterstützung für zahlreiche Menschenrechtsverletzungen, einschließlich Völkermord, zu gewinnen.

Der Kreml ist dafür berüchtigt. Dr. Jon Roozenbeek, Postdoctoral Fellow der British Academy am Cambridge Social Decision-Making Lab, hat dokumentiert, dass Russland die Feindseligkeit gegen die Ukrainer und die ukrainische Regierung geschürt hat. Das Dokument von Dr. Roozenbeek wurde als Bericht mit dem Titel *Media and Identity in Wartime Donbas, 2014-2017* von der Universität Cambridge veröffentlicht.

Russland hat erfolgreich eine andere Taktik der psychologischen Kriegsführung angewandt, den so genannten *Gish Gallop*, was so viel wie schnelles Lügen bedeutet. Laut Dr. Roozenbeek verbreitete der Kreml ständig die Lüge, dass ein ukrainischer Angriff die Katastrophe der Malaysian Airlines 2014 verursacht habe. Diese Schnellfeuerlüge diente dazu, Verwirrung, Chaos und Desillusionierung in der Welt zu stiften. Diese Art von Lügen verwirrt die Menschen so sehr, dass sie nie die Wahrheit herausfinden.

Eine weitere Taktik der psychologischen Kriegsführung Russlands besteht darin, die Ukraine und ihre westlichen Unterstützer als böse und hinterhältig dastehen zu lassen. Diese abwertenden Botschaften Russlands sollen die Welt glauben machen, dass der rachsüchtige Krieg, den es gegen die Ukraine führt, gerechtfertigt und moralisch richtig ist.

Und doch dürfen wir nicht vergessen, dass fast alle Länder (einschließlich der Ukraine, die im Russland-Ukraine-Konflikt anscheinend weltweite Sympathie genießt) Fehlinformationen und Manipulationen in den sozialen Medien nutzen, um moderne Schlachten und Kriege zu gewinnen.

Psychologische Kriegsführung wurde, und wird auch weiterhin eingesetzt werden, solange es Konflikte zwischen Menschen gibt. Als mündige, gebildete Weltbürger müssen wir so viel wie möglich über diese Taktiken lernen, dürfen nicht darauf hereinfallen und müssen vor allem lernen, nicht vorschnell zu urteilen, weder für noch gegen eine Nation oder eine Gruppe von Menschen.

Die Welt ist so grau wie sie nur sein kann. Je mehr wir dies akzeptieren, desto leichter wird es für die psychologische Kriegsführung, ungerecht, unmoralisch und unethisch über das Schicksal von Nationen, Prinzipien usw. zu entscheiden. Je mehr wir über psychologische Kriegsführung lernen, desto weniger subjektiv werden unsere Ansichten. Wir werden in die Lage versetzt, reife Entscheidungen zu treffen, ohne auf die Spielereien der Führer hereinzufallen.

Kapitel 3: Dunkle Persönlichkeiten

Dunkle Persönlichkeiten haben bestimmte sozial abgeneigte Eigenschaften, die von Gier über Gehässigkeit und Sadismus bis hin zu Psychopathie reichen und auch Machiavellismus und Narzissmus umfassen. Psychologen fassen Narzissmus, Machiavellismus und Psychopathie unter einer Kategorie zusammen und nennen sie die dunkle Triade.

Es gibt wissenschaftliche Belege dafür, dass Menschen mit den Persönlichkeitsmerkmalen der Triade Schwierigkeiten haben, Beziehungen außerhalb ihrer selbst aufzubauen und zu pflegen.
https://www.pexels.com/photo/young-sad-woman-with-closed-eyes-5723265/

Die dunkle Triade und ihre Psychologie

Das Konzept der dunklen Triade wird in der angewandten Psychologie, der klinischen Psychologie und der Strafverfolgung ausgiebig verwendet. Psychologen und psychologische Profiler in den Strafverfolgungsbehörden gehen davon aus, dass diejenigen, die bei den oben genannten Merkmalen eine höhere Punktzahl erreichen, mit größerer Wahrscheinlichkeit Verbrechen begehen werden. Schauen wir uns jede dieser Persönlichkeiten ein wenig genauer an.

Bevor wir uns mit den dunklen Triaden befassen, sollten wir eines nicht vergessen: Sie sind nicht als beleidigende oder leichtfertige Bezeichnungen gedacht. Es gibt zahlreiche wissenschaftliche Belege dafür, dass Menschen mit den Persönlichkeitsmerkmalen der Triade Schwierigkeiten haben, Beziehungen außerhalb ihrer selbst aufzubauen und zu pflegen. Ihr Selbstverständnis ist nicht mit den akzeptierten moralischen und ethischen Verhaltensregeln in Einklang zu bringen. Sie können sehr unsympathisch, sehr egoistisch und egozentrisch und manipulativ sein. Es fehlt ihnen an Einfühlungsvermögen.

Die Forschung ist immer noch dabei, diese Persönlichkeiten zu verstehen und herauszufinden, wie der Rest der Welt mit ihnen und ihren einzigartigen, aber schwierigen Charakterzügen umgehen kann. Außerdem ist es wichtig zu wissen und zu bedenken, dass sich die drei Persönlichkeitsmerkmale der dunklen Triade unterschiedlich äußern. Nur geschulte und qualifizierte Psychologen können Menschen genau diagnostizieren. Der Durchschnitt unter uns kann leicht ein Merkmal als ein anderes fehlinterpretieren.

Narzissmus

Narzissten leben davon, sich selbst aufzuwerten. Sie werden von einer ungewöhnlichen Motivation angetrieben, von anderen als attraktiv, erfolgreich und positiv angesehen zu werden. Im Gegensatz zu den anderen drei Persönlichkeitstypen der Triade neigen Narzissten dazu, ihren Ruf und ihr Image sehr aggressiv zu verteidigen, selbst bei einfachen, relativ unbedeutenden und belanglosen Drohungen oder Kommentaren (zumindest aus der Sicht normaler Menschen).

Narzisstische Menschen sind übermäßig auf sich selbst und ihre Selbstbeweihräucherung fokussiert, und Gespräche mit ihnen drehen sich um ihre finanziellen, körperlichen, beruflichen und sozialen Erfolge.

Narzissmus ist durch Größenwahn und Anspruchsdenken gekennzeichnet. In den früheren Tagen des Verständnisses von Narzissten glaubten Psychologen, dass eine solche Persönlichkeit fast immer mit der Überwindung eines geringen Selbstwertgefühls verbunden ist.

Doch Menschen, die von Narzissmus betroffen sind, können sehr verletzlich sein. Wenn sie feststellen, dass sie ihre Persönlichkeitsprobleme nicht in den Griff bekommen, überschneiden sich ihre Züge leider mit denen von Psychopathen.

Anzeichen für einen Narzissten

Narzissmus ist eine klinisch diagnostizierte Persönlichkeitsstörung, die durch ein extremes Bedürfnis nach Bewunderung, einen ausgeprägten Sinn für Grandiosität und einen völligen Mangel an Empathie für alle und jeden gekennzeichnet ist. Diese auch als narzisstische Persönlichkeitsstörung (NPS) bezeichnete Erkrankung äußert sich bei den Betroffenen durch ein ständiges, unerbittliches Bedürfnis nach Bewunderung, ein Gefühl und Verhalten, das von einem Anspruchsdenken, Arroganz, Selbstherrlichkeit und Ausbeutung geprägt ist. Im Folgenden werden einige Anzeichen von NPS ausführlich erklärt, damit Sie wissen, wann Sie es mit einem Betroffenen zu tun haben.

Anspruchsdenken und Überlegenheit - Sich überlegen zu fühlen ist eines der offensichtlichsten Anzeichen für einen Narzissten. Diese Überlegenheit ist nicht mit Selbstvertrauen zu verwechseln. Ein Narzisst glaubt, dass alles und jeder in der Welt in die Kategorien gut/schlecht, minderwertig/überlegen und richtig/falsch eingeteilt ist.

Sie haben eine klare Hierarchie in ihrem Kopf und in diesem System stehen sie selbst ganz oben, der einzige Platz in der imaginären Hierarchie, an dem sie sich sicher fühlen. Sie müssen die Kompetentesten, die Besten und immer im Recht sein. Sie müssen jeden und alles besitzen und kontrollieren.

Auf die gleiche Weise, aber in die entgegengesetzte Richtung, fühlen sich Narzissten auch dadurch überlegen, dass sie am kränksten oder am meisten verletzt sind, am schlimmsten sind oder am meisten Unrecht haben. Aus diesem Gefühl der Überlegenheit heraus fühlen sich Narzissten berechtigt, von Ihnen Zuwendung und Pflege zu verlangen. Sie glauben sogar, dass sie das Recht haben, Sie zu kränken und dafür zu sorgen, dass Sie sich schuldig fühlen, damit sie sich selbst besser fühlen.

Ein extremes Verlangen nach Kontrolle - Sie wollen alles und jeden um sich herum kontrollieren. Sie wollen und verlangen Kontrolle und interessanterweise halten sie dieses Verlangen für richtig, weil sie sich berechtigt und überlegen fühlen.

Ein ständiges Bedürfnis nach Bestätigung und Aufmerksamkeit - Sie brauchen ständig Aufmerksamkeit und erreichen dies auf scheinbar unsinnige Weise, indem sie Ihnen durch das Haus folgen, Sie dazu bringen, nach Dingen zu suchen, die sie dringend brauchen, oder indem sie ständig etwas sagen, um Ihre Aufmerksamkeit auf sich zu ziehen.

Sie wollen von anderen bestätigt werden, obwohl das nicht viel zählt. Ganz gleich, wie oft Sie ihnen sagen, dass Sie sie bewundern und lieben, es ist nie genug. Wenn Sie versuchen, sie mit Positivem zu überhäufen, werden sie zu einem Trichter, durch den Ihre Bewunderung einfach ins Leere läuft, denn sie glauben nicht daran, dass Sie sie lieben.

Perfektionismus - Das dringende Bedürfnis nach dem unmöglich zu erreichenden Perfektionismus in allen Aspekten ihres Lebens und der Menschen um sie herum sorgt dafür, dass Narzissten immer unglücklich und unzufrieden sind.

Mangelnde Verantwortung - Narzissten wollen keine Verantwortung übernehmen, es sei denn, die Dinge laufen so, wie sie sollen. Sie suchen immer nach Möglichkeiten, anderen die Schuld zu geben, wenn etwas schiefläuft, während sie ihre Fassade des Perfektionismus aufrechterhalten.

Sie haben keine Grenzen - Sie glauben, dass alles und jeder um sie herum ihnen gehört. Sie sind bereit, alles zu tun, um das zu bekommen, was sie von Ihnen haben wollen.

Sie haben kein Einfühlungsvermögen - Sie können die Gefühle anderer einfach nicht verstehen und können sich in niemanden einfühlen, auch nicht in ihre eigenen Kinder und Angehörigen. Außerdem erkennen sie nicht, dass ihre Gefühle durch ihre eigenen Gedanken und Interpretationen verursacht werden. Sie geben Ihnen die Schuld für ihre negativen Gefühle.

Sie sehen alles um sich herum als Bedrohung an - Sie sind nicht in der Lage, die Körpersprache richtig zu deuten bzw. interpretieren sie oft falsch. Daher deuten sie alle subtilen Gesichtsausdrücke negativ, so dass sie sich von jedem bedroht fühlen. Das ist der Grund, warum Narzissten Witze als persönliche Angriffe und Sarkasmus als tatsächliche Zustimmung missverstehen.

Ihre Entscheidungen werden nur auf der Grundlage ihrer Gefühle getroffen - Wenn sie sich schlecht fühlen, läuft etwas oder jemand falsch. Sie treffen Entscheidungen nur aufgrund ihrer Emotionen. Außerdem suchen sie immer nach Lösungen für ihre emotionalen Probleme außerhalb ihrer selbst. Wenn sie sich langweilen oder traurig sind, beenden sie vielleicht Beziehungen, gründen ein großes Unternehmen oder verletzen jemanden, um ihre Traurigkeit oder Langeweile zu überwinden. Sie erwarten einfach, dass andere ihr ganzes Leben nach ihren Lösungen ausrichten, wobei sie irritiert und verärgert sind, wenn das nicht der Fall ist.

Angst vor Spott und Ablehnung - Ihre Angst vor Spott und Ablehnung ist so groß, dass es ihnen extrem schwerfällt, anderen zu vertrauen.

Persönlichkeitsspaltung - Die Persönlichkeiten von Narzissten spalten alles in ihrem Leben in zwei Teile auf, in das Gute und das Schlechte. Alle schlechten Gedanken oder negativen Dinge werden anderen angelastet, während sie die Quelle für all die guten Dinge in ihrem Leben sind. Wenn es um das Gedächtnis und das Erinnern geht, ist es dasselbe. Sie erinnern sich entweder an wunderbare und großartige Dinge oder an schreckliche und schlechte. Sie können die beiden Extreme nicht kombinieren oder ein Gleichgewicht zwischen ihnen finden.

Angst beherrscht ihr Leben - Angst ist ein wesentlicher Bestandteil des Narzissmus. Das Schlimmste daran ist, dass sie ihre Ängste auf ihre Lieben und Freunde projizieren und sie der Negativität und mangelnden Unterstützung beschuldigen. Wenn Sie das Opfer dieser Anschuldigungen sind, fühlen sie sich umso besser, je schlechter Sie sich fühlen.

Aufgrund all der oben genannten Eigenschaften können Narzissten nie wirklich Liebe finden. Sie können nie mit jemandem auf einer emotionalen Ebene in Verbindung treten. Am Ende sind sie einsam, traurig und bedrückt, was sie wiederum wütend und nachtragend macht. Wenn solche Menschen nicht gut mit narzisstischen Zügen umgehen, können sie sich in gewalttätige Soziopathen verwandeln, um ihre angesammelten geistigen und emotionalen Probleme zu überwinden.

Machiavellismus

Menschen mit machiavellistischen Zügen sind langfristige Planer und Strategen. Weder Emotionen noch sexuelle Begierden motivieren sie. Stattdessen werden sie von einer Agenda angetrieben, die langfristige

Manipulationen erfordert. Machiavellisten sind sowohl gerissen als auch pragmatisch und daher extrem gefährlich. Alles, was für sie zählt, ist ihre Agenda; sie kümmern sich nicht um die Menschen, die auf dem Weg dorthin betroffen sein könnten.

Interessanterweise sind sie weniger impulsiv als die beiden anderen Typen. Dennoch lügen, betrügen oder stehlen sie gerne für ihre eigenen Interessen, insbesondere wenn sie wissen, dass das Risiko, erwischt zu werden, sehr gering ist. Der Unterschied zwischen normalen Menschen und Machiavellisten ist folgender. Normale Menschen vermeiden es, aufgrund ihrer persönlichen Ideale und Prinzipien oder aus Schuldgefühlen heraus zu betrügen, zu stehlen oder zu lügen. Umgekehrt werden Machiavellisten diese unmoralischen Handlungen nicht begehen, wenn sie nicht ihrem Eigeninteresse dienen und sie nicht damit durchkommen können.

Anzeichen für einen Machiavellisten

Die Adjektive, mit denen Machiavellisten beschrieben werden, sind manipulativ, hinterhältig, egoistisch und skrupellos. Sie sind jedoch auch äußerst charmant, inspirierend und ehrgeizig. Das Problem ist, dass diese bewundernswerten Eigenschaften leider durch unerwünschte Eigenschaften überdeckt werden. Aufgrund dieser Verwirrung und des Konflikts in machiavellistischen Persönlichkeiten ist es sehr schwierig, Beziehungen mit ihnen zu führen, vor allem, wenn sie nur auf persönlichen Gewinn aus sind und auf nichts anderes.

Das Wort stammt von dem berühmten italienischen Renaissance-Diplomaten Nicolo Machiavelli. Er hat ein Buch mit dem Titel *Der Fürst* geschrieben, in dem er einen politischen Wegweiser gibt, wie Sie Ihre Ziele mit allen Mitteln erreichen können, egal ob Sie dabei fair sind oder Ihr Ziel mit unlauteren Mitteln erreichen. Es ist wichtig, sich daran zu erinnern, dass das Wort selbst kein tatsächlicher klinischer Begriff ist, sondern dass eine solche Persönlichkeit in der Psychologie als eine der drei dunklen Triaden eingestuft wird. Im Folgenden finden Sie einige Anzeichen, an denen Sie erkennen können, ob Sie es mit einem Machiavellisten zu tun haben.

- **Manipulation** - Machiavellisten tun alles, um ihren Willen durchzusetzen, einschließlich betrügen, lügen und sogar schmeicheln. Sie sind brillant darin, Menschen zu lesen und ihre Ängste und Schwächen zu erkennen. Sie nutzen die Ängste und Schwächen der Menschen gegen sie aus, um ihren Willen durchzusetzen. Machiavellisten zeichnen sich dadurch aus, dass sie langfristig planen und strategisch vorgehen.

Zunächst setzen sie ihren Charme ein, um Menschen zu täuschen. Sie täuschen Sympathie vor, beugen die Regeln und tricksen die Menschen aus, um sie auf ihre Seite zu ziehen. Später zögern sie jedoch nicht, Aggressionen einzusetzen und sich gegen die Menschen zu wenden, die sie ausgetrickst haben. Ihnen fehlt es an Moral und Ethik und sie sind bereit, Schaden anzurichten, um ihren Willen durchzusetzen.

- **Betrug** - Für Machiavellisten ist Wissen Macht. Sie wissen, dass alle Arten von Informationen nützlich sind. Aus diesem Grund geben sie Informationen, die sie haben, nur dann an andere weiter, wenn sie selbst etwas davon haben. Aus demselben Grund sind sie gerissen genug, um nützliche Informationen von anderen zu erhalten. Sie sind auch brillant darin, harmlose Informationen in etwas Böses zu verdrehen.

- **Eigeninteresse** - Machiavellisten sind Zyniker und glauben, dass jeder auf dieser Welt für sein Eigeninteresse arbeitet. Diese zynische Einstellung hindert sie daran, enge Beziehungen zu irgendjemandem aufzubauen, denn sie vertrauen nicht leicht. Geld, Macht und Materialismus sind für Machiavellisten wichtiger als Menschen.

  Sie sind so egoistisch, dass Bindungen und Pakte keine Bedeutung haben, was sie extrem illoyal macht. Ein wichtiges Merkmal, das Machiavellisten von Psychopathen und Narzissten unterscheidet, ist, dass das Bedürfnis nach Aufmerksamkeit keine treibende Kraft ist. Sie wollen nicht im Mittelpunkt der Aufmerksamkeit stehen. Sie sind durch reines Eigeninteresse motiviert.

- **Wettbewerbsorientiert** - Machiavellisten sind sehr wettbewerbsorientiert und sehen jeden in ihrer Umgebung als Konkurrenten. Sie sind nur dann ein Teamplayer oder halten sich zurück, wenn sie wissen, dass dies von Vorteil ist. Machiavellisten reagieren sehr sensibel auf die Machtdynamik in einer bestimmten Situation oder Umgebung und können leicht zwischen konkurrierenden und kooperativen Taktiken wechseln, je nachdem, was ihnen hilft, ihren Willen durchzusetzen.

- **Ehrgeiz** - Machiavellisten sind extrem ehrgeizig und nutzen Manipulation und Kontrolle, um ihre Ziele zu erreichen. Im Jahr 2016 wurde in einer Studie mit dem Titel *When the dark ones gain power: Perceived position power strengthens the effect of supervisor Machiavellianism on abusive supervision in work teams* wurde von OPOS (Organization & Processes of Organizing in Society), Network Institute und Organization Sciences durchgeführt. Sie zeigte, dass Manager und Führungskräfte mit einem machiavellistischen Persönlichkeitstyp dazu neigen, unnahbar und missbräuchlich zu sein. Diese Beobachtung hat Forscher zu der Annahme veranlasst, dass eine Machtposition machiavellistische Züge verstärken könnte.

- **Mangel an Emotionen** - Machiavellisten fehlt es an Mitgefühl und Empathie. Sie können weder ihre eigenen Emotionen noch die anderer Menschen erkennen. Diese emotionslose Persönlichkeit gibt ihnen die Macht, alles zu tun, was nötig ist, um ihre Ziele zu erreichen.

Psychopathie

Von den drei Typen der dunklen Triade haben Psychopathen die größte Fähigkeit und Neigung zu Aggression und Grausamkeit gegenüber Menschen und allen anderen Lebensformen. Sie neigen eher dazu, zu tyrannisieren, zu schikanieren und Rache zu üben als die beiden anderen Persönlichkeiten der dunklen Triade.

Psychopathen und Narzissten haben in Bezug auf ihre Persönlichkeit viele Eigenschaften gemeinsam. Psychopathen zeichnen sich jedoch durch ihre ausbeuterische Natur aus, die durch ihren extremen Egoismus und ihre zwischenmenschliche Dreistigkeit angetrieben wird. Psychopathische Züge werden daher mit Hilfe von Maßstäben und Rahmenwerken der klinischen Psychologie gemessen.

Psychopathen erscheinen rücksichtslos oder unvorsichtig, weil sie gerne Risiken eingehen und sich nicht durch Vorsicht und Hemmungen zügeln lassen, was dazu führt, dass sie Regeln und Vorschriften rücksichtslos und sinnlos brechen und beugen.

Anzeichen für einen Psychopathen

Es ist ein Mythos, der in Filmen und Fernsehserien gezeigt wird, dass alle Psychopathen gestört und/oder Mörder sind. Einer der gefährlichsten Aspekte von Psychopathen ist, dass sie so normal erscheinen wie jeder andere auch. Im wirklichen Leben ist es wahrscheinlicher, dass es sich bei einem Psychopathen um Ihren Freund, Kollegen, Ex oder sogar ein Familienmitglied handelt. Im Gegensatz zu normalen Menschen können Psychopathen Ihrem Verstand zu schaffen machen.

Wenn Sie in Ihrem Leben mit einem Psychopathen zu tun haben, ist es sehr wahrscheinlich, dass Sie sich verwirrt und verunsichert fühlen. Sie sind von Selbstzweifeln geplagt und fragen sich, was mit Ihnen los ist. Hier sind einige Anzeichen, die Sie darauf aufmerksam machen könnten, dass Sie es mit einem Psychopathen zu tun haben.

- **Sie kommen sehr charmant rüber** - Charme ist eine der offensichtlichsten Eigenschaften eines Psychopathen. Der Charme eines Psychopathen ist dynamisch und ändert sich je nach den Schwächen und Bedürfnissen der Zielperson. Zum Beispiel wird ein Psychopath Geschenke und Schmeicheleien einsetzen, um jemanden zu bezaubern, der diese Elemente genießt. Der Psychopath wird sich absichtlich schüchtern und zurückhaltend verhalten, wenn er sich jemandem nähert, der sich von solchen Eigenschaften angezogen fühlt. Der Charme des Psychopathen ändert sich je nach den Bedürfnissen der Zielperson. Sie sind großartig darin, ihren Zielpersonen das Gefühl zu geben, etwas Besonderes zu sein.

  Es ist ganz offensichtlich, dass der Charme eines Psychopathen sehr oberflächlich ist. Psychopathen ändern ihr Verhalten wie Chamäleons und passen ihre Persönlichkeit ständig an die Bedürfnisse ihrer Zielpersonen an. Eine der besten Möglichkeiten, um herauszufinden, ob Sie es mit einem Psychopathen zu tun haben, ist, Ihre gewöhnlichen Freunde und Familienmitglieder zu fragen, was sie von ihm halten. Wenn es viele Ungereimtheiten in ihren Beschreibungen der Person und der Art und Weise, wie sie sich ihr gegenüber verhält, gibt, könnte dies ein Zeichen dafür sein, dass die Person psychopathische Züge aufweist.

- **Sie haben keine Schuld- oder Schamgefühle** - Wenn normale Menschen lügen, betrügen, stehlen oder etwas Unmoralisches tun, sind Reue und Schuldgefühle die üblichen Emotionen, die in ihnen aufkommen. Psychopathen empfinden keine solche Schuld, Scham oder Reue. Es ist nicht so, dass sie sich des Schmerzes, den sie anderen durch ihr Verhalten zufügen, nicht bewusst wären.

Sie wissen es sehr wohl, und dieses Wissen treibt sie dazu an, Menschen weiterhin zu verletzen, ohne etwas zu fühlen. Ein Psychopath wird sich nur dann für sein schlechtes Verhalten entschuldigen, wenn er sein Gesicht wahren will oder wenn er noch etwas von Ihnen braucht. Das ist das emotionale schwarze Loch, mit dem Sie konfrontiert werden, wenn Sie mit psychopathischen Persönlichkeiten zu tun haben.

- **Sie erzeugen negative Reaktionen und Antworten** - Sie lieben und gedeihen im Chaos. Daher neigen sie dazu, absichtlich Chaos zu verursachen und sich zurückzulehnen, um zuzusehen, wie sich der Spaß entfaltet, einschließlich der Schuldzuweisungen an andere für ihre Reaktionen. Sie werden Sie provozieren, und wenn Sie schlecht reagieren, werden sie sich umdrehen und Ihnen sagen, dass sie dieses Thema nicht mehr mit Ihnen diskutieren werden, und das auch noch in einem herablassenden Ton. Das geht so lange, bis Sie das Gefühl haben, dass Sie verrückt werden.

Am Arbeitsplatz fabrizieren psychopathische Kollegen negative Situationen, um Ihnen negative Antworten und Reaktionen zu entlocken und Sie so vor Ihren Vorgesetzten und Kollegen zu untergraben und Ihre Glaubwürdigkeit im Büro zu schmälern. Wenn Sie das Gefühl haben, dass jemand Sie ködert und dann überrascht auf Ihre Reaktion reagiert, sollten Sie sich darüber im Klaren sein, dass Sie es mit psychopathischen Persönlichkeitsmerkmalen zu tun haben könnten.

- **Sie hetzen Menschen gegeneinander auf** - Psychopathen tuscheln ständig und verbreiten Klatsch und Tratsch über alle anderen, alles unter dem Deckmantel der Unschuld und der vorgetäuschten Besorgnis. In einem Team führt diese Art von Verhalten dazu, dass sich die Mitglieder gegeneinander wenden, angetrieben von Eifersucht und Misstrauen, die oft unbegründet und irrational sind.

Ihr eigenes Bedürfnis nach ständiger Aufmerksamkeit treibt diese Haltung an. Auf diese Weise wenden sich die Menschen gegeneinander und die Psychopathen selbst sind bei ihren Freunden sehr gefragt. Hier ist ein Hinweis, um dieses Zeichen zu erkennen. Wenn Sie plötzlich feststellen, dass Sie jemanden ohne Grund hassen, selbst jemanden, den Sie noch nie zuvor getroffen haben oder dem gegenüber Sie eine besondere Abneigung verspüren, dann überprüfen Sie die Person, die Ihnen negative Informationen über diese Person gibt. Es könnte sich um die Manifestation eines psychopathischen Wesenszuges handeln.

- **Sie sind zwanghafte Lügner** - Psychopathen können nicht anders, als zu lügen. Sie brauchen keinen Grund, um Unwahrheiten zu erzählen. Tatsächlich könnten die Lügen die Situation für sie verschlimmern, aber sie werden trotzdem lieber lügen, als die Wahrheit zu sagen. Für solche Menschen ist das Lügen ein Ergebnis ihrer wechselnden Persönlichkeiten und Verhaltensweisen. Und wie andere dunkle Persönlichkeitstypen auch, werden sie, wenn sie sie mit ihren Lügen konfrontieren, sich umdrehen und Ihnen die Schuld für ihr Verhalten zuschieben.

Sie verschwinden von der Bildfläche und verraten Sie ohne zu zögern. Psychopathen haben keinen Sinn für Loyalität. Sie werden ohne mit der Wimper zu zucken ihre Loyalität wechseln und jeden verraten. Als Opfer fühlen Sie vielleicht eine starke Bindung oder Verbindung zu einem Psychopathen. Es ist jedoch wichtig, sich daran zu erinnern, dass er diese starke Bindung zu jedem herstellen kann und Sie verraten wird, wenn er eine andere Person oder Situation findet, die für ihn vorteilhafter ist, weil er Sie verraten oder seine Loyalität geändert hat.

Denken Sie daran, dass ein Psychopath dazu neigt, bei Ihnen kognitive Dissonanz zu erzeugen. Die Anwesenheit eines Psychopathen in Ihrem Leben ist oft durch eine deutliche Zunahme von Selbstzweifeln und unerklärlicher Angst gekennzeichnet. Diese Person wird Ihr Herz und Ihren Verstand mit der Vorstellung von einem perfekten Ich füllen. Und Sie werden anfangen, sich ständig mit dieser perfekten Vorstellung von sich selbst zu vergleichen, die nur geschaffen wurde, um die Saat für Selbstzweifel und kognitive Dissonanz zu legen. Sie müssen unbedingt auf diese Veränderung Ihrer Einstellung achten, sich selbst korrigieren und sich des Psychopathen bewusst werden, der in Ihr Leben getreten ist, um Gegenmaßnahmen zu ergreifen.

Wissenschaftliche Studien über die dunklen Triaden

Es wurden und werden zahlreiche Studien über die drei dunklen Triaden durchgeführt. Einige dieser Studien, in denen die oben genannten Merkmale festgestellt wurden, sind:

Die früheste Studie über Machiavellismus wird Richard Christie, Department of Psychology, Columbia University, Florence L. Geis, Department of Psychology, Delaware, und mehreren anderen Wissenschaftlern und Experten zugeschrieben. Diese Studie wurde unter dem Titel *Front Matter* veröffentlicht - und ist online auf ScienceDirect verfügbar.

Eine weitere Studie, *Facets of the Dark Triad: Utilizing the Five-Factor Model to describe Machiavellianism,* wurde von einem Team von Psychologen der Oklahoma State University und der Drake University durchgeführt, um die Beziehungen zwischen den drei Persönlichkeitstypen der dunklen Triade zu verstehen.

Eine kürzlich durchgeführte Studie mit dem Titel *The Dark Triad, Love Components, and Attachment Styles in Romantic Relationship Experiencing During Young Adulthood* wurde von Radka Copkova, Department of Economics, Technical University of Kosice, Slowakei, und Eva Lorincova, Faculty of Arts, Pavol Jozef Šafárik University, Slowakei, durchgeführt. Diese Studie befasste sich mit den Persönlichkeiten der dunklen Triade und ihren Liebes- und Romantikbeziehungen.

Diese und viele andere Studien haben Psychologen geholfen zu verstehen, wie solche Menschen in der Welt funktionieren und agieren. Der folgende Abschnitt soll Ihnen einige Anregungen geben, wie Sie Anzeichen erkennen können, die Sie darauf aufmerksam machen könnten, dass Sie es mit Menschen zu tun haben, die einer oder mehreren Persönlichkeiten der dunklen Triade angehören.

Eine letzte Frage, die am Ende dieses Kapitels beantwortet werden muss, lautet: Warum leben dunkle Persönlichkeiten, um zu manipulieren?

Im Allgemeinen handeln Manipulanten und dunkle Persönlichkeiten aus einem oder allen der folgenden Gründe:

- Um ihre persönlichen Ziele und Wünsche zu erreichen
- Um ihr Ego zu schützen

- Um Sympathie, Mitleid oder Aufmerksamkeit von anderen zu erhalten

- Um ihre Opfer zu dominieren, zu bestrafen und zu kontrollieren

Sie könnten aber auch andere egoistische Gründe für ihr Verhalten haben.

Menschen, die manipulative Taktiken anwenden, könnten aus dysfunktionalen Familien stammen. Sie kennen nur diese Art zu leben und glauben, dass dominantes und manipulatives Verhalten die einzige Möglichkeit ist, zu leben. Sie glauben, dass sie auf diese Weise ihre Ziele erreichen und ihre Bedürfnisse befriedigen können. Menschen aus dysfunktionalen Familien neigen zu Manipulationen, weil sie nicht gelernt haben, wie man Dinge auf die richtige Weise angeht.

Kapitel 4: Beispiele für politische Propaganda

Propaganda ist in politischen Kontexten leider weit verbreitet. Propaganda bezieht sich in solchen Szenarien auf die Bemühungen von Regierungen, politischen Gruppen und verdeckten Interessen mit der gleichen Absicht wie im Krieg. In diesem Kapitel wird das Konzept der politischen Propaganda anhand einiger berüchtigter Beispiele erläutert.

Propaganda wird fast immer eingesetzt, um eine bestimmte Sichtweise und Agenda zu fördern und zu verbreiten.

Das Uncle Sam Army Rekrutierungsposter aus dem Ersten Weltkrieg

Auf diesem Poster zeigt Uncle Sam anklagend auf den Betrachter. Es wurde von James Montgomery Flagg entworfen und gestaltet, um die moralische Verantwortung der amerikanischen Bürger zu wecken, für ihr Land zu kämpfen, und um die Jugend zu ermuntern, sich für den Krieg zu melden. Dies ist eines der einprägsamsten Bilder, die in dieser Zeit entstanden sind.

Uncle Sam ist seit langem ein Symbol für den amerikanischen Patriotismus. Die meisten Historiker glauben und akzeptieren die folgende Geschichte darüber, wie Uncle Sam zu einem Synonym für die Vereinigten Staaten wurde.

Der Name stammt von Sam Wilson, einem New Yorker Kaufmann, der die amerikanischen Truppen während des Krieges von 1812 mit Rindfleisch belieferte. Bei seinen Freunden und Verwandten war er als Uncle Sam bekannt, und seine Rindfleischfässer waren mit den Initialen US versehen, was für die Vereinigten Staaten stand. Aber viele Soldaten hielten das US für ein Akronym für Uncle Sam, den Rindfleischlieferanten. Dieser Glaube verbreitete sich, und bald waren Uncle Sam und die Vereinigten Staaten unwiderruflich miteinander verbunden.

Das Plakat war also ein großer Erfolg und die damit verbundene Propaganda sorgte dafür, dass sich viele junge Leute für den Kriegsdienst meldeten. Emotionale Appelle spielten bei der Durchführung dieser Rekrutierungskampagne eine große Rolle. Im Ersten Weltkrieg ließ die US-Regierung Millionen von Exemplaren drucken. Auch im Zweiten Weltkrieg wurde es verwendet.

Das Rosie Riveter Poster aus dem Zweiten Weltkrieg

Dieses ikonische Plakat zeigt eine Fabrikarbeiterin, die ihre Muskeln anspannt, und die Bildunterschrift lautet: *We Can Do It.* Es wurde entworfen, um Frauen zur Teilnahme an den Kriegsanstrengungen im Zweiten Weltkrieg aufzufordern. Die Inspiration hinter dem Plakat ist die heute 93-jährige Mae Krier. Sie arbeitete zwischen 1943 und 1945 in der Boeing-Flugzeugfabrik in Seattle, wo sie B-17 und B-29 für den Zweiten

Weltkrieg produzierte.

Die Propaganda des Plakats funktionierte so gut, dass Frauen, die während des Zweiten Weltkriegs in Fabriken arbeiteten, die Schiffe, Panzer, Flugzeuge und ähnliche Materialien bauten, sich Rosie nannten. Vor allem aber wurden mehr als 350.000 amerikanische Frauen in Uniform und als Zivilistinnen auf amerikanischem Boden und in Übersee für die Kriegsanstrengungen rekrutiert.

Triumph des Willens

Dieser Film wurde gedreht, um für Adolf Hitler und das Nazi-Regime zu werben. Er gilt als einer der wirkungsvollsten Propagandafilme, die je gedreht wurden. Er wurde von Leni Riefenstahl produziert und man glaubt, dass sie das Gesicht des Dokumentarfilms und die Art und Weise, wie er gemacht wurde, verändert hat. Dieser Film ist einer der ersten beobachtenden Dokumentarfilme in der Geschichte des Dokumentarfilms. Er zeigte verschiedene Ereignisse, an denen Adolf Hitler teilnahm, darunter Paraden, Bilder, Reden, Massenversammlungen und mehr.

Abgesehen von den Reden Hitlers und anderer Nazi-Führer gibt es im gesamten Dokumentarfilm keinen gesprochenen Kommentar. Als dieser Film im März 1935 veröffentlicht wurde, wurde er als Meisterwerk gefeiert. Einige wurden von ihm inspiriert, andere wiederum waren von den Darstellungen im Film bis ins Mark erschüttert, was ihn zu einem der wirkungsvollsten politischen Propagandafilme aller Zeiten macht.

Propagandatechniken bei den US-Präsidentschaftswahlen

Politische Propaganda wird schon seit langem eingesetzt. Die meisten Politiker sind nicht so moralisch/ethisch, dass sie nicht auch ein gewisses Maß an politischer Propaganda einsetzen, um die Oberhand zu gewinnen. Viele Experten glauben, dass Trump und sein Team bei den US-Präsidentschaftswahlen 2016 politische Propaganda sehr geschickt und effektiv eingesetzt haben.

Trump nutzte Angst, um seine Wähler dazu zu bringen, ihn zu unterstützen und für ihn zu stimmen. Er spielte auf die Angriffe auf die US-Gesetzeshüter und den Terrorismus in den US-Städten an, die das tägliche Leben der Bürger bedrohen.

Solche Gespräche über Angst bringen die Menschen dazu, jemanden zu wählen, der diese Gefahren versteht, begreift und mit ihnen umgehen kann und das Land sicher hält. Er war auch für seine Beschimpfungstaktik bekannt. Er nannte seine Gegnerin, Hillary Clinton, eine Teufelin und korrupte Hillary.

Auch Hillary Clinton bediente sich in ihrem Wahlkampf politischer Propaganda. Mit Hilfe von Card-Stacking-Techniken (auf die wir später noch genauer eingehen werden) versuchte sie, die Wähler auf die großartigen Dinge aufmerksam zu machen, die sie für die Vereinigten Staaten und den Rest der Welt getan hat. Zum Beispiel betonte sie im Wahlkampf ihre Bemühungen, Osama Bin Laden, den gesuchten Terroristen, der für die Anschläge vom 11. September verantwortlich sein soll, vor Gericht zu bringen.

Warum also setzen Regierungen und politische Gruppen Propaganda ein? Propaganda wird fast immer eingesetzt, um einen bestimmten Standpunkt und eine bestimmte Agenda zu fördern und zu verbreiten. Sie wird auch eingesetzt, um das Verhalten der Menschen und ihre Meinungen zu kontrollieren. In den meisten Fällen konzentriert sich die Propaganda auf Fehlinformationen und Desinformationen, die sich beide hervorragend dazu eignen, die Meinung der Menschen zu verändern und zu formen.

Arten von politischer Propaganda

Beschimpfungen

Eine der häufigsten Formen politischer Propaganda ist die Beschimpfung der gegnerischen Mannschaften und der führenden Köpfe der Opposition mit abwertenden Begriffen. Zum Beispiel bezeichneten die Nazis während des Zweiten Weltkriegs die Juden als Ratten. Die Iraner nennen die Vereinigten Staaten den großen Satan.

Beschimpfungen sind eine einfache, aber wirkungsvolle Technik. Einflussreiche Regierungen verwenden verschiedene Namen, um verschiedene Personen oder Personengruppen zu bezeichnen, je nach Bedarf. Wenn eine Regierung zum Beispiel eine Person oder eine Gruppe in einem negativen Licht darstellen will, verwendet sie Namen und Bezeichnungen wie Terroristen oder Aufständische.

Möchte die Regierung dagegen eine Person oder eine Gruppe von Menschen bevorzugen, verwendet sie Bezeichnungen und Namen, die sie positiv darstellen. Zum Beispiel könnte eine Regierung jemanden als

Freiheitskämpfer bezeichnen, auch wenn er Bomben und Waffen einsetzt! Diese Namen und Bezeichnungen werden immer wieder über zahlreiche Nachrichtenkanäle und soziale Medienplattformen verbreitet.

Leider erfordern Beschimpfungstechniken, die in der ganzen Welt verbreitet werden müssen, viel Geld und politische/positionelle Macht. Diese Ressourcen sind nur für die großen Medienhäuser verfügbar. Daher ist es für normale Bürger sehr schwierig, die Lücken und Schwachstellen zu durchschauen, die durch die Nachrichten und Talkshows dieser Top-Medienhäuser entstehen. Für diese Medienleute ist es ein Leichtes, Nachrichten und Informationen so zu verdrehen, dass sie für sie und ihre Sponsoren günstig sind.

Schauen wir uns einige Beispiele für Beschimpfungen etwas genauer an.

Terroristen

Diese Bezeichnung beschreibt den Gipfel des Bösen. Mit diesem Begriff wird eine Person bezeichnet, die einen bewaffneten Angriff auf Nationen oder Gruppen verübt hat. Wenn die Bezeichnung Terrorist für eine Person oder Gruppe verwendet wird, wird sie in der Regel mit den Personen gleichgesetzt, die für die Anschläge vom 11. September verantwortlich sind.

Auf diese Weise werden Angst und Hass gegen Terroristen geschürt. Am bekanntesten ist die Verwendung dieses Begriffs durch Präsident Bush zur Rechtfertigung des Irakkriegs.

Aufständische

Diese Bezeichnung ist etwas weniger verurteilend als Terroristen. Sie wird gegen Gruppen verwendet, die vielleicht nicht direkt etwas gegen westliche Länder planen. Der Begriff Aufständische erweckt jedoch den Eindruck, dass sie in diese Richtung denken oder Strategien verfolgen.

Militante

Militante ist eine Bezeichnung für Personen oder Personengruppen, die militärische Konflikte wollen. Diese Bezeichnung vermittelt ein negatives Bild, das mit Kriegstreibern, Aggressoren, Antipazifisten usw. gleichgesetzt wird. Ein solches Bild erzeugt in der öffentlichen Meinung eine negative Stimmung gegen die betreffenden Personen oder Gruppen.

Guerillas

Dieser abwertende Begriff bringt Bilder von schmutzigen, besudelten Wilden mit AK47 und Kopftüchern mit sich. Er wird heute nicht mehr so häufig verwendet, insbesondere nach dem Fall des Kommunismus in Sowjetrussland. Dennoch wird er verwendet, um die Angst vor Rot, dem Symbol des Kommunismus, wiederzubeleben.

Freiheitskämpfer

Dieser Begriff ist den Außenseitern (sowohl Einzelpersonen als auch Gruppen) vorbehalten, vor allem weil sie nicht in der Lage sind, groß angelegte Angriffe auf irgendjemanden zu starten. Berühmt ist, dass die Mujahedin-e Khalq, eine islamische Anti-Iran-Gruppe, in eine Gruppe von Freiheitskämpfern umbenannt wurde und ihre Namen von der US-Fahndungsliste der Terroristen gestrichen wurden.

Rebellen

Dieses Wort wird verwendet, wenn Regierungen ihre Unterstützung für eine Gruppe zeigen wollen, die sie als eine Gruppe von rechtschaffenen Menschen, die gegen eine mächtige und böse Regierung oder ein Imperium kämpfen beschreiben. Dieser Begriff verwies auf Menschen, die gegen Gaddafi in Libyen und Bashar Al Assad in Syrien waren.

Demonstranten

So wie das Wort Terroristen der Gipfel des Bösen ist, ist der Begriff Demonstranten der Gipfel der Unschuld. Propagandisten verwenden dieses Wort, um die Definition der Proteste und der Menschen, die daran teilnehmen, zu verwirren. Nehmen wir ein Beispiel, um zu verstehen, wie Verwirrung in den Köpfen der Öffentlichkeit gestiftet wird.

Nehmen wir an, eine Person aus einer Menge von Demonstranten schießt einen Polizisten nieder und die Polizei erwidert das Feuer. Die Medien berichten vielleicht nur über die Vergeltung und lassen die Öffentlichkeit im Glauben, dass der Protest friedlich war. Das verwirrt die Öffentlichkeit, denn sie beginnt zu glauben, dass auch ihre friedlichen Proteste auf diese Weise behandelt werden können.

Interessanterweise werden die Demonstranten, wenn immer mehr Demonstranten zu den Waffen greifen und zu schießen beginnen und die Medien das Wort Demonstranten nicht mehr verwenden können, zu Freiheitskämpfern oder Rebellen, je nach dem gewünschten Ergebnis.

Appell an die Emotionen

Propaganda ist in hohem Maße von den Emotionen des Zielpublikums abhängig. Angst und Wut sind die häufigsten Emotionen, die von Propagandisten als Zielpublikum genutzt werden.

Mitläufertum

Bei dieser Technik wird Gruppenzwang eingesetzt, um die Meinung der Menschen zu beeinflussen oder sie zu überzeugen, etwas zu tun. Ein klassisches Beispiel für eine Mitläufer-Taktik ist die folgende Aussage eines Kandidaten, der sich zur Wahl stellt: Ihre gesamte Gemeinschaft arbeitet für mich. Also sollten Sie auch für mich stimmen.

Manipulierung von Informationen

Hier geht es um die falsche Darstellung oder Verzerrung von Fakten, um die Meinung der Menschen zu formen und zu beeinflussen. Ein klassisches Beispiel ist, wenn ein politischer Kandidat falsche Behauptungen über einen Gegner aufstellt, um dessen Ruf zu beschmutzen und ihn in den Augen der Wähler schlecht aussehen zu lassen.

Verängstigungstaktik

Diese Technik wird eingesetzt, um den Menschen Angst zu machen (oft mit einem schlimmeren Szenario), damit sie sich der Agenda der Propagandisten anschließen. Ein Beispiel: Eine Kampagne kann den Menschen Angst machen, dass sie einen Kriminellen zum Führer wählen könnten, wenn sie nicht für den Kandidaten der Propaganda stimmen.

Verwendung falscher Statistiken

Die Verwendung falscher und nicht überprüfbarer Statistiken ist ein gängiges Mittel der politischen Propaganda. Ein Beispiel: Eine Kampagne behauptet, dass ihr Kandidat von der Bevölkerung stärker unterstützt wird als ein Konkurrent. Dies muss überhaupt nicht stimmen.

Verwendung von Symbolen

Symbolik ist ein mächtiges Instrument der politischen Propaganda. Ein unvergessliches Beispiel für den Einsatz von Symbolen in der politischen Propaganda ist das Hakenkreuzzeichen der Nazis. Den Anhängern der Nazis wurde vorgegaukelt, dass das Zeichen ihre ethnische Reinheit repräsentiert.

Unrealistische Ziele versprechen

Viele politische Parteien machen bei Wahlen unrealistische Versprechen, um Stimmen zu gewinnen. Zum Beispiel kann ein Kandidat versprechen, die Armut zu beenden, was eindeutig unrealistisch ist.

Verwendung von Slogans

Slogans sind eingängige Phrasen, die ein Konzept, eine Idee oder sogar ein unrealistisches Versprechen zusammenfassen. Der Lieblingsslogan der Trump-Kampagne war *Make America Great Again*.

Verwendung des Images des einfachen Mannes

Das Image des einfachen Mannes oder des einfachen Volkes ist eine Technik, bei der durchschnittliche, gewöhnliche Bürger dazu gebracht werden, Kandidaten oder Konzepte zu unterstützen. Die Logik dahinter ist, dass der Kandidat der von dem einfachen Bürger unterstützt wird, der ansonsten kein politisches Interesse hat, schlichtweg ein guter Kandidaten sein muss. In vielen politischen Kampagnen gibt es Werbespots und Anzeigen, in denen einfache Bürger um Stimmen werben.

Assoziationen

Bei dieser Technik werden positive Assoziationen mit einem Kandidaten verwendet, um ihn bei der Zielgruppe beliebt erscheinen zu lassen. Zum Beispiel wird das Bild eines Kandidaten immer von der Landesflagge begleitet, um ihn patriotisch erscheinen zu lassen.

Referenzen

Referenzen kommen in Form von Befürwortungen durch berühmte und angesehene Persönlichkeiten aus der Gesellschaft. Berühmte Persönlichkeiten werden häufig aufgefordert, politische Kandidaten zu unterstützen, in der Hoffnung, die Fans dieser Persönlichkeiten davon zu überzeugen, für sie zu stimmen.

Fokus auf positive Eigenschaften

Dieser Ansatz konzentriert sich nur auf die positiven Eigenschaften eines Bewerbers. Zum Beispiel könnte die ehrenamtliche Arbeit eines Kandidaten in einem örtlichen Waisenhaus besonders hervorgehoben werden, in der Hoffnung, ihn als freundlich und großzügig erscheinen zu lassen. Die negativen Eigenschaften des Bewerbers werden überhaupt nicht erwähnt.

Stereotypisierung

Diese Technik konzentriert sich auf eine zu starke Vereinfachung und Verallgemeinerung, wenn es um den Persönlichkeitstyp des gegnerischen Kandidaten geht. Dabei werden oft ungenaue und negative Stereotypen verwendet, um die Gegner zu beschreiben.

Schillernde Verallgemeinerungen

Allgemeine Begriffe mit positiver Konnotation, aber ohne Bedeutung oder Substanz werden als schillernde Verallgemeinerung bezeichnet. Ein Beispiel: Ein Kandidat sagt immer wieder: Ich werde für den Wandel sorgen, ohne näher darauf einzugehen, welchen Wandel er damit meint!

Reizwörter und geladene Sprache

Reizwörter richten sich gegen den Gegner. Zum Beispiel: „Ich sage nicht, dass er oder sie ein schlechter Mensch ist, aber..." Aber ist ein Reizwort, das den Eindruck erweckt, die andere Person sei schlecht, wenn auch indirekt. Kraftvolle Sprache oder Wörter sind das Gegenteil und werden zu Gunsten eines Kandidaten verwendet. Ein Beispiel: Die Aussage „Er ist ein Abtreibungsgegner" scheint dem Kandidaten moralisches und emotionales Gewicht zu verleihen.

Wie Sie es vermeiden, Opfer politischer Propaganda zu werden

Eine der besten Möglichkeiten, Beschimpfungen zu erkennen, ist diese. Je häufiger eine Gruppe von der Presse mit einem bestimmten Namen oder Begriff bezeichnet wird, desto größer ist die Wahrscheinlichkeit, dass die Presse die Anweisung erhalten hat, Beschimpfungen vorzunehmen, die einer bestimmten Agenda entsprechen.

Eine weitere gängige Methode, um zu vermeiden, dass Sie durch Propaganda manipuliert werden, besteht darin, sich kontinuierlich über die verschiedenen Propagandatechniken zu informieren, die in der Politik eingesetzt werden. Bewerten Sie die Informationen kritisch, prüfen Sie mehrere Quellen und verifizieren Sie die Fakten, bevor Sie eine Entscheidung treffen. Und zu guter Letzt sollten Sie sich vor emotionalen Appellen hüten und immer wieder hinterfragen, ob die Informationen, die Sie erhalten, korrekt sind.

Kapitel 5: Gehirnwäsche durch Gedankenkontrolle: Die Medien

Eine der mächtigsten Taktiken der psychologischen Kriegsführung ist die Gehirnwäsche oder Gedankenkontrolle, die häufig und effektiv von den Medien eingesetzt wird. Ironischerweise ist eine freie Presse einer der grundlegenden Aspekte einer intakten Demokratie. Wenn die Bürger Zugang zu genauen und umfassenden Informationen haben, sind sie in der Lage, eine vernünftige Wahlentscheidung zu treffen, so dass die von ihnen gewählte Regierung für ihre Interessen eintritt, wie es in einem guten demokratischen System der Fall sein sollte.

Eine der wirksamsten Taktiken der psychologischen Kriegsführung ist die Gehirnwäsche oder Gedankenkontrolle, die häufig und effektiv von den Medien eingesetzt wird.

Der Niedergang einer effektiven Presse in fast allen Demokratien ist daher traurig. Gehirnwäsche ist das Tagesgeschäft, denn die gedankenlosen Talkshows und Live-Nachrichten lassen die unglücklichen Bürger verwirrt und verunsichert zurück.

Die Idee der Gehirnwäsche verstehen

Für Gehirnwäsche gibt es viele Bezeichnungen, darunter Gedankenkontrolle, Gedankensteuerung, mentaler Missbrauch und Zwangsbeeinflussung. Es handelt sich um eine Technik, bei der eine Einzelperson oder eine Gruppe (der Manipulant) unethische Manipulationstaktiken systematisch einsetzt, um andere dazu zu bringen, sich ihren Meinungen, Standpunkten und Wünschen anzupassen. Oft ist das Endergebnis für die Menschen, die einer Gehirnwäsche unterzogen wurden, von Nachteil.

Gehirnwäsche ist eine extreme Maßnahme, und die meisten von uns assoziieren den Begriff mit geheimnisvollen Sekten. Wir glauben nicht, dass es sich um etwas handelt, das wir in unserem täglichen Leben erleben. Diese Ansicht ist völlig falsch, denn die Medien nutzen diese Technik üblicherweise und häufig in Form von Werbung, Nachrichten usw. Sehen wir uns einige der Techniken der Gehirnwäsche an, die überall eingesetzt werden:

- Der Manipulant versorgt Sie mit einem ständigen Strom kurzer, abwechslungsreicher Informationsschnipsel zu verschiedenen Themen, was dazu führt, dass Ihre Intelligenz und Ihre Fähigkeit zum Selbstdenken gedämpft werden. Dieser ständige Strom kurzer, schneller Informationsschnipsel trainiert Ihr Kurzzeitgedächtnis und führt dazu, dass Sie sich von einem Übermaß an Daten überwältigt fühlen. Das Gefühl der Überforderung erreicht schließlich ein solches Ausmaß, dass Ihnen die Antwort und Lösung des Manipulanten als die beste Option erscheint.

- Der Manipulant scheint Ihnen eine breite Palette von Möglichkeiten anzubieten, aber wenn Sie genauer hinsehen, führen alle Möglichkeiten zum gleichen Ergebnis oder zur gleichen Schlussfolgerung, nämlich zu dem, was er will.

- Ein vorgegebener Gedanke oder Satz wird mehrfach wiederholt, damit er sich in den Köpfen der Zielgruppe festsetzt.

Emotionale Manipulation oder Gehirnwäsche versetzt Sie in einen gesteigerten Gefühlszustand, so dass Sie Ihres Sinns für Logik und Objektivität beraubt werden. Auch hier sind Angst und Wut zwei der wichtigsten Emotionen, die eingesetzt werden, um maximale Ergebnisse zu erzielen.

Verschiedene Arten von Gehirnwäsche-Techniken, die von den Medien eingesetzt werden

Wenn Sie an die Medien denken, werden Ihnen bereits Beispiele der oben genannten Techniken in den Sinn kommen. Vielleicht ist Ihnen zum Beispiel aufgefallen, dass Nachrichtensender immer wieder eine Nachricht erwähnen, um ihren Standpunkt zu verdeutlichen. Das ist ein klassisches Beispiel für die von den Medien angewandte Gehirnwäsche.

Außerdem tauchen in den Nachrichtensendungen immer wieder kurze Informationsschnipsel auf. Das ist eine sehr verbreitete Taktik, die die Medien heute anwenden. Vielleicht haben Sie schon bemerkt, dass den ganzen Tag über vertikal oder horizontal laufende Nachrichtenticker eingeblendet werden. Schauen wir uns das genauer an.

Emotionale Werbung

Emotionale Werbung ist ein mächtiges Mittel der psychologischen Kriegsführung für die Medien, und diese Taktik wird unter dem Deckmantel des geschäftlichen Erfolgs großzügig eingesetzt. Laut dem Autor Dan Hill, der für sein Buch *Emotionomics: Leveraging Emotions for Business Success* bekannt ist, benötigen Emotionen im Vergleich zu unseren kognitiven Prozessen nur 1/5 der Zeit, um sie sensorisch zu verarbeiten. Experten sind der Meinung, dass es weniger als 3 Minuten dauert, bis wir eine Gefühlsreaktion haben.

Wir alle wissen und haben die Erfahrung gemacht, dass Emotionen einen weitaus stärkeren Einfluss auf unser Handeln haben als der Verstand. Tatsächlich schaffen Emotionen langanhaltende und instinktive Erinnerungen in unserer Psyche, so dass wir auch in Zukunft dazu neigen, die gleiche Handlung zu vollziehen. Das ist die Macht der emotionalen Reaktion und der Grund, warum emotionale Werbetechniken für Manipulanten so gut funktionieren.

Wenn Sie sich an einen der Werbespots erinnern, die Sie bewegt haben, werden Sie feststellen, dass die meisten Ihrer Käufe eine emotionale Reaktion auf die Werbung waren. Für Werbetreibende und die Medien sind Gefühle pures Gold. Emotionen treiben uns dazu, nicht nur zu den Taschentüchern, sondern auch zu unseren Brieftaschen zu greifen.

Eine interessante Analyse von Trend Hunter Marketing (bei der 55 emotionale Marketingkampagnen verglichen wurden) ergab, dass wartende Hunde und Nostalgie weitaus beliebter waren als skandal- und abenteuerbezogene Werbespots. Emotionale Kampagnen sind für eine viel höhere Konvertierungsrate verantwortlich als jede andere Art von Kampagne.

Zum Glück für die Menschheit werden einige dieser Kampagnen, die die Emotionen auf ein unangemessenes Maß treiben, auch angefeindet, insbesondere diejenigen, die sich auf medizinische Produkte beziehen. Ein Beispiel: Ein weltweit tätiges Pharmaunternehmen schaltete eine Anzeige für Herzkrankheiten, in der ein Mann in einem Sessel saß, ohne zu bemerken, dass sich sein Zimmer langsam mit Wasser füllte. Natürlich wird das Produkt, das diesen Mann retten könnte, nirgends in der Werbung erwähnt.

Dennoch wurde dieser Werbespot von Marketingfachleuten, Kardiologen und anderen Medizinern heftig kritisiert. Sie sagten, es sei beschämend, dass das Unternehmen eine so extreme Form des Terrors verwendet. Wir dürfen jedoch nicht vergessen, dass Angst die Emotion ist, die Vermarkter am häufigsten einsetzen, mal auf subtile und mal auf weniger subtile Weise. Das Gleiche gilt auch für Nachrichtensender.

Panikmache

Dies ist der unsinnigen Angstmacherei ein paar Schritte voraus. Mit der Panik kommt eine Angst, die die volle Kontrolle über unser Leben übernimmt. Wir fühlen uns verängstigt und terrorisiert, wenn wir Nachrichtensender sehen, die unablässig über angsteinflößende Themen wie Schweinegrippe, Rezession, Einwanderer usw. berichten. Getrieben von unnötiger Panik beginnen wir, die Menschen zu hassen, die scheinbar für solche Themen verantwortlich sind.

Der Grund, warum Panikmache funktioniert, ist, dass Panik der schnellste Weg ist, Rationalität und gesunden Menschenverstand zu umgehen. In Abwesenheit von Rationalität ist es ein Leichtes, das Publikum alles glauben zu machen.

Rufmord

Eine der einfachsten Möglichkeiten, eine ausgewogene Debatte zu verhindern oder die Verteidigung einer Person zu unterbrechen, besteht darin, ihre Glaubwürdigkeit anzugreifen. Rufmord ist der einfachste Weg, Gegner loszuwerden, indem man ihre Intelligenz, ihre Motive und sogar ihren Verstand schlecht macht.

Eine der gängigsten Methoden, Menschen zu diskreditieren, besteht darin, sie mit verschiedenen Namen zu versehen, wie z.B. Liberale, Progressive, Hippies, usw. Rufmord sorgt dafür, dass es keinen Raum für echte Debatten gibt.

Die Geschichte umschreiben

Propagandisten sind sehr gut darin, historische Tatsachen so umzuschreiben, dass sie mit ihren Ansichten übereinstimmen. Die Irak-Kriege wurden auf der Grundlage dieser Technik geführt. In den Memos der Downing Street hieß es, das Regime von Saddam Hussein sei sehr hart und beruhe auf Angst und die einzige Möglichkeit, es zu beenden, sei die Kriegserklärung an sein Land.

Das Schlimmste an der Umschreibung der Geschichte durch die Medien ist, dass sie dies so selbstbewusst und mit einer solchen Autorität tun, dass die Gelegenheitszuschauer (und das sind viele; wir müssen lernen, vorsichtig zu sein!) anfangen, den Glauben an das zu verlieren, was sie für Tatsachen hielten.

Verdrehung oder Projektion

Bei dieser Technik wird ein Argument ohne Sinn und Verstand verdreht. Dies geschieht häufig, wenn sich die Redner am falschen Ende der Argumentationskette wiederfinden. Beim Verdrehen wird eine hinterhältige Taktik angewendet und dem Gegner in die Schuhe geschoben, indem behauptet wird, sie sei zuerst bei Ihnen selbst angewandt worden.

Nehmen wir zum Beispiel an, dass in einer Diskussionssendung über den Klimawandel gesprochen wird und der gegnerische Redner vernünftige Beobachtungen macht (aber gegen den Standpunkt des Moderators). In diesem Fall wirft der Moderator dem Redner einfach vor, dass er seine wissenschaftlichen Fakten nicht belegen kann! Diese Technik kann für jemanden, der wirklich an der Debatte interessiert ist, sehr frustrierend sein.

Ausgrenzung oder Sündenbockfunktion

Die Medien wenden diese grausame, aber einfache Taktik vor allem bei denjenigen an, die sich verängstigt oder unsicher fühlen. Sie kombiniert Ablenkung mit Angstmacherei. Es geht dabei um Folgendes. Eine bestimmte Gruppe wird ins Visier genommen, um die Schuld für etwas, eigentlich für alles, einschließlich sozialer und wirtschaftlicher Probleme, auf sich zu nehmen. Diese Gruppe wird zum Sündenbock. Sobald die Schuld zugewiesen wird, ist alles gegen die Gruppe gerechtfertigt, einschließlich Gewalt und Entmenschlichung, Abwälzung der Verantwortung für den ihr zugefügten Schaden usw.

Mobbing und Verwirrung stiften

Viele Moderatoren von Nachrichtensendern und anderen Medien sind für ihre Mobbing-Taktiken bekannt. Auch hier gilt, dass Mobbing und Geschrei sehr gut bei Menschen mit geringem Selbstvertrauen funktionieren. Die Moderatoren von Talkshows beschimpfen, beleidigen und schikanieren Gäste mit geringem Selbstvertrauen und zwingen sie zur Unterwerfung und Nachgiebigkeit. Infolgedessen wird dem Publikum vorgegaukelt, dass der Gastgeber mit seinen Ansichten richtig lag und der Gast im Unrecht war.

Menschen mit geringem Selbstvertrauen werden auch von Verwirrungstaktiken getroffen. Die Moderatoren von Nachrichtensendungen verwirren absichtlich ein Argument und bestehen darauf, dass ihre Logik richtig ist. Diejenigen, die anderer Meinung sind, werden als zu dumm zum Verstehen oder fanatisch abgestempelt. Die gewöhnlichen Zuschauer, die nicht immer in der Lage sind, unabhängig zu denken, glauben, dass der Moderator einen ausgeklügelten Denkprozess anwendet, wodurch er auf ein hohes Podest gestellt wird.

Ablenkung

Beim Ablenkungsmanöver wechselt der Moderator oder Kommentator mitten in einer hitzigen Diskussion vorhersehbar, aber plötzlich zu einem anderen verwandten oder nicht verwandten Thema, um sich der Verantwortung zu entziehen. Eine der häufigsten Methoden zur Ablenkung ist *Lassen Sie uns weitermachen*. Wenn die gegnerische Person die Diskussion wieder auf das vorherige Thema zurückführen will, wird sie als Ablenker bezeichnet, was im Grunde genommen eine Ablenkungs-/Projektionstaktik darstellt.

Bildung und Intellektualität werden verspottet

Heutzutage ist die Missachtung und Verhöhnung von Bildung und Intellektualismus eine Form der medienbezogenen Gehirnwäsche-Taktik. Die Presse behauptet, dass höhere Bildung elitär ist und nicht als glaubwürdig angesehen werden sollte, um Urteile und Meinungen zu fällen. Menschen mit einem Hochschulabschluss werden daher verspottet und herabgewürdigt. Intellektuelle sind oft die Zielscheibe abfälliger Bemerkungen und werden als staatsfeindlich angesehen.

Sättigung

Die Sättigung der Medien setzt sich aus drei Komponenten zusammen:

- Wiederholung

- Beständigkeit

- Allgegenwärtigkeit

Der Zweck dieser drei Komponenten ist, dass die beabsichtigte Botschaft konsequent und überall wiederholt wird. Sättigung bedeutet, dass die Botschaft immer wieder von allen Kommentatoren, Nachrichtensprechern und Nachrichtensendern wiederholt wird. Sie muss wiederholt verbreitet werden. So wurde zum Beispiel die Botschaft, dass Saddam Massenvernichtungswaffen hat, unablässig wiederholt, um den Irakkrieg zu rechtfertigen. Die Sättigung durch Wiederholung führt leider dazu, dass die Zuschauer glauben, dass die Botschaft wahr ist, auch wenn es keinen Funken Wahrhaftigkeit oder handfeste Belege für sie gibt.

Durch Assoziation schuldig gesprochen

Viele Moderatoren hoch angesehener Nachrichtensender und Pressehäuser wenden diese Taktik an, wobei viele gutgläubige Menschen in die Falle getappt sind und ihre Karrieren und ihr Privatleben weitgehend verloren haben. Bei dieser Taktik wird die Zielperson mit einem Beschuldigten oder einer Person in Verbindung gebracht, die in dem betreffenden Thema als negativ angesehen wird.

Die Verbindung muss gar nicht so eng sein. Sie könnte so weit hergeholt sein wie ein altes Foto, auf dem die Zielperson vor langer Zeit bei einem Abendessen oder einer anderen formellen Veranstaltung zu sehen war oder in Verbindung mit etwas völlig anderem als dem aktuellen Kontext. Aber das Foto, auf dem der arme Mann oder die arme Frau im selben Rahmen wie der aktuelle Bösewicht steht, reicht aus, um ihn als schuldig zu bezeichnen.

Obwohl es die Aufgabe der Medien ist, genau zu berichten und die Öffentlichkeit über alle Geschehnisse zu informieren, um die unverfälschte Wahrheit zu verbreiten und im besten Interesse der Öffentlichkeit zu handeln, bedienen sie sich leider oft der Taktik der Gehirnwäsche und der Gedankenkontrolle für eigennützige Zwecke. Deshalb ist es sehr wichtig, dass wir lernen, wie wir eine Gehirnwäsche durch die Medien vermeiden können. Es folgen einige Tipps.

Wie Sie eine Gehirnwäsche durch die Medien vermeiden können

Es ist leicht zu sagen: Um eine Gehirnwäsche zu vermeiden, halten Sie sich von Gehirnwäschern fern. Nun, das ist leichter gesagt als getan in der heutigen Zeit, in der Informationen von allen Seiten auf Sie einprasseln. Wie soll man zum Beispiel Werbekampagnen und Werbespots vermeiden, wenn sie überall in Ihrer realen und virtuellen Welt zu finden sind?

Wenn Sie sich für einen Fernseh- oder Streaming-Anbieter ohne Werbekampagnen entscheiden, sind die Optionen unerschwinglich geworden. Die beste Lösung ist daher, zu vermeiden, was Sie können, und klug abzuwägen, was Sie nicht vermeiden können. Hier sind einige Tipps, die Ihnen helfen, ein vernünftiges Gleichgewicht zu erreichen:

- Zunächst einmal sollten Sie Ihr Bewusstsein für die Manipulation der Medien schärfen, damit Sie solche Botschaften und Kampagnen leicht erkennen können.

- Sobald Sie eine solche Botschaft erkannt haben, werden Sie sich zu dem Autor oder Sprecher hingezogen fühlen oder ihm gegenüber skeptisch sein. Um dies auszugleichen, suchen Sie nach Artikeln, Nachrichten und anderen Informationen, die dieser Haltung entgegenstehen. Was Sie finden, muss nicht manipulativ sein. Es kann einfach eine neutrale Nachricht sein, die sich objektiv gegen die identifizierte Nachricht oder Botschaft richtet. Wenn Sie dies lesen oder sehen, wird sich Ihr Denkprozess einpendeln, und es wird Ihnen leichtfallen, nicht auf solche Kampagnen hereinzufallen.

- Suchen Sie außerdem verschiedene Quellen für die betreffenden Nachrichten, vergleichen, stellen Sie sie einander gegenüber und analysieren Sie sie, anstatt auf Ihre Gefühle hereinzufallen.

Treffen Sie dann Ihre Entscheidung.

Meistens werden Gehirnwäsche-Techniken bei Menschen eingesetzt, die in Isolation leben oder keinen Zugang zu allen Informationen haben. Je mehr Sie die Gehirnwäsche-Botschaften hören, ohne Alternativen zu betrachten, desto mehr werden Sie in ihren Sumpf hineingezogen. Informieren Sie sich daher über mehrere Informationsquellen aus unterschiedlichen Spektren von Nachrichtenkanälen, anstatt sich auf eine einzige Quelle zu beschränken, die Ihnen vertraut ist.

Kapitel 6: Psychologische Kriegsführung in Beziehungen

Die Taktiken der psychologischen Kriegsführung beschränken sich nicht auf den öffentlichen Bereich, sondern sind auch in zwischenmenschlichen Beziehungen weit verbreitet, sowohl auf persönlicher als auch auf beruflicher Ebene. Gaslighter, Narzissten, Psychopathen und Manipulanten sind allgegenwärtig. Sie schrecken nicht davor zurück, ihre Opfer auszubeuten, um ihre Ziele und Wünsche zu erreichen, und gehen dabei oft bis zum Äußersten, egal was passiert. Schauen wir uns an, wie psychologische Kriegsführung ihren Weg in verschiedene Beziehungen findet.

Die Taktiken der psychologischen Kriegsführung beschränken sich nicht auf den öffentlichen Bereich, sondern sind auch in zwischenmenschlichen Beziehungen weit verbreitet, sowohl auf persönlicher als auch auf beruflicher Ebene.

Psychologische Kriegsführung am Arbeitsplatz

Psychologische Manipulationen sind an fast allen Arbeitsplätzen und über alle Hierarchiestrukturen und -ebenen hinweg weit verbreitet. Diese Menschen sind ständig auf der Suche nach Opfern, die ihnen helfen, ihre Ziele und Ambitionen zu erreichen. Das Schlimmste daran ist, dass Manipulanten in Ihrem persönlichen Leben nicht leicht zu erkennen sind.

Einige könnten Menschen sein, von denen Sie glauben, dass sie Ihre wahren Freunde sind, die Sie und Ihre Arbeit loben, die Sie unterstützen, die über Ihre Witze lachen, usw. Genau diese Menschen, die hinter Ihrem Rücken versuchen könnten, Sie in Schwierigkeiten zu bringen, werden häufig von ihren persönlichen Bedürfnissen und Wünschen angetrieben.

Was solche Menschen noch gefährlicher macht als ihr scheinbar harmloses Äußeres, ist ihre Fähigkeit, jede Situation so zu manipulieren, dass Sie negativ erscheinen und sie vor Ihren Kollegen, Teamkollegen, Vorgesetzten und manchmal sogar vor Ihren Untergebenen sehr gut dastehen.

Diese Manipulanten haben wenig zu verlieren und setzen alles daran, Sie, Ihre Gefühle und Ihr gesamtes Berufsleben zu kontrollieren. Schauen wir uns einige der grassierenden Manipulationstaktiken in beruflichen Szenarien an.

- **Zunächst bauen sie Ihr Vertrauen auf** - Gaslighter und Manipulanten beginnen ihre Beziehung zu Ihnen fast immer mit Schmeicheleien, die für Sie leider echt klingen. Sie benehmen sich und reden so, als wären Sie die klügste Person im Raum oder im Team. Sie werden Ihnen jede Menge Komplimente machen, um Sie zu ködern.

  Denken Sie daran, dass es sehr leicht ist, auf Schmeicheleien hereinzufallen. Es ist jedoch sicherer, auf dem Boden der Tatsachen zu bleiben und nicht in die Falle der Schmeichelei zu tappen. Manipulanten verwenden in der Regel verführerische Worte, um ihre Opfer in den ersten Tagen Ihrer Interaktion mit ihnen in die Falle zu locken. Oft folgen auf diese süßen Worte einige Arbeiten, die sie aufgeschoben haben. Solche Annäherungen sind in der Regel Ihre ersten Warnzeichen.

- **Sie erschüttern Ihre Realität** - Ein Manipulant ist darin brillant. Er wird alles, was Sie sagen, auf den Kopf stellen. Wenn Sie ihn auf einen Fehler in seinem Verhalten hinweisen, wird er Ihnen selbstbewusst erklären, dass Sie sich das, was Sie gesagt haben, nur eingebildet haben. Er wird Ihre Realität so sehr verändern, dass Sie anfangen zu glauben, Sie würden verrückt werden und alles, was Sie sehen, sei nur Teil Ihrer wilden Fantasie.

• **Sie sind großartig darin, ihre eigenen Schwächen auf Sie zu übertragen** - Diese Taktik wird technisch als Projektion bezeichnet. Es bedeutet, dass alle Fehler des Manipulanten als die Ihren dargestellt werden. Narzissten und Psychopathen werden sich umdrehen und ihr schlechtes Verhalten und ihre falschen Handlungen erklären, indem sie die Verantwortung auf Sie abwälzen. Sie könnten zum Beispiel sagen: „Ich hätte es viel besser hinbekommen, wenn Sie mir ein besseres Projekt gegeben hätten. Sie sind ein schlechter Manager."

• **Sie schweifen irrelevant ab** - Manipulanten haben die erstaunliche Fähigkeit, ein Gespräch oder ein Argument in eine völlig andere Dimension abzulenken. Diese Ablenkungstaktik dient dazu, Sie zu verwirren und zu frustrieren. Sie werden eine Meinung zu einer Angelegenheit vertreten, die für das diskutierte Thema völlig irrelevant ist, nur um sich selbst besser darzustellen als Sie.

• **Er wird Sie ködern und dann die Opferkarte ausspielen** - Stellen Sie sich diese Situation vor. Ihr toxischer Chef hat Sie im Morgengrauen angerufen und nach Ihrem Monatsbericht gefragt, und zwar nicht einmal, nicht zweimal, sondern mehrfach. Sie haben ihm bereits (ebenfalls mehrfach) gesagt, dass er fast fertig ist und dass Sie ihn ihm schicken werden, sobald Sie im Büro sind. Übrigens ist die Frist für den Bericht erst am nächsten Tag. Sie haben also noch reichlich Zeit.

Als Sie nun das Büro betreten, erwartet er Sie am Aufzug und das erste, was er sagt, wenn er Sie sieht, ist: „Wann schicken Sie den Monatsbericht ab?" Es ist ganz normal, dass Sie die Fassung verlieren und ihn vor allen Leuten anschreien. Er wird innerlich lächeln (weil er weiß, dass sein Trick funktioniert hat), und äußerlich wird er sagen: „Warum schreien Sie? Ich habe doch nur gefragt!" Das Endergebnis ist, dass alle denken, Sie hätten die Kontrolle verloren und er sei das Opfer. In Wirklichkeit ist genau das Gegenteil der Fall. Diese Technik nennt man das

Opfer ködern und ausspielen.

- **Sie werden Sie ständig herabsetzen und niemals schätzen** - Ihre Meinung ist unwichtig und um Sie davon abzuhalten, etwas zu sagen, werden sie Sie und Ihre Meinung auf eine sehr herabsetzende Art und Weise abstempeln, die oft auf Irrationalität beruht. Sie halten sich von der Logik fern und verwenden einen Deckmantel der Irrationalität, um alles in einen verwirrenden Schleier zu hüllen.

Manipulanten werden Sie niemals zu schätzen wissen. Egal, was Sie tun, sie werden immer etwas finden, was Sie noch tun sollen. Um Ihnen ein hyperbolisches Beispiel zu geben: Wenn Sie ein großartiger Tänzer sind, könnte ihre Frage lauten: „Können Sie mit dem Tanzen auch mathematische Aufgaben lösen? Wenn nein, dann gibt es nichts zu schätzen!" Es ist unmöglich, Narzissten und Manipulanten zu befriedigen, weil sie nicht zufriedengestellt werden wollen. Mit anderen zufrieden zu sein, übersteigt den eigentlichen Zweck ihrer Existenz.

- **Sie unterschätzen Ihre Errungenschaften** - Dies ist eines der letzten Dinge, die sie tun, um Sie vollständig zu kontrollieren. Zuerst überhäufen sie Sie mit Komplimenten und geben Ihnen das Gefühl, Sie seien der Beste auf der Welt. Dann fangen sie langsam an, an sich selbst zu zweifeln. Schon bald wird es ihnen gelingen, Sie von Ihren eigenen Gedanken und Ideen so weit zu entfremden, dass Sie anfangen, Ihr Selbstvertrauen von der Meinung der anderen abhängig zu machen.

Das ist der Zeitpunkt, an dem sie Ihnen den letzten Schlag versetzen, indem sie Ihre Leistungen ständig unterbewerten. Sie werden Dritte einbeziehen (vor allem diejenigen, die einen Vorteil daraus ziehen, wenn Sie scheitern) und darauf hinarbeiten, Sie vollständig zu zerstören. An Ihrem Arbeitsplatz werden Sie bald feststellen, dass viele Kollegen und Chefs (die Ihre Arbeit anfangs mochten) Sie nicht mehr zu schätzen wissen. Ihre Selbstzweifel werden neue Ausmaße annehmen.

Der Wunsch, das Unternehmen zu verlassen, wird nun so groß sein, dass Sie vielleicht ohne nachzudenken kündigen. Somit haben die anderen den endgültigen Sieg errungen!

Psychologische Kriegsführung in romantischen Beziehungen

Paare und romantische Beziehungen sind an sich schon sehr schwierig zu lesen, einzuschätzen, zu verstehen und zu kategorisieren. Jede romantische Beziehung ist einzigartig. Wenn Sie dann noch psychologische Kriegsführung hinzufügen, haben Sie ein chaotisches Gemisch, das einschüchternd, verwirrend und frustrierend sein kann.

Trotz dieser Schwierigkeiten und Herausforderungen müssen Sie Manipulanten, die Sie in romantischen Beziehungen ausnutzen, verstehen, sich vor ihnen in Acht nehmen und Wege finden, sich vor dem Schaden zu schützen, den sie anrichten können. Der beste Weg, dies zu lernen, ist zu verstehen, wie Liebe und Romantik dazu benutzt werden, manipulatives Verhalten zu verbergen. Lassen Sie uns einen Blick auf die verschiedenen Arten werfen, wie Liebe getarnt wird, um Sie zu täuschen und zu schikanieren.

Schuldgefühle

Hier ist ein klassisches Beispiel. Angenommen, Jane hat den ganzen Samstagmorgen damit verbracht, das Lieblingsessen ihres Partners zu kochen. Sie setzen sich zum Essen hin. Ihr Partner probiert alle Gerichte auf dem Tisch und sagt: „Das Essen ist gut. Aber es hätte viel besser werden können, wenn du dich nur genau an das Rezept gehalten hättest. Du weißt, dass es egal ist, wie das Essen gelingt, oder? Denn ich liebe dich trotzdem!"

Die Kritik am Essen wird durch das ich liebe dich schön abgefedert. Das mach Jane natürlich Schuldgefühle. Die harte Arbeit, die sie für ihn geleistet hat, gerät in Vergessenheit, und stattdessen fühlt sich Jane unzulänglich, weil sie seine Erwartungen nicht erfüllen kann. Hüten Sie sich vor solchen Schuldgefühlen, die Ihnen aufgedrängt werden könnten. Es handelt sich um eine einfache, aber mächtige Manipulationstaktik, die als Liebe getarnt ist!

Es ist immer ihre Entscheidung

Manipulante Partner haben in der Regel sehr starke, dominante Persönlichkeiten. Sie genießen es, über andere zu herrschen und werden von einem starken Drang angetrieben, Sie dazu zu bringen, das zu tun, was sie wollen. Hier sind einige Beispiele:

Susan legte immer die Kleidung heraus, die ihr Mann jeden Tag im Büro tragen sollte. In den ersten Tagen fand ihr Mann ihr Verhalten sehr liebenswert. Aber als er seine Meinung äußern wollte, ließ sie ihn einfach abblitzen, und da wurde ihm klar, dass dies nicht aus Liebe geschah, sondern als Tarnung für manipulatives Verhalten. Das Schlimmste aber war, dass sie, wenn er ihren Wünschen nicht nachkam, tobte und schimpfte und ihn nicht in Ruhe ließ. Sie konnte sogar so weit gehen, dass sie die Kleidung, die er tragen wollte, zerriss.

Bald merkte er, dass alles für ihn entschieden wurde und er kein Mitspracherecht in seinem Leben hatte, angefangen bei der einfachen Kleiderwahl bis hin zu der Frage, wo und wann er sein Geld anlegen sollte. Obwohl diese Taktik gefährlich ist, ist sie nicht verdeckt und daher sehr leicht zu erkennen. Wenn Sie dieses Verhalten beobachten, sollten Sie auf der Hut sein und sich vor solchen Leuten schützen. Verschließen Sie nicht die Augen vor diesen Warnsignalen. Wenn Sie das tun, wird es für Sie und Ihre Beziehung katastrophal sein.

Isolation von Ihrer Familie und Ihren Freunden

Hier sind einige leicht nachvollziehbare Beispiele für diese Taktik:

- Ihre Mutter hat Sie zum Abendessen eingeladen, und Ihr Partner weiß davon. Aber er vergisst es bequemerweise und bucht eine romantische Verabredung zum Abendessen, die mit dieser Einladung kollidiert, so dass Sie sich entscheiden müssen, zu welcher Verabredung Sie gehen möchten.

- Sie haben sich mit Ihren Freunden zu einem Wochenendausflug verabredet. Ihr Partner macht jedoch ein langes Gesicht und sagt, er wolle etwas Zeit mit Ihnen verbringen!

- Sie telefonieren gerade mit einem Freund und Ihr Partner fordert Sie mit einer Geste auf, das Telefon wegzulegen, weil er in diesem Moment mit Ihnen etwas unternehmen möchte!

Nehmen wir an, ein solches Verhalten wird in unangemessener Häufigkeit wiederholt. In diesem Fall versucht Ihr Partner wahrscheinlich, Sie von Ihrer Familie und Ihren Freunden zu isolieren, um mehr Kontrolle über Sie zu haben.

Das Ausnutzen Ihrer Schwäche

Romantische Beziehungen sind oft sehr intim. In solch intimen Situationen ist es nur natürlich, dass wir unsere Schwächen miteinander teilen. Schließlich gibt es niemanden auf dieser Welt ohne Schwächen.

Das Teilen von Geheimnissen und Schwächen ist ein organischer Weg, um eine starke, kraftvolle Beziehung aufzubauen.

Bei manipulativen Partnern nimmt dieses Teilen von Schwächen eine böse Wendung. Sie sind wie Raubtiere, die nur darauf warten, sich auf ihre Beute zu stürzen. Sie werden Ihre Schwäche gegen Sie verwenden und Sie bis aufs Äußerste ausnutzen.

Sie werden zum Beispiel nicht zögern, Ihre emotionale Schwäche in jeder Situation zu ihrem Vorteil zu nutzen. Angenommen, Sie brechen während eines Streits mit Ihrem Partner zusammen. Dann könnte seine Antwort lauten: „Jetzt weinst du. Das machst du doch immer so, oder? Du benutzt Tränen, um deinen Willen zu bekommen!" Und das Schlimmste daran ist, dass diese Ausbeutung nicht unter vier Augen stattfinden muss. Es könnte sehr wahrscheinlich vor anderen geschehen, die keine Ahnung von Ihren Schwächen haben.

Das Ausspielen der Opferkarte

Die Opferkarte ist eine der häufigsten manipulativen Verhaltenstaktiken, die in der psychologischen Kriegsführung in verschiedenen gesellschaftlichen Bereichen eingesetzt wird. Auch in romantischen Beziehungen ist diese Taktik häufig anzutreffen. Der Manipulant versteht es hervorragend, dominant und kontrollierend zu sein und gleichzeitig das Opfer zu spielen. Sie sind in beiden Taktiken sehr geschickt.

Wenn Sie zum Beispiel die dominante Persönlichkeit Ihres Partners erkennen und in bestimmten Angelegenheiten ein Machtwort sprechen, wird er sofort dazu übergehen, die Opferkarte zu spielen und Sie damit überrumpeln. Er wird wahrscheinlich die folgenden Worte benutzen:

- Oh! Ich bin immer so eine Enttäuschung für dich.

- Warum kann ich nie etwas richtig machen?

- Ich bin so ein Versager!

Diese selbstmitleidige Opferhaltung bringt Ihr Herz zum Schmelzen und Sie geben dem nach, was Sie bis vor wenigen Sekunden noch vehement abgelehnt haben. Denken Sie in solchen Momenten daran, dass die Opferkarte eines der mächtigsten Mittel der psychologischen Kriegsführung in romantischen Beziehungen ist. Hüten Sie sich vor ihr.

Schnelles Handeln

Manipulative Partner neigen dazu, sich in einer Beziehung sehr schnell zu verhalten. In der Tat kann ihr Tempo Ihnen Unbehagen bereiten.

Zum Beispiel sagen sie vielleicht schon sehr früh in der Beziehung ich liebe dich. Außerdem sagen sie es mit einer solchen Intensität, dass Sie sich gezwungen fühlen, es zu erwidern.

Es kann sein, dass er schon nach ein paar Monaten will, dass Sie zusammenziehen, und dann macht er Ihnen einen Heiratsantrag und möchte, dass Sie ihn bald heiraten. Das kann überwältigend sein, und dieses Gefühl ist ein Warnzeichen. Ignorieren Sie es nicht, vor allem, wenn Sie wissen, dass Sie mit Ihrem Partner nicht auf einer Wellenlänge sind.

Manipulative Partner neigen dazu, mithilfe von Liebe zu versuchen, Sie dazu zu bringen, Dinge zu akzeptieren, die Ihnen unangenehm sind. Es ist wichtig, dass Sie sich dessen bewusst sind, Ihren Standpunkt vertreten und Ihre Meinung sagen, ohne sich schuldig zu fühlen.

Die Schweigebehandlung

Eine der häufigsten Reaktionen von Verleumdern und Manipulanten in romantischen Beziehungen ist die Schweigebehandlung. Behandelt Sie Ihr Partner oder Ehepartner mit tagelangem Schweigen, wenn Sie sich gestritten haben oder wenn Sie die Dinge nicht so machen, wie er oder sie will? Wenn diese Schweigebehandlung häufig vorkommt, könnten Sie es mit manipulativem Verhalten zu tun haben. Am wichtigsten ist es, wie diese stillen Episoden enden? Nur wenn Sie den Forderungen Ihres Partners nachgeben? Wenn ja, gibt es kaum einen Zweifel daran, dass Sie es mit einer Person zu tun haben, die Sie unter Druck setzt. Fragen Sie sich, ob es sich um Liebe handelt oder ob Ihr Partner Sie absichtlich verletzen möchte. Die Schweigebehandlung kann sich zu einer Taktik des Hinhaltens ausweiten. Das ist ein Schritt weiter als die Schweigebehandlung, bei der Ihr Partner sich hartnäckig weigert, selbst in Ihren schwächsten und verletzlichsten Momenten mit Ihnen zu sprechen. Ausflüchte sind ein Signal, das Ihnen sagt, dass Sie oder Ihre Gefühle Ihrem Partner nicht wichtig sind. Diese Technik kann eine gewalttätige Wendung nehmen, wenn die Person Aggressionen einsetzt, um Sie davon abzuhalten, Ihre Sichtweise zu äußern. Sowohl Schweigebehandlung als auch Hinhalten werden häufig bei romantischen Manipulationen eingesetzt.

Ständige Schuldzuweisungen

Wenn Sie feststellen, dass Ihr Partner Ihnen ständig Vorwürfe macht, ist das ein Zeichen für romantische Manipulation. Wenn Sie zum Beispiel ein nettes Überraschungsdate planen, wird Ihr Partner sich beschweren, weil Sie ihn nicht vorher informiert haben. Er wird während des gesamten Dates ein langes Gesicht machen und sich so sehr beschweren, dass es in einem ausgewachsenen Streit enden könnte. Wenn Sie versuchen, ihn auf seine Fehler hinzuweisen, wird er sich gegen Sie wenden und sagen, dass das alles nur passiert ist, weil Ihr Überraschungsdate nicht gut war, weil Sie ein Restaurant gewählt haben, das er nicht mag.

Wenn Sie fragen, wohin er oder sie bei einem Date gehen möchte, wird er oder sie sagen, dass Sie nicht in der Lage sind, irgendetwas alleine zu erledigen. Auch hier ist die Wahrscheinlichkeit eines heftigen Streits groß, und am Ende werden Sie gar kein Date haben. Die Schuld wird immer bei Ihnen liegen, und man wird Ihnen vorwerfen, dass Sie nicht in der Lage sind, irgendetwas alleine zu planen!

Lovebombing

Lovebombing ist der Grund, warum es schwierig ist, Manipulanten von echter Liebe zu unterscheiden. Ein manipulativer Partner kann sehr liebevoll und anhänglich sein, so dass es für den anderen Partner sehr schwierig ist, die List der von Liebe geprägten Manipulation zu durchschauen. Hier ist eine einfache, aber wirkungsvolle Erklärung für das Phänomen des Lovebombing. Der Name sagt schon alles. Die Liebesepisoden sind wie Bomben. Sie explodieren laut, sorgen für eine kurze Zeit für ein großes Spektakel und dann bleibt nichts als Schutt übrig. Das Gleiche passiert beim Lovebombing. Der manipulative Partner macht große romantische Gesten, so sehr, dass Sie sich berauscht und glücklich fühlen. Und sobald Sie anfangen, in diesen romantischen Gefühlen zu schwelgen, wird er sie zügeln, und Sie werden mit einem verwirrenden Durcheinander von Gedanken in Ihrem Herzen und Ihrem Verstand zurückgelassen. Der plötzliche, unerklärliche Rückzug des Manipulanten endet abrupt und lässt Sie erschüttert zurück. Gerade wenn Sie über diese schrecklichen Gefühle hinwegkommen, wird eine weitere Runde Lovebombing stattfinden, und zwar wieder mit großen romantischen Gesten. Und so geht es weiter. Manipulanten setzen Lovebombing in romantischen Beziehungen ein, um Sie von ihrer Zuneigung abhängig zu machen.

Gewaltsame und flüchtige körperliche Intimität

Es besteht kein Zweifel, dass Sex ein wichtiger Aspekt romantischer Beziehungen ist. Manipulative Partner zögern nicht, dies als Kontrollinstrument einzusetzen. So kann zum Beispiel während des Lovebombing auch Sex toll sein. Intimität als Strafmaßnahme vorzuenthalten ist jedoch eine manipulative Taktik. Alternativ könnte Ihr Partner sich dafür entscheiden, nur dann Sex mit Ihnen zu haben, wenn er es wünscht und, schlimmer noch, an Tagen, an denen Sie es überhaupt nicht wünschen.

Wenn Sie viele der oben genannten Anzeichen und Symptome bemerken, dann sollten Sie sich darüber im Klaren sein, dass Sie es mit einem romantischen Manipulanten zu tun haben könnten. Es ist unerlässlich, dass Sie in Ihrer Beziehung feste Grenzen setzen. Wenn Ihr Partner sich weigert, diese gesunden Grenzen zu akzeptieren, ist es vielleicht an der Zeit, Ihren Standpunkt in der Beziehung zu überdenken.

Hier sind einige Beispiele, die Ihnen helfen werden, zwischen einem Gespräch mit einem normalen Partner und einem Manipulanten zu unterscheiden.

Ein ehrlicher, nicht-manipulativer Partner wird sagen: „Es würde Spaß machen, heute Abend ins Kino zu gehen. Was sagst du dazu?"

Ein manipulativer Partner wird dasselbe sagen, aber in etwa so: „Wenn du mich wirklich magst und liebst, dann gehst du heute Abend mit mir ins Kino."

Ein nicht-manipulativer Partner würde in Bezug auf Kinder etwas sagen wie: „Lass mich wissen, ob du die Kinder heute nach der Schule abholen kannst."

Ein manipulativer Partner würde das Gleiche anders machen. „Wenn du die Kinder heute nach der Schule nicht abholen kannst, dann bedeutet das, dass du dich nicht genug um sie kümmerst."

Ein ehrlicher Ansatz für ein bevorstehendes Gespräch wäre: „Ich möchte etwas mit dir besprechen. Sag mir Bescheid, wenn es für dich ein guter Zeitpunkt ist."

Ein manipulativer Partner oder Ehepartner würde sagen: „Ich möchte etwas mit dir besprechen. Aber du scheinst überhaupt keine Zeit für mich zu haben."

Psychologische Kriegsführung in Freundschaften

Manipulationen in Freundschaften sind schwieriger zu erkennen, weil Freundschaften im Vergleich zu romantischen Beziehungen länger brauchen, um sich zu etablieren. Romantische Manipulationen scheinen natürlicher und leichter akzeptabel zu sein als Manipulationen durch den besten Freund. Aus diesem Grund ist es schwieriger zu akzeptieren, dass Ihr bester Freund Sie manipuliert, als dass Ihr romantischer Partner dies tut.

Dennoch kommt Manipulation in einer Freundschaft oft genug vor, so dass Sie sich vor Warnsignalen in Acht nehmen und darauf achten sollten, dass Sie sich nicht in ihrem Sumpf verlieren. Hier sind einige häufige Anzeichen für Manipulationen, auf die Sie in Freundschaften achten sollten.

- **Passive Aggression** - Manipulante Freunde neigen dazu, passiv-aggressiv zu sein. Sie gehen Konfrontationen aus dem Weg und zeigen ihren Unmut meist über einen gemeinsamen Freund. Ein Beispiel: Ein gemeinsamer Freund könnte zu Ihnen kommen und sagen: „Sie sollten wissen, dass Brian im Moment nicht sehr glücklich mit Ihnen ist. Ich denke, es ist das Beste, mit ihm zu sprechen und das Problem zu klären."

  Diese Manipulationstaktik sorgt dafür, dass Sie die Verantwortung für die Wiedergutmachung übernehmen. Der Grund für diese Manipulation ist, dass diese Person weiß, dass Sie sich loyal zu ihm verhalten, dass Sie ihn als Ihren besten Freund betrachten und dass Sie sich schuldig fühlen und deshalb den Schritt machen werden, den er von Ihnen verlangt. Hüten Sie sich vor solchen Nachrichten, die Sie von gemeinsamen Freunden erhalten.

- **Sie sind schlechte Zuhörer** - Wenn Sie sich die Zeit nehmen, es zu bemerken, werden Sie feststellen, dass sich jedes Gespräch, das Sie führen, immer um den anderen dreht und nie um Sie. Sobald es Ihnen gelingt, das Gespräch auf Sie und Ihre Bedürfnisse zu lenken, haben Sie das Gefühl, dass Ihr Freund nicht zuhört.

  Manchmal schweift er oder sie in Gedanken ab oder tut so, als würde man Ihnen zuhören, während er oder sie auf das Handy schaut. Oft brechen sie das Gespräch abrupt ab, um Ihnen etwas zu erzählen, das nichts mit Ihnen zu tun hat. Unabhängig davon, wie sie es tun, ist die Botschaft klar. Was Sie sagen, ist für die Person überhaupt nicht wichtig.

- **Sie wollen viele Gefallen von Ihnen** - Sie bitten Sie nicht unbedingt um Gefallen, weil sie diese Gefallen brauchen, sondern um zu prüfen, wie weit Sie gehen würden, um ihre

Bedürfnisse zu erfüllen. Freunden in Not zu helfen, ist eine gute Sache. Wenn dieses Verhalten jedoch mit einem der anderen hier genannten Anzeichen kombiniert wird, ist das ein Warnsignal.

- **Sie wollen immer die Kontrolle haben** - Sie hassen es, in Situationen zu sein, in denen sie keine Kontrolle haben. Sie hassen es zum Beispiel, auf Partys außerhalb ihrer Komfort- und Kontrollzone zu gehen. Wenn Ihr Partner also immer darauf besteht, Sie bei sich zu Hause zu treffen und Wege zu finden, um zu vermeiden, an Orte zu gehen, die er nicht kennt, dann könnte das ein Warnzeichen für Sie sein. Er besteht darauf, Sie zu kontrollieren, indem er Sie immer wieder aus Ihrer Komfortzone herausholt. Dieses Verhalten ist ein klassisches Beispiel dafür, dass er immer der mächtigere Partner sein will.

Das Schlimmste an diesem kontrollierenden Verhalten ist, dass sie sehr defensiv werden, wenn Sie versuchen, ihm einen Spiegel vorzuhalten und sich selbst als das zu sehen, was sie sind. Sie weigern sich, sich Ihren Standpunkt anzuhören. Sie verwenden möglicherweise Emotionen, um Sie von dem Problem abzulenken. Sie geben Ihnen vielleicht die Schuld für ein Ereignis oder eine Situation, die nichts mit dem Problem zu tun haben, und finden seltsame Wege, um die aktuelle Situation damit in Verbindung zu bringen. Wenn Sie bemerken, dass Ihr Standpunkt überhaupt nicht berücksichtigt wird, dann sollten Sie in Erwägung ziehen, dass Sie ein Opfer von Manipulation sein könnten.

Wenn eines, einige oder alle der oben genannten Anzeichen Sie beunruhigen, dann sollten Sie sich zunächst mit Ihrem Partner zusammensetzen und ein klärendes Gespräch mit ihm führen. Sollte das nicht funktionieren, dann ist es vielleicht an der Zeit, sich von ihm oder ihr zu verabschieden. Sich von Manipulationen fernzuhalten ist ein Schlüsselelement der Selbstfürsorge. Je mehr Sie sich um sich selbst kümmern, desto mehr können Sie den Menschen in Ihrem Leben, die es verdienen, Wertschätzung entgegenbringen.

Psychologische Kriegsführung in Familienbeziehungen

Manipulationen in der Familie sind vielleicht die schlimmsten ihrer Art, wenn man bedenkt, dass Sie von den Menschen manipuliert werden, denen Sie sich am nächsten fühlen. Das ist in der Tat eine bittere Pille, die Sie schlucken müssen. Manipulation in einer dysfunktionalen Familie ist viel schwieriger zu bewältigen als Manipulation in romantischen Beziehungen, Freundschaften und am Arbeitsplatz. Schließlich ist es viel einfacher, sich von einem manipulativen Kollegen fernzuhalten als von Ihrer Mutter oder Ihrem Vater.

Leider müssen Sie bedenken, dass, nur weil jemand eng mit Ihnen verwandt ist, dies nicht bedeutet, dass er Ihr bestes Interesse im Sinn hat. Familienmitglieder können genauso manipulativ sein wie Kollegen, Chefs, Liebhaber oder Freunde. Sie müssen also lernen, die Anzeichen zu erkennen und sich selbst helfen, damit umzugehen.

Die Schweigebehandlung

Diese Taktik wird in allen Bereichen angewandt und ist in Familiensituationen am schmerzhaftesten zu handhaben. Verwechseln Sie die Schweigebehandlung nicht mit der Zeit, die man sich nimmt, um seine Gedanken zu sammeln, um eine Eskalation der Situation zu verhindern. Von Schweigebehandlung spricht man, wenn das Familienmitglied sich bewusst dafür entscheidet, Sie und Ihre Wünsche zu ignorieren.

Ein klassisches Beispiel ist das eines narzisstischen Elternteils, der versucht, das Kind zu manipulieren. Das arme Kind gibt sich alle Mühe, nett zu sein und sich mit dem Elternteil zu unterhalten. Aber der tyrannische Elternteil ignoriert es. Diese Vorgehensweise macht das Kind extrem verletzlich, was wiederum zu Angst und Unsicherheit führt. Das Kind hat kaum eine andere Wahl, als den Forderungen des Elternteils nachzugeben, was dazu führt, dass es kontrolliert und gemobbt wird.

Ein anderes Beispiel ist dieses. Nehmen wir an, Sie und Ihr Partner streiten über die Anzahl der Kinder, die Sie haben möchten. Sie möchten nur ein Kind und Ihr Partner möchte ein weiteres Kind. Ihr Partner behandelt Sie deswegen stur mit Schweigen und lässt keinen Raum für ein rationales Gespräch. Das ist seine Art, Sie zu kontrollieren und die Dinge auf seine Weise zu regeln.

Die Weigerung, in einem familiären Umfeld zu kommunizieren, führt dazu, dass das Opfer zu betteln und zu weinen bereit ist, damit der Manipulant redet. Der Manipulant schafft ein ungleiches Spielfeld und drängt Sie in die Defensive, so dass Sie sich so reumütig fühlen, dass Sie seinen Forderungen nachgeben, nur um die normale Kommunikation wieder aufzunehmen.

Eine toxische Kommunikationslücke ist ein deutliches Warnsignal, dass Sie es zu Hause mit einem Manipulanten zu tun haben könnten.

Die Opferkarte ausspielen

Diese Taktik funktioniert bei familienbezogenen Manipulanten einwandfrei. Menschen, die diese Taktik beherrschen, können nicht besiegt werden. Es ist anstrengend, mit Familienmitgliedern zu tun zu haben, die ständig die Opferkarte ausspielen. Ganz gleich, was Sie sagen oder wie Sie es sagen, die emotionale Manipulationsfähigkeit dieser Menschen gibt Ihnen das Gefühl, dass Sie sie ohne Sinn und Verstand angreifen, und provoziert so das Mitleid der anderen in Ihrer Umgebung.

Nehmen wir ein Beispiel für eine Vater-Sohn-Beziehung in einer dysfunktionalen Familie. Nehmen wir an, der Vater betritt das Zimmer seines Sohnes, dringt in die Privatsphäre des Teenagers ein und liest sein Tagebuch. Der Sohn kommt zurück und stellt fest, dass sein Vater sein privates Tagebuch gelesen hat. Er wird wütend auf seinen Vater und drückt seine Verbitterung aus. Ein manipulativer Elternteil wird diese Situation sofort umdrehen, indem er die Opferkarte ausspielt.

Zum Beispiel könnte der Vater Dinge sagen wie: „Du redest nie mit mir oder verbringst keine Zeit mit mir. Du hast mir keine andere Wahl gelassen, als dein Tagebuch zu lesen, um zu erfahren, was in deinem Leben vor sich geht." Ob das stimmt oder nicht, ist unerheblich, und selbst wenn es stimmt, ist es keine Lösung, die Privatsphäre eines Teenagers zu verletzen.

Das arme Kind wird sich jedoch schuldig fühlen, weil es irgendwie dafür verantwortlich ist, dass sein Vater das getan hat, was er getan hat. Jetzt wird der Sohn in eine Situation gebracht, in der er seine grundlose Wut auf den zum Opfer gemachten Vater erklären muss. Die Wahrheit ist, dass der Vater nichts anderes tut, als das Kind zu manipulieren.

Gaslighting

Gaslighting ist ein gefährliches Spiel, das von erfahrenen Manipulanten gespielt wird. Sie sind so gut darin, Ihre Realität so zu verändern, dass Sie denken, Sie würden verrückt werden. Sie weigern sich, Ihre Erinnerungen als wahr zu akzeptieren. Sie nennen Sie jedes Mal einen Lügner, wenn Sie versuchen, sie mit ihren Fehlern zu konfrontieren.

Sie werden Dinge sagen wie: „Ich habe das nur getan, weil du es zuerst getan hast", auch wenn nichts dergleichen passiert ist. Sie sagen vielleicht: „Ist das so wichtig für dich, dass du so fies sein musst?" Diese Aussage zeigt deutlich, dass er sich weigert, Ihre Wahrnehmung bestimmter Dinge anzuerkennen. Er stellt den Wahrheitsgehalt Ihrer Gefühle in Frage und lässt Sie glauben, dass Sie vielleicht überreagieren.

Beim Gaslighting geht es darum, Ihre Erfahrungswahrnehmung langsam aber sicher so zu verändern, dass Sie das Reale nicht mehr vom Imaginären unterscheiden können. Sie beginnen zu glauben, dass Sie verrückt werden und wegen einer nicht diagnostizierten Geisteskrankheit behandelt werden müssen.

Kinder, die Opfer von Gaslighting-Techniken geworden sind, werden zu Erwachsenen mit extrem geringem Selbstwertgefühl und geringem Selbstvertrauen. Solche Erwachsenen neigen dazu, sich auf missbräuchliche Beziehungen einzulassen. Sie könnten als abwesende oder co-abhängige Eltern enden, wobei die Kinder dieser Erwachsenen dieses schreckliche Erbe weitertragen.

Verwendung von herablassender Sprache

Herablassender Sprache wird häufig verwendet, um Sie herabzusetzen, zu beleidigen und zu beschämen. Diese Taktik ist ein Weg, um Sie dazu zu bringen, nach der Pfeife des Täters zu tanzen. Sie ist eine mächtige und grausame manipulative Taktik. Beschimpfungen sollten in jeder Beziehung ein klares Nein sein, unabhängig davon, ob es um Erwachsene, Kinder oder beide geht.

Der Hauptzweck von herablassender Sprache ist es, jemanden zu beleidigen und herabzusetzen. Jemandem das Gefühl zu geben, minderwertig zu sein, ist eine Möglichkeit, die Person dazu zu bringen, das zu tun, was der Manipulant will. Ein Verwandter könnte Sie beispielsweise für Ihren modernen Erziehungsstil beleidigen oder dafür, dass Sie eine Babytrage statt eines Kinderwagens benutzen.

Nachdem sie gesagt haben, was sie sagen wollen, spielen sie das ganze Drama mit einer Fußnote wie *ich sage nur die kalte, harte Wahrheit* oder *das war nur ein Scherz herunter*. Die Verwendung von Schmähungen ist eine Form der emotionalen Erpressung, bei der Sie anfangen zu zweifeln, ob Ihre Reaktion auf die Beleidigungen berechtigt ist.

Der Gebrauch von emotionaler Erpressung

Emotionale Erpressung ist eine der schädlichsten Taktiken der familiären Manipulation, da sie in der Regel in missbräuchlichen Beziehungen auftaucht. Emotionale Erpressung hat eine ziemlich starre Struktur.

Der Manipulant folgt einer Reihe von Schritten, um das zu bekommen, was er von Ihnen will. Zu diesen Schritten gehören Forderung, Widerstand, Druck, Drohungen, Nachgeben und die Wiederholung des gesamten Zyklus. Dieser Zyklus geht so lange weiter, bis die Forderung erfüllt ist.

Im ersten Schritt stellt der Manipulant eine Forderung, die oft als Bitte getarnt ist. Der Manipulant gibt nicht auf, wenn Sie sich wehren oder negativ auf die Forderung antworten. Ebenso wenig wird er eine andere Lösung finden, an der Sie nicht beteiligt sind. Er wird Sie weiterhin unter Druck setzen, der Forderung nachzukommen.

Wenn Sie sich weiterhin wehren, folgen in der Regel Drohungen. Wenn Sie nachgeben, gewinnt der Manipulant, und wenn Sie nicht nachgeben, wird er zu emotionaler Erpressung greifen. Betrachten wir ein Beispiel, um diesen Prozess zu verstehen. Nehmen wir an, Ihre Schwägerin sagt zu Ihnen: „Ich bräuchte deinen Computer für das Wochenende." Sie wehren sich, sie setzt Sie unter Druck und wenn Sie sich weiter wehren, sagt sie vielleicht: „Wenn du mir den Computer nicht gibst, werde ich deinem Partner sagen, dass du unvernünftig und egoistisch bist."

Wenn Sie nun nachgeben, weiß der Manipulant, dass diese Strategie funktioniert und wird sie auch in Zukunft anwenden, um sich bei Ihnen durchzusetzen. Andererseits denken Sie vielleicht, dass es einfacher ist, nachzugeben, als sich dem Druck und den Drohungen zu stellen, ohne sich überhaupt bewusst zu sein, dass diese emotionale Erpressungstaktik Ihre Grenzen auf irreparable Weise verletzt.

Ihre Emotionen ignorieren

Dies ist die schlimmste Taktik, die von betreuenden Erwachsenen, oft auch von Eltern, gegen Kinder eingesetzt wird. Für ein Kind ist nichts verletzender, als wenn seine Emotionen und Gefühle ignoriert werden. Um sich dagegen zu wehren, schlagen viele Kinder auf ihre Eltern ein, nicht weil sie die Erwachsenen verletzen wollen, sondern weil sie auf diese Weise Aufmerksamkeit suchen, weil sie verletzt sind, wenn ihre Gefühle ignoriert werden.

Hier ist ein Beispiel. Nehmen wir an, Ihre ganze Familie geht in den Vergnügungspark, weil es dort so viele aufregende Fahrgeschäfte gibt. Sie haben Höhenangst und steigen deshalb aus dem Familienplan aus. In normalen, gesunden Familien versuchen die Eltern, einen Kompromiss zu finden, damit sich niemand ausgeschlossen fühlt. Leider ist das in einer dysfunktionalen Familie nicht der Fall.

In ungesunden Familienbeziehungen schreien Sie alle anderen Familienmitglieder an, sagen Ihnen, dass Sie überreagieren, nennen Sie eine Heulsuse oder sagen, dass Sie übermäßig dramatisch sind. Jede dieser Reaktionen ist eine Form des Ignorierens Ihrer Gefühle. Sie fühlen sich nicht nur peinlich berührt, sondern auch zurückgewiesen und im Stich gelassen.

Zusammenfassend lässt sich sagen, dass Sie sich bewusst machen müssen, wie psychologische Kriegstaktiken durch Manipulation, Gaslighting, narzisstisches Verhalten und andere Methoden im privaten und beruflichen Bereich eingesetzt werden. Je mehr Sie sich dessen bewusstwerden, desto mehr werden Sie lernen, sie zu erkennen. Anschließend wird es Ihnen leichtfallen, sich auf unterschiedlichste Weise zu schützen.

Kapitel 7: Übliche Manipulations- und Täuschungstaktiken

Während wir im vorigen Kapitel einige manipulative Taktiken in verschiedenen Beziehungsformen besprochen haben, werden wir hier die verschiedenen Manipulations- und Täuschungstaktiken, die im Rahmen der psychologischen Kriegsführung in Beziehungen eingesetzt werden, etwas ausführlicher und mit einigen Beispielen vorstellen, die durch wissenschaftliche Studien und Erkenntnisse belegt sind.

Ein Manipulant, der darauf aus ist, Sie zu kontrollieren, nutzt pathologische Lügen auf vielfältige Weise, um seine Bedürfnisse zu befriedigen.

https://www.pexels.com/photo/couple-having-an-argument-6134961/

Chronisches Lügen

Chronisches Lügen wird auch als pathologisches Lügen bezeichnet und ist ein häufiges Symptom für manipulatives und betrügerisches Verhalten. Diese Art des Lügens ist durch ein zwanghaftes Bedürfnis gekennzeichnet, die Unwahrheit zu sagen. In Verbindung mit Manipulation gibt es ein verstecktes Motiv, oft in Form eines persönlichen Vorteils für den Manipulanten.

Die folgenden Persönlichkeitsstörungen werden häufig mit pathologischem oder zwanghaftem Lügen in Verbindung gebracht:

- Borderline-Persönlichkeitsstörung (BPS)

- Narzisstische Persönlichkeitsstörung (NPS)

- Antisoziale Persönlichkeitsstörung (APS)

Die Borderline-Persönlichkeitsstörung (BPS) ist eine Persönlichkeitsstörung, die es den Betroffenen schwer macht, ihre Emotionen zu regulieren und mit ihnen umzugehen. Solche Menschen erleben starke Stimmungsschwankungen und haben Probleme mit Stabilität und Sicherheit. Wie Sie bereits wissen, handelt es sich bei Menschen mit NPS um Personen, die ein stark übertriebenes Gefühl der Selbstherrlichkeit haben und von ihrem Bedürfnis nach ständiger Aufmerksamkeit und Bewunderung angetrieben werden. Menschen mit BPS und NPS tappen in die Falle der pathologischen Lüge, um die Realität und die Fakten so zu verdrehen, dass sie mit ihren persönlichen Gefühlen und Wünschen übereinstimmen.

Pathologisches Lügen ist real, wie mehrere Studien gezeigt haben. Eine Studie, die in einem Artikel mit dem Titel *Pathological Lying: Theoretical and Empirical Support for a Diagnostic Entity* in Psychiatric Research and Clinical Practice veröffentlicht wurde, beweist, dass pathologisches Lügen in der realen Welt existiert. Dieser Artikel fordert die wissenschaftliche Gemeinschaft auf, es als diagnostisches Geistwesen zu definieren. Pathologisches Lügen wurde ursprünglich als *pseudologia phantastica* bezeichnet.

Die Merkmale eines chronischen oder pathologischen Lügners werden im Folgenden beschrieben.

Exzessives Lügen

Chronische Lügner lügen weit mehr als normale Menschen. Die Fähigkeit zu lügen ist bei diesen Menschen legendär. Sie überzeugen die meisten Menschen davon, dass ihre Geschichten wahr sind. Wenn Sie Lücken in ihren Erzählungen entdecken, fügen sie schnell weitere Lügen hinzu, um sie zu füllen. Ihre Lügen können aber auch ziemlich haarsträubend sein. Wenn Sie nur an der Oberfläche ihrer Lügen kratzen, können Sie sie leicht widerlegen. Sie behaupten zum Beispiel, dass sie einen großen Preis gewonnen haben (haarsträubend und leicht zu widerlegen). Oder sie behaupten, dass jemand, der noch lebt, tot ist (auch das ist leicht zu widerlegen).

Einfach lügen, ohne einen guten Grund zu haben

In den meisten Fällen geht es bei chronischen Lügen darum, ohne guten Grund zu lügen, nur um persönliche Ziele des Betrügers zu erreichen. Normale Menschen lügen, um unangenehmen Situationen und Konsequenzen zu entgehen. Ein normaler Mensch würde zum Beispiel seinen Chef anlügen, weil er zu spät zur Arbeit gekommen ist, indem er sagt: Ich bin in einen schlimmen Stau geraten oder etwas Ähnliches.

Pathologische Lügner haben meist kein klares Motiv, um die Unwahrheit zu sagen. Sie lügen einfach, weil es ihnen passt. Darüber hinaus werden sie als pathologische Lügner bezeichnet, weil die Lüge, die sie erzählen, vielleicht nicht ihnen selbst nützt, sondern dem beabsichtigten Opfer großen Schaden zufügen könnte. Manipulanten nutzen diese Art der Lüge, um Menschen zu täuschen und zu kontrollieren.

Es ist ein chronisches Problem

Pathologisches Lügen ist nicht kurzfristig. Es handelt sich um ein chronisches Problem, das wahrscheinlich schon seit Jahren andauert. Oft fangen die Betroffenen schon in sehr jungen Jahren damit an und lügen in allen Bereichen ihres Lebens. Außerdem neigen viele Menschen aus diesem Grund dazu, sich an pathologische Lügner zu erinnern, selbst wenn sie sich schon lange nicht mehr gesehen haben.

Ein Manipulant, der darauf aus ist, Sie zu kontrollieren, nutzt pathologische Lügen auf vielfältige Weise, um seine Bedürfnisse zu befriedigen. Hier sind einige typische Anzeichen, auf die Sie achten sollten:

- Sie erzählen Ihnen unaufgefordert und ausführlich Details über etwas oder jemanden.

- Ihre Erzählungen sind bunt, dramatisch und phantasievoll.

- Sie ändern ihre Geschichten ständig, um sie einer neuen Dynamik anzupassen.

- Sie weichen Fragen aus, wenn sie auf Details und Lücken in ihren Erzählungen angesprochen werden.

- Ihre Erinnerung an ein Ereignis, über das sie sprechen, unterscheidet sich stark von ihrer Erinnerung.

- Sie halten sich nicht an das, was sie sagen; sie reden nur.

- Sie sind sehr gut darin, ein Ereignis aus Ihrem Leben zu erfinden, es sich zu eigen zu machen und es anderen gegenüber als ihr eigenes darzustellen.

Seien Sie auf der Hut vor diesen Anzeichen für Lügen und schützen Sie sich vor Manipulanten. Denken Sie daran, dass Manipulanten hervorragend darin sind, Lügen so lange zu wiederholen, bis sie den Anschein erwecken, dass es sich um Tatsachen handelt. Gaslighter verwenden chronische oder pathologische Lügen, um ihre Opfer anzugreifen, herabzusetzen, einer Gehirnwäsche zu unterziehen, sie zu entmachten und zu diskreditieren. Hier sind einige klassische Beispiele für chronische Lügen, die Manipulanten verwenden:

- *Meine Frau ist eine Versagerin und man muss ihr die bittere Wahrheit sagen!* - Ein manipulierender Ehemann spricht.

- *Ihr Team und die Arbeit, die es leistet, sind nutzlos. Ich frage mich, warum so viel Zeit und Ressourcen an Sie verschwendet werden!* - Ein Chef oder Kollege, der versucht, jemanden am Arbeitsplatz zu erniedrigen und zu täuschen.

- *Wer kümmert sich schon um deren Rechte? Sie sollten nicht einmal als Menschen betrachtet werden!* - Eine erniedrigende, herabsetzende Äußerung gegen eine bestimmte Bevölkerungsgruppe von jemandem, der sich als Angehöriger einer überlegenen Rasse sieht.

Normalisierung von Unwahrheiten

Die Normalisierung von Unwahrheiten ist eine gängige Taktik der psychologischen Kriegsführung. In einer Beziehung wird der manipulative Partner die Lüge so lange wiederholen, bis sie das Opfer so sehr überwältigt, dass es anfängt, sie für die Wahrheit zu halten. Durch die Normalisierung der Lüge erhalten die Opfer einen Unsicherheitskomplex. Sie werden verwirrt und fühlen sich schuldig, schämen sich und haben Angst. Ihr Selbstbewusstsein wird beeinträchtigt und sie zweifeln an ihrem Selbstwert und ihrer Identität. Im Folgenden finden Sie die Gedanken einer Person, die durch Unwahrheiten zum Opfer wurde:

Als Kind wurde ich von Gleichaltrigen schikaniert, weil ich eine dunkle Hautfarbe habe, einer minderwertigen Rasse angehöre und ein Mädchen bin. Ich dachte immer, dass das alles meine Schuld war und dass sie die Wahrheit darüber sagten, dass ich weniger verdiene als andere. Ich verinnerlichte diese Informationen und schämte mich für mich selbst. Ich fühlte mich schuldig, weil ich so geboren wurde, wie ich war.

Die Normalisierung von Unwahrheiten ist eine gängige Technik, die auch in der politischen Kriegsführung eingesetzt wird. Als die Welt zum Beispiel unter dem Coronavirus litt, hielten einige Länder wichtige Informationen vor anderen Ländern geheim, um sich selbst sicher und unbefleckt von der Außenwelt zu halten.

Während die meisten von uns zustimmen, dass einige Länder nicht zögern, zu lügen, zu betrügen und Wahrheiten zu unterdrücken, indem sie Lügen normalisieren, ist es auch wahr, dass selbst so genannte entwickelte Länder sich an diesen Aktivitäten beteiligen. So gibt es zum Beispiel zahlreiche Berichte über Wahrheitsmanipulationen und die Normalisierung von Unwahrheiten, die im Rahmen der US-Präsidentschaftskampagnen stattfanden und weiterhin stattfinden.

Auf politischer Ebene geschieht die Normalisierung von Unwahrheiten aus verschiedenen guten Absichten, darunter die Aufrechterhaltung von Recht und Ordnung, die Aufrechterhaltung des Status quo, die Vermeidung von Peinlichkeiten und die Verhinderung des Zusammenbruchs der Machtstrukturen.

Schwächung des Opfers

Wenn Opfer ständig angepöbelt, herabgesetzt, auf verschiedene Weise beleidigt und gedemütigt werden, erreichen viele von ihnen bald das Stadium der völligen Entkräftung. Die Opfer sind so erschöpft und müde von den manipulativen Taktiken des Täters, dass sie bald aufgeben, sich zu wehren. Sie haben sogar Angst, sich zu wehren. Psychologisch gesehen geraten sie in einen Erstarrungsmodus und tolerieren den Missbrauch mit Resignation und Gefühllosigkeit. So kommen Gaslighter und andere Manipulanten damit durch, dass sie abweichende Meinungen unterdrücken. Sie erpressen das Maximum aus der Beziehung und quetschen das Opfer körperlich, emotional, mental und spirituell aus.

Ein Beispiel für die Gedanken eines geschwächten Opfers könnte in etwa so lauten. *Mein Vater war extrem besitzergreifend von mir. Er fand Fehler in all meinen Beziehungen. Er beleidigte und verletzte mich, indem er sich über meine Entscheidungen lustig machte und sie anprangerte. Er sagte, ich hätte nicht die Fähigkeit, meine Partner richtig auszuwählen. Er sagte, ich sei dazu verdammt, mein Leben lang Single zu bleiben. Diese unerbittliche Demütigung hat mich so niedergeschmettert, dass ich die Partnersuche ganz aufgegeben habe. Ich brauchte viele Jahre der Therapie und professioneller Hilfe, bevor ich den Mut fand, mich wieder zu verabreden.*

Ein weiteres Beispiel für die Unterdrückung abweichender Meinungen fand während des Ersten Weltkriegs statt, als sich die USA beteiligten. Die Ausländer und Einwanderer wurden im späten 19. und frühen 20. Jahrhundert mit Verachtung und Respektlosigkeit behandelt. Während des Ersten Weltkriegs wurden die Einwanderer aus Deutschland und sogar die in Amerika geborenen Deutschen verdächtigt, illoyal und anti-amerikanisch zu sein.

Nach dem Ersten Weltkrieg, in den 1920er Jahren, nahm das Justizministerium Tausende von angeblichen Anarchisten, Kommunisten, Arbeitsreformern und anderen offensichtlichen Bedrohungen für die Gesellschaft fest und sperrte sie ein. Einige wurden zwangsweise deportiert, und das oft zu Unrecht. Dies sind alles Formen der Unterdrückung von Dissens in der politischen Kriegsführung.

Aggression und Feindseligkeit

Manipulanten und Gaslighter sind immer in der Offensive. Deshalb werden sie auf üble Weise aggressiv und feindselig, wenn sie beim Lügen erwischt werden. Sie wissen, dass ihre Taten, Lügen und Unwahrheiten in keiner Weise verteidigt werden können. Also werden sie noch offensiver und vervielfachen die Intensität ihrer Angriffe auf ihre Opfer. Dieses aggressive und feindselige Vorgehen geschieht in der Hoffnung, die Kontrolle wiederzuerlangen, die sie zu verlieren fürchten, wenn sie ihre Lügen und Unwahrheiten hinnehmen.

Sie steigern die Intensität ihrer Toxizität in der Hoffnung, ihre bereits verängstigten Opfer zu schikanieren und einzuschüchtern. Sie glauben, dass die gesteigerte Aggression ihnen nicht nur hilft, ihr Opfer dazu zu bringen, sich ihrer Kontrolle zu unterwerfen, sondern auch, dass sie mit ihren Lügen und Fehlern davonkommen.

Hier ist ein Beispiel dafür, wie jemand aggressiv wird, wenn er erwischt wird. *Ich habe meine Partnerin beim Sexting mit einem anderen erwischt. Als ich sie damit konfrontierte, leugnete sie, dass es jemals passiert war und sagte mir, ich hätte mir das nur eingebildet. Sie benutzte üble Worte und schrie mich an.*

Isolieren und spalten

Auf persönlicher Ebene sind Manipulanten (insbesondere Gaslighter) hervorragend in dieser Taktik. Sie schaffen eine Art Belagerungssituation für das Opfer und isolieren es von wichtigen und hilfreichen Ressourcen. So finden Gaslighter beispielsweise Wege, um das Opfer daran zu hindern, mit Freunden und Familie zu sprechen und Kontakte zu knüpfen. Sie können wichtige Informationen zurückhalten, die das Opfer über seine Situation aufklären könnten. Sie halten alle Arten von Unterstützung und sogar grundlegende Rechte zurück. Zu diesem Zweck setzen Manipulanten verschiedene Methoden ein, darunter:

- Wir-gegen-sie-Mentalität

- Gespräche und Reden zum Spalten und Erobern

- Die Vorstellung verbreiten, dass es überall Feinde gibt

- Den Opfern erzählen und sie davon überzeugen, dass sie ihre einzige Hoffnung sind

Diese Ideen, Gedanken und manipulativen Taktiken zwingen das Opfer in eine psychologische Zwangsjacke, die seine autoritäre Position und die Kontrolle über das Opfer und sein Leben noch weiter stärkt. Viele Ehefrauen, die Opfer von Gaslighting-Ehemännern geworden sind, sagen gewöhnlich Folgendes:

Nach meiner Heirat schränkte mein Mann meinen Kontakt zu meiner Familie und meinen Freunden ein. Er fand verschiedene Wege, dies zu tun, unter anderem durch Aggression und falsches Schmeicheln. Er sagte mir, er sei meine einzige Hoffnung auf Freude und Frieden; alle anderen hätten es nur auf uns abgesehen. Ich weiß nicht, warum, aber es fiel mir damals schwer, eine andere Perspektive zu sehen.

Durch den Prozess des Isolierens und Spaltens neigen Gaslighter dazu, sich dem Opfer als überlegen und als Retter zu präsentieren. Sie stellen sich selbst als den Helden des Opfers dar und als den Einzigen, der die Macht hat, es vor schrecklichen Situationen außerhalb der Beziehung zu retten. Sie übertreiben die verschiedenen Probleme der Familie und der Freunde des Opfers.

Im Gegenzug dafür, dass er der Held und Retter ist, verlangt der Gaslighter die Kontrolle und beschlagnahmt das Leben des Opfers in allen Aspekten. Diese vorgetäuschte Überlegenheit verstärkt die Ko-abhängigkeit und Unterwerfung in der Beziehung. Die toxische, nicht authentische Überlegenheit und das verzerrte Gefühl der Selbstherrlichkeit tragen nicht nur dazu bei, das Opfer von echten Freunden und der Familie zu isolieren, sondern, was noch wichtiger ist, nähren das falsche Ego des Gaslighters, ohne das er ein Niemand wäre.

Ein Beispiel: Ehefrauen, die es geschafft haben, missbrauchenden Ehemännern zu entkommen, würden dies über ihr früheres Leben sagen. *Mein Ex-Mann hat mir mit schrecklichen Vorstellungen über ein Leben ohne ihn Angst eingejagt. Er sagte, dass mich niemand mehr lieben würde, wenn ich mich von ihm scheiden ließe. Ich müsste allein und trostlos sterben, weil er der Einzige war, der jemanden so Unerwünschtes wie mich lieben konnte.*

Ein missbräuchlicher Vorgesetzter könnte dies zu seinem Untergebenen sagen. *Sie arbeiten nicht gerne für mich, weil ich kontrollierend und unhöflich bin? Wer würde denn sonst einen so nutzlosen Mitarbeiter wie Sie einstellen?*

Falsche Versprechungen machen

Dies gehört zu den Aspekten des Lügens und Betrügens bei Manipulationen. Viele Gaslighter und Manipulanten übertreiben ihre Fähigkeiten und wecken falsche Hoffnungen bei ihren Opfern. Sie versprechen immer wieder, dass die Dinge besser werden und dass sie das Leiden der Opfer verringern werden, vor allem wenn sie merken, dass die Opfer inzwischen misstrauisch werden und beginnen, ihre Rechte und ihre Kontrolle wahrzunehmen.

Es ist jedoch wichtig, dass Sie nicht auf diese Falle hereinfallen. Sie wollen damit nur erreichen, dass Sie sich für eine Weile sicher und geborgen fühlen, bis sie die Kontrolle wiedererlangen. Falsche Hoffnungen verleiten das Opfer dazu, seine Wachsamkeit zu vernachlässigen, und in dieser Zeit kehren die Manipulanten zu ihren alten Methoden zurück. Versprechungen werden vergessen.

Ein klassisches Beispiel, auf das viele Opfer hereinfallen, ist dieses. Oft verspricht ein Missbraucher, die Zahl der Übergriffe zu reduzieren. Ist das sinnvoll? Macht dieses Versprechen die Person weniger zum Täter? Ein Missbrauchstäter ist ein Missbrauchstäter, unabhängig davon, wie oft er eine andere Person angreift.

Beherrschung und Kontrolle

Der wichtigste Zweck der Manipulation ist die Kontrolle und Beherrschung von Menschen und Situationen. Manipulierende Menschen verwenden falsche Informationen als aggressive Waffen. Sie bombardieren ihre Opfer wiederholt mit Propaganda und Informationen, die die Opfer entmachten. Mit dieser Methode machen Gaslighter und Manipulanten ein Individuum oder eine Gruppe psychologisch gefügig und unterjochen sie. Manipulative Taktiken werden sowohl zur sozialen Beherrschung als auch zur persönlichen Bereicherung eingesetzt.

Kapitel 8: Die Auswirkungen der psychologischen Kriegsführung

Abgesehen davon, dass Sie gängige Manipulations- und Täuschungstaktiken erkennen können, werden Sie vielleicht subtile Veränderungen an sich selbst bemerken, wenn Sie mit psychologischer Kriegsführung zu tun haben. Diese Veränderungen sind in der Regel die Auswirkungen von Manipulationstaktiken, die an Ihnen angewendet wurden. Emotionaler und geistiger Missbrauch hinterlässt vielleicht keine körperlichen Narben, die Sie daran erinnern. Sie können Sie jedoch für den Rest Ihres Lebens beeinträchtigen. Wenn Sie keine professionelle Hilfe in Anspruch nehmen, können mentale und emotionale Manipulationen zu Intimitätsproblemen, mangelnder Selbstachtung und mangelndem Vertrauen sowie zu Unsicherheiten führen.

Mentale und emotionale Manipulation kann zu Intimitätsproblemen, mangelnder Selbstachtung und mangelndem Vertrauen sowie zu Unsicherheiten führen.
https://www.pexels.com/photo/person-standing-near-lake-670720/

Lassen Sie uns einige dieser Anzeichen und Auswirkungen von Manipulation auf persönlicher und politischer Ebene etwas genauer betrachten.

Auswirkungen der Manipulation auf persönlicher Ebene

Es gibt sowohl kurzfristige als auch langfristige Auswirkungen, wenn man auf persönlicher Ebene manipuliert wird.

Kurzfristige Auswirkungen

- **Verwirrt und überrascht** - Opfer neigen dazu, sehr verwirrt und überrascht von dem zu sein, was in ihrem Leben geschieht. Sie fragen sich immer wieder, warum die Dinge so geschehen, wie sie geschehen. Warum benimmt sich eine Person, die ein großartiger Freund und ein wunderbarer Liebhaber war, jetzt wie ein völlig Fremder? Warum verhält sie sich so? Für das Opfer kann es in nächster Zeit verwirrende Fragen im Überfluss geben!

- **Selbstzweifel** - Sie beginnen, an allen Aspekten Ihres Lebens zu zweifeln. Sie stellen sich selbst in Frage, was Ihre Erinnerungen angeht. Sie fragen sich, ob es sich um echte Erinnerungen handelt oder ob Sie sich das, was Ihnen passiert ist, nur eingebildet haben. Dieser Effekt ist darauf zurückzuführen, dass der Manipulant Ihnen ständig und wiederholt sagt, dass alles, woran Sie sich erinnern, falsch ist und dass alles, was er sagt, richtig ist.

- **Scham und Schuldgefühle** - Sie ertappen sich selbst dabei, die Schuld für den Missbrauch, der Ihnen widerfährt, auf sich zu nehmen. Sie fühlen sich schuldig und schämen sich und denken fälschlicherweise, dass der Manipulant das, was er tut, wegen Ihnen tut. Dieser Effekt wird durch das Verhalten Ihres Täters noch verstärkt, denn er ist immer auf der Suche nach Schuldzuweisungen. Unter dem unablässigen negativen Gerede des Manipulanten in Ihrem Leben wird es äußerst schwierig, dem Gefühl von Scham und Schuld zu widerstehen, das Sie zu überwältigen droht.

- **Passivität** - In einer emotional missbräuchlichen Beziehung kann jede Handlung zu noch mehr Missbrauch führen. Daher werden

Sie sehr passiv und es wird immer schwieriger, die Passivität aufrechtzuerhalten, je mehr der Stress des Missbrauchs zunimmt.

- **Ständig ängstlich und wachsam** - Die Angst, in Zukunft wieder manipuliert zu werden, hält Sie in ständiger Alarmbereitschaft. Sie sind ständig wachsam und besorgt, dass Sie den gleichen Schmerz noch einmal durchmachen könnten. Sie werden sowohl sich selbst als auch anderen gegenüber übervorsichtig. Diese Angst und Überwachsamkeit führt dazu, dass Sie Verhaltensweisen vermeiden, die Ihrer Meinung nach Unruhe stiften könnten. Sie halten ständig Ausschau nach Anzeichen in Ihrer Umgebung, weil Sie denken, dass einige der Verhaltensweisen, an die Sie sich gewöhnt haben, plötzlich wieder auftauchen und Sie unvorbereitet treffen könnten. Der ständige Zustand der Angst führt zu Schlafstörungen, Stimmungsschwankungen, Appetitlosigkeit und Reizbarkeit.

- **Sie vermeiden Blickkontakt** - Je mehr Sie von Ihrem Manipulanten drangsaliert werden, desto weniger Blickkontakt halten Sie, nicht nur mit dem Gaslighter, sondern auch mit anderen in Ihrer Umgebung. Sie fühlen sich unsicher und klein und das Vermeiden von Blickkontakt gibt Ihnen ein falsches Gefühl von Sicherheit.

  Außerdem haben Sie das Gefühl, dass Sie aus Angst vor dem Manipulanten ständig auf Eierschalen laufen, wenn diese Person in Ihrer Nähe ist. Sie sind sich nicht sicher, was das Verhalten des Manipulanten auslöst und konzentrieren sich darauf, jede Kleinigkeit, die Sie für und mit dem Missbraucher tun, zu kontrollieren.

Langfristige Auswirkungen

Einige der Auswirkungen machen sich im Leben der Opfer von Manipulationen erst später bemerkbar. Im Folgenden werden einige dieser langfristigen Auswirkungen des Lebens unter der Kontrolle manipulativer Persönlichkeiten erörtert.

- **Gefühllosigkeit und Isolation** - Ständig unter der Beobachtung eines Manipulanten zu stehen, über lange Zeiträume passiv und ständig nervös zu sein und andere solche kurzfristigen Auswirkungen führen langfristig dazu, dass das Opfer gefühllos und isoliert von der realen Welt ist. Wenn man bedenkt, dass die Opfer nichts anderes tun, als die Anweisungen ihrer Manipulanten zu befolgen, hören sie auf, selbst zu denken oder zu fühlen, was zu einer Taubheit in Geist und Körper führt.

Langfristig fühlen die Opfer überhaupt nichts mehr, selbst wenn sie mit freudigen, genussvollen Stimulanzien konfrontiert werden. Dieser Verlust an Gefühlen kann dazu führen, dass sich die Opfer völlig hoffnungslos und geschädigt fühlen. In einigen seltenen Fällen haben die Betroffenen die Fähigkeit, irgendetwas zu fühlen, völlig verloren.

- **Ein tiefes Bedürfnis nach Anerkennung von außen** - Je mehr ein Manipulant mit Ihrem Leben spielt, desto tiefer wird Ihr Bedürfnis nach Anerkennung von außen. Wenn Sie jahrelang mit jemandem zusammengelebt haben, der nie ein Wort des Lobes für Sie übrighatte, sondern im Gegenteil jede Kleinigkeit, die Sie taten oder sagten, bemängelte, wird Ihr Selbstwertgefühl wahrscheinlich schwer angeschlagen sein.

  Der völlige Mangel an Selbstwertgefühl und Selbstvertrauen macht Sie bedürftig und Sie haben das Gefühl, dass Sie andere glücklich machen müssen, um selbst glücklich zu sein. So kann es passieren, dass Sie übermäßig viel leisten (und sich dennoch unzulänglich fühlen), dass Sie es anderen recht machen (weil Sie es nicht schaffen, mit sich selbst zufrieden zu sein) oder dass Sie sich zu sehr auf Ihr Äußeres konzentrieren (um die Leere in Ihrem Herzen und Ihrem Geist zu füllen). Nur wenn Sie Anerkennung dafür bekommen, dass Sie perfekt sind, fühlen Sie sich angemessen. Sie sind von dem tiefen Wunsch getrieben, die Anerkennung anderer zu finden.

- **Gefühle der Verbitterung** - Wenn Ihr Manipulant nie mit dem zufrieden ist, was Sie tun, baut sich in Ihnen Verbitterung auf, die zu Reizbarkeit, Frustration und Ungeduld führt. Sie machen alle anderen für Ihre Probleme verantwortlich.

- **Übermäßig urteilend** - Ständige Vorwürfe und Kritik können dazu führen, dass sich Gaslighting-Opfer übermäßig urteilend verhalten. Sie könnten damit enden, dass sie von jedem, auch von sich selbst, einen lächerlich hohen Standard erwarten. Sie werden von diesen hohen Ansprüchen getrieben, was wiederum dazu führt, dass sie sich selbst kontrollieren wollen, um das zu erreichen, was sie wollen. Sie gehen also von der Kontrolle über sich selbst dazu über, andere zu kontrollieren. Sobald ein Opfer dieses Stadium erreicht hat, braucht es viel Zeit und mitfühlendes Verständnis, um diese Phase zu überwinden und wieder einen Anschein von Normalität zu erlangen.

Abschwächung der Gruppenidentifikation

Dieser Effekt ist oft auf politische und psychologische Kriegstaktiken zurückzuführen. Die Gruppenidentität ist ein wichtiger Aspekt des menschlichen Lebens. Jeder von uns ist ein autonomes Individuum mit eigenem Verstand und eigenem Herzen, einzigartig und verschieden von anderen. Und doch sind wir alle Mitglieder der einen oder anderen Gruppe. Die Gruppe kann kulturell, religiös, national oder sonst wie sein. Wir alle identifizieren uns mit einer bestimmten Gruppe(n), und diese Identität spielt eine große Rolle für das Wachstum und die Entwicklung unserer einzigartigen, individuellen Identität.

Darüber hinaus sind Gruppen ein sehr wichtiger Teil der menschlichen Welt, wenn man bedenkt, dass die meiste Arbeit in der Welt in Gruppen und nicht von Einzelnen geleistet wird. Wenn Gruppen zusammenarbeiten, sind die Chancen auf Erfolg größer als wenn sie alleine arbeiten. Wenn wir uns einer Gruppe anschließen und Teil einer Gruppe sind, haben wir ein gemeinsames Ziel, und die Stärke der vereinten Individuen ist weitaus größer als die mathematische Summe. Daher sind Gruppen für den Menschen, als soziales Wesen, hervorragend geeignet.

Teil einer Gruppe zu sein wird auch durch unser grundlegendes Bedürfnis nach Zugehörigkeit bestimmt. Der Mensch hat immer danach gestrebt, einbezogen und nicht ausgeschlossen zu werden. Wir wollen lieber akzeptiert als abgelehnt werden. Mehrere Studien haben gezeigt, dass der Mensch ein ausgeprägtes Bedürfnis hat, dauerhafte Beziehungen zu anderen aufzubauen und zu pflegen. Eine dieser Studien wurde von *Baumeister, R. F., & Leary, M. R. (1995). The need to belong: Desire for interpersonal attachments as a fundamental human motivation. Psychological Bulletin, 117, 497–529.*

In einer anderen Studie wurde beobachtet, dass fast 50 bis 80% der Teilnehmer an Gruppenaktivitäten teilnahmen und Zeit mit anderen Menschen verbrachten. Der referenzierte Artikel ist *Putnam, R. D. (2000). Bowling alone: The collapse and revival of the American community. New York: Simon & Schuster.*

Die Zugehörigkeit zu Gruppen hilft uns, ein besseres Leben zu führen und mit existenziellen Fragen wie *Wer bin ich?* oder *Was ist mein Ziel?* usw. umzugehen. Auch wenn einige von uns glauben, dass dies persönliche Fragen sind, auf die jeder von uns eine eigene Antwort hat, besteht kein Zweifel daran, dass unsere Gruppenidentität eine große Rolle bei der Suche nach Antworten auf diese Fragen spielt.

Politische Propaganda wird fast immer in isolierten Gruppen eingesetzt, in denen die Menschen keinen Zugang zu Gegenpositionen und Gegenansichten haben. Geschlossene Gruppen sind anfällig für solche Propaganda, und wenn solche Kampagnen erfolgreich sind, dann ist eine der größten Auswirkungen der Verlust der Gruppenidentität.

Der Verlust der Gruppenidentität kann Sie verletzlich und schwach machen, weil ein großer Teil Ihrer persönlichen Identität mit der Gruppe verbunden ist. Wenn politische Propaganda die Geschichten und Verbindungen innerhalb einer Gruppe unterbricht, fühlen sich die Einzelnen verloren und haben Schwierigkeiten, gemeinsam zu kämpfen, was es dem Feind leicht macht, zu gewinnen.

Rückzug von körperlichen und emotionalen Anstrengungen

Sie wissen bereits, dass Gefühllosigkeit eine der langfristigen Auswirkungen unerbittlicher Manipulationstaktiken ist. Wenn diese Gefühllosigkeit tief wird, zieht sich das Opfer davon zurück, in eine Beziehung zu investieren, sowohl körperlich als auch seelisch.

Körperliche Investitionen bedeuten, dass man Zeit, Energie und greifbare Ressourcen, einschließlich finanzieller Mittel, aufwendet, um die Beziehung aufrechtzuerhalten. Intimität und Sex können ebenfalls unter körperliche Investitionen eingeordnet werden. Die Opfer ziehen sich davon zurück, all dies in ihre Beziehungen zu investieren. Sie leben einfach nur in der Beziehung, ohne etwas zu geben oder von ihr zu erwarten.

Emotionale Investitionen sind in einer Beziehung weitaus anstrengender und der Rückzug davon ist noch anstrengender. Lassen Sie uns sehen, was der Rückzug von emotionalen Investitionen bedeutet und wie sich Manipulationstaktiken darauf auswirken. Stellen Sie sich die folgenden Fragen, um dieses Konzept besser zu verstehen:

- Haben Sie bemerkt, dass Sie sich von Ihren Freunden und Ihrem Partner entfernt haben?

- Haben Sie aufgehört, Dinge zu tun, die Sie früher glücklich gemacht haben?

- Verbringen Sie viel Zeit damit, über die Vergangenheit nachzudenken oder über Ihre früheren Erfahrungen zu reflektieren?

- Gehen Sie immer bewusster damit um, wie Sie Ihre Zeit verbringen? Vielleicht haben Sie sich nicht völlig von den Menschen abgekoppelt, aber Sie wollen auch keine Zeit mit ihnen verbringen.

- Haben Sie das Gefühl, dass es Sie nicht mehr kümmert, wenn sich Ihre Freunde und Angehörigen von Ihnen zurückziehen?

Wenn Sie eine der oben genannten Fragen mit Ja beantworten, könnte das ein Zeichen für emotionalen Rückzug sein. Die Sache mit dem emotionalen Rückzug ist die, dass er ziemlich heikel ist und Sie vielleicht nie wirklich wissen, warum und wie er in Ihrem Leben passiert. Manchmal denken die Menschen, dass dies mit dem Alter zusammenhängt. Es könnte sein, dass Sie manchmal so müde sind, Dinge so zu tun, wie Sie es immer getan haben, dass Sie das Gefühl haben, einen Sättigungspunkt erreicht zu haben und dass es im Leben nichts mehr für Sie gibt. Es kann sein, dass Sie sich zurückziehen, selbst wenn das Leben am geschäftigsten ist.

Was also ist emotionaler Rückzug? Man definiert ihn als physischen oder emotionalen Rückzug aus dem Leben. Sie erreichen dies, indem Sie Ihre Emotionen zurückhalten und sich von den Menschen in Ihrem Leben abkapseln. Emotionaler Rückzug kann genauso schwierig sein wie eine Trennung, ist aber auch körperlich quälend.

Ihr Partner erfüllt keine Ihrer Wünsche und Bedürfnisse, und Sie scheinen es einfach aufzugeben, ihn dazu zu bringen, das zu tun, was Sie wollen. Das Schlimmste am emotionalen Rückzug ist, dass es sich dabei nie um eine absichtliche Reaktion oder Verhaltensweise handelt. Sie ziehen sich nicht absichtlich von Ihrem Partner oder Ehepartner zurück. Es passiert einfach.

Ursachen für emotionalen Rückzug

- **Angst** - Wenn Sie sich zurückziehen, weil Sie Angst haben, geraten Sie in einen Kreislauf, in dem Sie ständig daran arbeiten, Ihre Bedürfnisse zu erfüllen, und Sie werden nicht bei anderen um Hilfe bitten oder sich auf sie stützen. Sie haben Angst, Ihre Bedürfnisse und Wünsche gegenüber Ihrem manipulativen Partner zu äußern, weil Sie befürchten, von ihm zurückgewiesen oder lächerlich gemacht zu werden. Diese Angst treibt Sie dazu, sich zurückzuziehen, anstatt Ihre Bedürfnisse zu äußern.

- **Wut** - Als Opfer von Manipulation sind Sie wütend, und das zu Recht. Sie sollten Ihre Wut an der Person auslassen, die Sie wütend gemacht hat. Für manche Menschen ist das jedoch leichter gesagt als getan. Manche Menschen haben kein Problem damit, ihre Wut anderen mitzuteilen. Andere ziehen es vor, sie zu verbergen, weil sie sich nicht mit der Ursache ihrer Wut auseinandersetzen wollen.

In einer manipulativen Beziehung sind die Opfer oft wütend, aber aus vielen Gründen nicht in der Lage, ihre Gefühle auszudrücken, z.B. weil sie sich nicht mit der Wahrheit auseinandersetzen wollen oder weil sie befürchten, von ihrem Partner zurückgewiesen zu werden. In solchen Fällen wird die Wut unterdrückt. Unterdrückte Wut ist eine der Hauptursachen für emotionalen Rückzug. Sie schwelen lieber im Verborgenen, als offen damit umzugehen.

Ja, es ist ein rationales Verhalten, mit seiner Wut allein fertig zu werden. Es hilft Ihnen jedoch nicht, sondern macht es noch schlimmer. Sie brauchen jemanden, mit dem Sie über Ihre Wut sprechen können. Andernfalls wird es zu einem emotionalen Rückzug führen.

- **Überwältigende Emotionen** - Jeder Mensch ist emotional unterschiedlich belastbar. Was für den einen in Ordnung ist, kann für den anderen überwältigend sein. Menschen, die starke Emotionen empfinden, neigen zu einer schnelleren Burnout-Rate als diejenigen, die Emotionen mit geringerer Intensität empfinden. Wenn Ihre Emotionen Sie überwältigen, ist die automatische Reaktion, sich zurückzuziehen. Bei manipulativen Partnern sind Sie fast immer mit überwältigenden Emotionen konfrontiert, und Rückzug ist oft eine Möglichkeit, sich davon zu entfernen.

- **Äußere Einflüsse** - Überarbeitung, Stress und unerbittliche Angstgefühle können ebenfalls einen emotionalen Rückzug verursachen. Wenn diese Elemente die Belastungsgrenze einer Person überschreiten, wird der emotionale Rückzug zu einer Überlebenstaktik.

- **Bedürfnis nach Aufmerksamkeit** - In einer manipulativen Beziehung bekommt das Opfer selten Aufmerksamkeit. Der Manipulant ist zu sehr auf sich selbst konzentriert und so sehr damit beschäftigt, seine eigenen Bedürfnisse und Wünsche zu verfolgen, dass die Bedürfnisse des Opfers nicht befriedigt werden. Emotionaler Rückzug ist ein Weg, um die dringend benötigte Aufmerksamkeit zu bekommen, nach der sich das Opfer sehnt. Das Opfer hält seine Gefühle zurück und hofft (in manipulativen Beziehungen hoffnungslos), dass sein Partner seine Wünsche erfüllt.

- **Kindheitstrauma** - Unverarbeitete Kindheitstraumata können im Erwachsenenalter zu emotionalem Rückzug führen. Wenn Ihre Eltern oder Bezugspersonen beispielsweise nicht in der Lage waren, eine Bindung zu Ihnen aufzubauen und sich emotional zurückgezogen haben, könnten auch Sie als Erwachsener so empfinden. Ein großer Prozentsatz des Verhaltens und der Einstellung in der Kindheit wird von den Eltern und Bezugspersonen geprägt; daher ist es sehr wahrscheinlich, dass die oben beschriebene Situation eintritt.

Es ist sehr, sehr schwierig, sich von emotionalen Investitionen zurückzuziehen. Am Ende verdrängen Sie Ihre Gefühle tief in Ihre Psyche, weil Sie nicht wissen, wie Sie mit ihnen umgehen sollen. Es ist zwar in Ordnung, sich eine Zeit lang von Emotionen fernzuhalten, aber wenn Sie sich für längere Zeit von ihnen zurückziehen, können neue Gefühle an die Oberfläche Ihres Bewusstseins kommen und Ihnen weitaus mehr Schaden zufügen als der emotionale Rückzug.

Eine gute Möglichkeit, mit dem emotionalen Rückzug umzugehen, ist, sich professionelle Hilfe von qualifizierten Therapeuten zu holen. Therapeuten helfen Ihnen, sichere Wege zu finden, um mit Ihren verdrängten Emotionen umzugehen. Durch ihre neutrale Position können sie Ihnen helfen, mit Ihren Gefühlen richtig umzugehen, ohne Schaden anzurichten. Es ist zwar in Ordnung, sich für eine Weile von emotionalen Investitionen zurückzuziehen (es könnte sogar erfrischend sein, dies gelegentlich für kurze Zeiträume zu tun), aber Sie dürfen nicht zulassen, dass diese Ihr Leben kontrollieren und Sie überwältigen.

Die Auswirkungen von Manipulationen und psychologischen Kriegsführungstaktiken sind oft enorm und wirken sich nicht nur auf Ihr Leben, sondern sogar auf die nächste Generation aus. Wenn Sie sich dieser Auswirkungen bewusst sind und lernen, sich und Ihre Lieben davor zu schützen, können Sie dafür sorgen, dass Ihre Nachkommen und die gesamte Menschheit über Generationen hinweg gesund und glücklich bleiben. Lesen Sie weiter, um herauszufinden, wie Sie Verteidigungsstrategien entwickeln können, um mit diesem Problem umzugehen.

Kapitel 9: Verteidigungsstrategien gegen psychologische Kriegsführung

In diesem Kapitel finden Sie verschiedene Tipps, Empfehlungen und Vorschläge, wie Sie mit psychologischer Kriegsführung in verschiedenen Situationen umgehen können, z.B. am Arbeitsplatz, in Beziehungen, in Freundschaften, in den Medien und im Krieg.

Gaslighters verwenden Schuldzuweisungen, um Ihre Gefühle gegenüber Dingen und Situationen zu minimieren.

Psychologische Kriegsführung in Beziehungen und Verteidigungsmechanismen

Gaslighting ist eine der häufigsten und grausamsten Formen der psychologischen Kriegsführung, die von Manipulanten in Ehen und romantischen Beziehungen eingesetzt wird. Gaslighter benutzen Schuldzuweisungen, um Ihre Gefühle gegenüber Dingen und Situationen zu minimieren.

Sie geben Ihnen das Gefühl, so unwürdig zu sein, dass Sie anfangen zu glauben, dass Sie ohne Ihren manipulativen Partner nicht leben können und dass der Manipulant für all die guten Dinge in Ihrem Leben verantwortlich ist, während alle schlechten Dinge Ihre Schuld sind. Manipulierende Partner können sogar so weit gehen, ihre Opfer glauben zu lassen, dass sie verrückt werden. Sie können den Sinn des Opfers für die Realität verändern.

Hier finden Sie einige Tipps, wie Sie mit Manipulation in romantischen Beziehungen und Ehen umgehen und sich vor den schädlichen Auswirkungen von Manipulation und Gaslighting schützen können.

Bagatellisieren oder verharmlosen Sie Manipulationen nicht

Leider braucht es viel Zeit, um Manipulation zu erkennen, vor allem in romantischen Beziehungen, in denen die Grenzen meist nicht so stark und klar sind wie in anderen Beziehungen. Sobald Sie Manipulation erkennen, sollten Sie nicht so tun, als ob sie für Sie keine große Sache wäre. Akzeptieren Sie nicht, dass das Verhalten des Manipulanten alltäglich ist und dass Sie es hinnehmen müssen.

Emotionale Manipulation muss angegangen werden, unabhängig davon, ob Sie das Opfer oder der Manipulant sind. Es ist keineswegs üblich, dass Täter sich selbst für eine Beratung oder Behandlung entscheiden, weil sie einsehen, dass sie einen Fehler begehen und Hilfe brauchen. Wenn Sie also ein Opfer sind, sind Sie doppelt dafür verantwortlich, etwas dagegen zu tun, um sich und Ihre Angehörigen vor weiteren Qualen und Schmerzen zu schützen.

Und der erste Schritt zur Lösung Ihres Problems besteht darin, zu akzeptieren, dass Sie sich in einer manipulativen Beziehung befinden. Der beste Weg, den Genesungsprozess zu beginnen, ist ein Gespräch mit Ihrem manipulativen Partner. Nehmen Sie konkrete Beispiele für manipulatives Verhalten und benennen Sie sie ehrlich. Sprechen Sie über Ihre Gefühle in diesen Momenten.

Sagen Sie zum Beispiel: *„Ich fühlte mich durch dein Schweigen und deine Verschlossenheit verloren und desorientiert, als ich anderer Meinung war als du. Ich möchte mich mit dir verbunden fühlen, und Schweigebehandlung ist dabei nicht hilfreich. Ich möchte, dass du dich öffnest und sagst, was du zu sagen hast, anstatt zu schweigen“.* Ein weiteres Beispiel dafür, wie Sie Ihrem Partner die Meinung sagen können, ist dieses. *„Wenn du mich beschuldigst, etwas getan oder gesagt zu haben, was ich nicht getan oder gesagt habe, fühle ich mich verwirrt und verunsichert. Können wir ehrlich darüber sprechen, was zwischen uns passiert?“*

Setzen Sie klare Grenzen

Das Setzen von Grenzen ist in jeder gesunden Beziehung unerlässlich, besonders in manipulativen Beziehungen. Versuchen Sie, mit Ihrem Partner darüber zu sprechen und ihm mitzuteilen, welche Verhaltensweisen in der Beziehung akzeptabel sind und welche nicht . Wenn Sie Grenzen setzen, müssen Sie auch klären, was passiert, wenn die Grenzen überschritten werden.

Hier ist ein Beispiel. *„Ich werde es nicht mehr hinnehmen, wenn du mich unterbrichst, wenn ich mit dir rede. Das nächste Mal, wenn du das tust, werde ich das Gespräch beenden und mich von dir entfernen. Du sollst wissen, dass das wichtig für meine Psyche ist.“* Wenn Ihr Partner ein weiteres Mal die Grenzen überschreitet, bleiben Sie hart und gehen Sie, wie Sie es gesagt haben. Kehren Sie nicht überstürzt zurück. Nehmen Sie sich die Zeit, sich auf Ihre geistige und emotionale Selbstfürsorge zu konzentrieren und kehren Sie nur dann zu dem Gespräch zurück, wenn Sie bereit sind, erneut darüber zu sprechen.

Wenn dieses Verhalten trotz wiederholter Ermahnungen anhält, setzen Sie sich eine innere Grenze, um die Beziehung notfalls zu beenden. Dies bringt uns zu dem wichtigen Thema, wann Sie eine Beziehung beenden sollten. Hier sind einige Tipps, die Ihnen helfen, den Wendepunkt richtig einzuschätzen.

Dr. John Gottman, der berühmte amerikanische Psychologe und Professor, spricht über die Bedeutung der Kommunikation in einer gesunden Beziehung, und wenn dieser Aspekt in den folgenden Punkten ausbricht, steht die Beziehung meist kurz vor ihrem Ende. Die vier kritischen Aspekte der Trennungskommunikation sind:

Kritik

Kritik ist etwas ganz anderes als eine Beschwerde. Kritik konzentriert sich auf den Charakter der Person, während sich eine Beschwerde auf die Sache selbst konzentriert. Wenn die Kommunikation diese Ebene der Kritik erreicht, bedeutet das, dass die Beziehung zwischen den Partnern am Abklingen ist.

Eine Beschwerde hört sich zum Beispiel so an: *Ich wünschte, du würdest mir jeden Tag beim Abwasch helfen, anstatt fernzusehen, während ich hart arbeite, um das Haus sauber zu halten.*

Das Gleiche würde sich so anhören, wenn man es mit der Stimme der Kritik sagt: *Du bist so ein egoistischer Idiot. Es ist dir egal, wie hart ich arbeite und wie ich mich fühle.*

Im ersten Satz geht es um den Abwasch und die Hilfe bei der Hausarbeit. Im zweiten geht es um den Charakter der Person. Auch wenn wir alle in unserer Kommunikation Kritik üben, bedeutet das nicht, dass die Beziehung keine Zukunft hat. Wenn jedoch die Kritik in der Beziehung allgegenwärtig ist und dies die einzige Möglichkeit für einen von Ihnen beiden ist, mit irgendetwas zwischen Ihnen beiden umzugehen, könnte dies das Ende bedeuten. Denken Sie daran, dass manipulative Menschen sehr gut mit dem Einsatz von Kritik sind, seien Sie also vorsichtig!

Defensives Verhalten

Defensives Verhalten ist in der Regel eine Reaktion auf wahrgenommene Kritik. Es ist eine Art, die Kritik zu kontern, indem man die Schuld auf externe Faktoren schiebt, und im Fall von manipulativen Beziehungen wird die Schuld auf den geschädigten Partner geschoben. Ein Beispiel für eine Abwehrreaktion geht in etwa so:

Ich habe das Gefühl, dass unser Sexleben nicht gut ist und dass du dich nicht auf meine Wünsche und Bedürfnisse konzentrierst.

Wenn du mich nicht so sehr mit dem Geschirr und der Hausarbeit nerven würdest, könnten wir uns vielleicht mehr auf unsere Intimitätsprobleme konzentrieren.

Es ist ganz natürlich, dass wir es nicht mögen, wenn man uns auf unsere Fehler hinweist oder uns sagt, dass wir etwas falsch machen, weil solche Gespräche unser Selbstwertgefühl bedrohen. Wenn Sie jedoch bei jeder Beschwerde (selbst bei einer echten) mit Abwehr reagieren, könnte dies ein Zeichen für eine gescheiterte Beziehung sein, die auf manipulatives Verhalten zurückzuführen ist.

Verachtung - Verachtung und Respektlosigkeit sind eindeutige Anzeichen für eine gescheiterte Beziehung. Wenn diese Elemente in Ihrem Leben dauerhaft eine große Rolle spielen, könnte dies bedeuten, dass es an der Zeit ist, die Beziehung zu beenden. Mehrere manipulative und Gaslighting-Taktiken basieren auf Verachtung und Respektlosigkeit, um das Opfer zu einem co-abhängigen Partner zu machen.

Stonewalling - Stonewalling wird oft eingesetzt, um mit Verachtung umzugehen, die in der Regel den vollständigen Zusammenbruch der Kommunikation in einer romantischen Beziehung darstellt. Es ist schwierig (aber möglich), sich von einer Beziehung zu erholen, die das Stadium des Stonewallings erreicht hat.

Wenn diese vier Elemente wiederholt (entweder einzeln oder in Kombination) in einer Partnerschaft auftreten, ist dies ein Zeichen für das Ende der Beziehung. Zumindest aus der Sicht eines Opfers ist es unerlässlich, dass Sie diese Kommunikationsprobleme erkennen und sich in Sicherheit bringen, bevor in einer missbräuchlichen, manipulativen Beziehung dauerhafter und irreparabler Schaden entsteht.

Haben Sie Selbstmitgefühl und seien Sie freundlich zu sich selbst

Eines der offensichtlichsten Anzeichen dafür, dass man sich in einer missbräuchlichen, manipulativen Beziehung befindet, ist, dass das Opfer dazu neigt, sich selbst die Schuld zu geben und sich für all das Falsche, das ihm passiert, schuldig zu fühlen. Diese Schuldgefühle kommen normalerweise auf, wenn Sie konkrete Schritte zum Selbstschutz unternommen haben. Unter diesen Umständen versucht der manipulative Partner wahrscheinlich, durch Schuldzuweisungen und Abwehrhaltungen die Kontrolle über Ihr Leben wiederzuerlangen.

Treten Sie einen Schritt zurück, wenn Sie sich übermäßig schuldig fühlen. Denken Sie daran, dass jeder für seine eigene körperliche und emotionale Sicherheit verantwortlich ist. Sie können das Verhalten und die Einstellung Ihres Partners nicht kontrollieren. Es ist jedoch möglich, sich von der Gefahr zu distanzieren, die diese Personen für Ihre Freude darstellen könnten.

Psychologische Kriegsführung in Freundschaften und Verteidigungsmechanismen

Der Umgang mit manipulativen Freunden ist schwierig. Aber wenn Sie nicht die notwendigen Schritte unternehmen, um sich von solchen Menschen fernzuhalten, sind Sie definitiv einem hohen Risiko ausgesetzt, Ihre eigene Zufriedenheit zu gefährden. Im Folgenden finden Sie also einige Abwehrmechanismen, mit denen Sie sich davor schützen können, in die Falle der psychologischen Kriegsführung in Freundschaften zu tappen.

Der beste Weg, mit Manipulationen in Ihrem Leben umzugehen, ist, den Kreislauf der Opferrolle zu durchbrechen. Lernen Sie, Nein zu sagen, damit Sie weniger anfällig für manipulative Freunde werden. Das Problem bei der Manipulation ist, dass Sie sich am Ende gut fühlen, wenn der Manipulant Sie lobt oder ein paar nette Worte zu Ihnen sagt, nachdem Sie sich für ihn verbogen haben. Vorübergehend bekommt Ihr Selbstwertgefühl einen Schub. Erinnern Sie sich jedoch daran, dass es bessere und weniger schädliche Wege gibt, Ihr Selbstwertgefühl zu steigern, als auf die unaufrichtige Freundlichkeit manipulativer Freunde hereinzufallen.

Wenn Sie Nein sagen, halten Sie sich diese toxischen Freunde vom Leib und gewinnen die nötige Zeit und Energie, um die Freundschaft neu zu bewerten. Üben Sie das Nein-Sagen, damit Ihnen die Worte ungehindert von der Zunge fließen, wenn es soweit ist. Hier finden Sie einige hervorragende Beispiele für ein entschiedenes Nein:

Sagen Sie es einfach. Reden Sie nicht um den heißen Brei herum und versuchen Sie, Worte zu finden, von denen Sie glauben, dass sie den Schlag abfedern können. Je mehr Sie um den heißen Brei herumreden, desto leichter findet derjenige Lücken, um Sie erneut zu manipulieren. Sagen Sie es einfach und lassen Sie keinen Spielraum für Verhandlungen. Fühlen Sie sich nicht schuldig und sehen Sie sich nicht gezwungen, etwas für diese Freunde zu tun.

Seien Sie selbstbewusst und entschlossen. Sie können auch Höflichkeit anwenden. Aber im Umgang mit Manipulanten sollte die Entschlossenheit stärker sein. Sie können Dinge sagen wie:

- *Ich kann dir im Moment nicht helfen, aber ich lasse es dich wissen, wenn ich kann.*

- *Ich bin im Moment sehr ausgelastet. Vielleicht helfe ich dir beim nächsten Mal.*

Seien Sie egoistisch

Denken Sie daran, dass Sie es mit Manipulanten zu tun haben, deren Egoismus weitaus größer ist als der Ihre. Sie müssen Ihre Vernunft und Ihre Freude über alles andere stellen, denn das ist der natürliche Weg des Lebens. Und dieser Grundsatz gilt umso mehr, wenn Sie es mit der Gerissenheit von manipulativen Freunden zu tun haben.

Wenn es um Freundschaften geht, ist das Geben und Nehmen ausgeglichener als zwischen Familienmitgliedern und romantischen Partnern. Wenn Sie also das Gefühl haben, mehr zu geben als zu nehmen, dann ist es an der Zeit, aufzupassen und aufmerksam zu sein.

Psychologische Kriegsführung durch Medien und Verteidigungsmechanismen

In einem der vorangegangenen Kapitel wurde der Umgang mit der Manipulation durch die Presse beschrieben. In diesem Abschnitt geht es darum, wie Sie Abwehrmechanismen schaffen, um mit der psychologischen Kriegsführung und den Manipulationstaktiken, die in den sozialen Medien üblich sind, umzugehen und sie zu vermeiden. Bis vor ein paar Jahren wurde die Manipulation durch soziale Medien noch belächelt, und schlimmer noch, die meisten Menschen glaubten nicht, dass dieses Konzept existiert.

Es ist jedoch allgemein bekannt, dass Computeralgorithmen in der Lage sind, unser Verhalten vorherzusagen, und sie werden für gezieltes Marketing sowie für Manipulationstaktiken von allen genutzt, einschließlich Unternehmen, Politikern, Regierungen usw. Soziale Medien kontrollieren buchstäblich unser Leben. Hier sind einige einfache Tipps, um die Kontrolle zurückzugewinnen.

Verlassen Sie sich nicht auf soziale Medien für jede Art von Nachrichten

COVID-19 hat uns deutlich gelehrt, dass schlechte Informationen nicht nur Verwirrung stiften, sondern auch Menschenleben kosten können. Es besteht kein Zweifel, dass die sozialen Medien viele Vorteile haben, da sie uns fast sofortigen Zugang zu Nachrichten verschaffen und uns auf vielfältige Weise unterstützen. Aber es besteht auch kein Zweifel daran, dass soziale Medien ein zweischneidiges Schwert sind.

So wie gute Menschen nützliche Informationen teilen können, um anderen zu helfen, können skrupellose Menschen soziale Medien nutzen, um falsche Informationen zu verbreiten, um Schaden anzurichten und Systeme und Menschen zu manipulieren. Außerdem sind die Algorithmen nicht darauf ausgelegt, die Richtigkeit von Fakten und Daten zu überprüfen. Menschen nutzen sie, um extremistische Gedanken und Ideen zusammen mit ungenauen Informationen und Daten zu verbreiten. Verlassen Sie sich daher nicht auf soziale Medien, wenn es um genaue Informationen und Nachrichten jeglicher Art geht.

Vermeiden Sie Echokammern

Echokammern sind Räume in sozialen Medien, die nur Ihre eigenen Ideen, Meinungen und Glaubenssysteme widerspiegeln. Folglich werden diese Ideen und Überzeugungen verstärkt und lassen wenig oder keinen Raum für alternative Ideen und Gedanken. Aus psychologischer Sicht wird dieses Konzept als Bestätigungsfehler bezeichnet.

Die meisten von uns neigen von Natur aus dazu, sich für Informationen zu interessieren, die wir bereits kennen und glauben. Wir fühlen uns mit Dingen und Elementen wohl, die mit unserer Sichtweise und Weltanschauung übereinstimmen. Die Algorithmen der sozialen Medien sind bereits so konzipiert, dass sie diese Informationen berücksichtigen, so dass die Plattformen der sozialen Medien von diesen Informationen profitieren können.

Dank dieser mächtigen Informationen haben uns die sozialen Medien in der digitalen Welt in verfeindete Stämme gespalten. In dieser Hinsicht ist die moderne menschliche Welt ebenfalls zur Antike geworden. Wir wissen voneinander so viel, wie die alten Römer von den Maya-Bürgern wussten, die viele Kilometer entfernt lebten. Vermeiden Sie daher Echokammern, die nur auf Ihre Überzeugungen ausgerichtet sind. Schauen Sie sich nach alternativen Standpunkten um, um zu erkennen, dass es überall auf der Welt kulturell, religiös und geografisch unterschiedliche Menschen gibt, und dass jeder von uns in Harmonie mit allen anderen leben kann.

Begrenzen Sie die Zeit auf sozialen Medien

Die Begrenzung der Zeit, die Sie mit sozialen Medien verbringen, ist eine der offensichtlichsten Maßnahmen gegen die Kontrolle, die sie über unser Leben haben. Trotzdem tun die meisten von uns das nicht. Wir verlieren uns so sehr im Sumpf der Interaktionen in den sozialen Medien, dass wir vergessen, dass wir ein echtes Leben außerhalb der virtuellen Welt haben. Wir verlieren die Kontrolle über unser Leben.

Es ist am besten, die Zeit zu stoppen und aus den sozialen Medien auszusteigen, wenn die Zeit abgelaufen ist. Dazu müssen Sie natürlich Ihre Willenskraft und Selbstdisziplin aufbringen, wenn der Wecker klingelt. Wenn das bei Ihnen nicht funktioniert, können Ihnen viele kostenlose Apps helfen, Ihre Zeit in den sozialen Medien zu verwalten. Nutzen Sie eine dieser Apps und entziehen Sie sich der Kontrolle, die soziale Medienplattformen über Sie ausüben können, ohne auf die zahlreichen Vorteile zu verzichten, die sie Ihnen bieten. Erstellen Sie einen Zeitplan für sich selbst und halten Sie sich gewissenhaft daran.

Schalten Sie Push-Benachrichtigungen aus

Was passiert, wenn Sie eine Benachrichtigung über soziale Medien sehen? Haben Sie sich selbst und Ihre Gefühle beobachtet? Es ist ein regelrechter Dopaminrausch. Wir müssen sehen, worum es in der Benachrichtigung geht, weil wir glauben, dass jemand da draußen versucht, uns Nachrichten zu schicken. Jemand hat Sie bemerkt und möchte mit Ihnen in Kontakt treten. Der Wunsch nach sozialen Kontakten ist tief verwurzelt, und Benachrichtigungen stehen für erfolgreiche soziale Interaktionen, die zu einem Dopaminrausch führen.

Es ist geradezu diabolisch, wie Social Media-Unternehmen diesen Dopaminrausch durch wiederholte Benachrichtigungen missbrauchen, die oft nicht unbedingt echte Nachrichten oder soziale Verbindungen darstellen. Das Traurige daran ist, dass dieser Rausch nicht sehr lange anhält und durch wiederholtes Handeln verstärkt wird. So funktioniert Sucht, und die sozialen Medien verwenden dieselbe Formel, um ihre Nutzer süchtig zu machen.

Die beste und einzige Möglichkeit, dieser Art von Mediensucht entgegenzuwirken, besteht darin, die Benachrichtigungen außerhalb der begrenzten Zeit, die Sie selbst festgelegt haben, abzuschalten. So können Sie nicht in die Falle tappen, den sozialen Medien und ihren Nachrichten übermäßig ausgesetzt zu sein. Sie müssen sich an den Zeitplan halten, den Sie für sich selbst erstellt haben.

Klicken Sie nicht auf Werbelinks

Werbung und gezieltes Marketing sind die häufigsten Einnahmequellen für soziale Medien. Dank einiger hervorragender Algorithmen, von denen viele auf der Technologie der künstlichen Intelligenz basieren, verfügen die sozialen Medienplattformen über so viele Informationen über uns, dass sie das Konzept des gezielten Marketings nutzen, um uns Werbelinks zu schicken, die auf unseren Bedürfnissen, Wünschen und Vorlieben basieren. Das Klicken auf diese Werbelinks ist zur Norm geworden, wenn wir uns auf sozialen Medienplattformen bewegen. Wir verlieren die Kontrolle über uns selbst, wenn wir diese Werbung sehen, und kaufen schließlich impulsiv Produkte. Wenn Sie also aufhören, auf Werbelinks zu klicken, hat das zwei große Vorteile.

Der erste Vorteil ist, dass wir impulsive Käufe auf einer persönlichen Ebene verhindern. Wir vermeiden es, unnötig Geld auszugeben, was häufig passiert, wenn wir auf Werbelinks klicken, die unsere Lieblingsprodukte oder -dienstleistungen bewerben.

Es ist ganz natürlich, dass wir Produkte, die wir kaufen möchten, sofort kaufen. Wenn uns diese durch einen einfachen Klick präsentiert werden, ist der Impuls so stark, dass wir am Ende Dinge kaufen, ohne die Vor- und Nachteile zu prüfen. Viele Tage später erkennen wir unsere Dummheit und denken, dass wir das Geld für etwas Wesentliches und Nützliches hätten verwenden können. Indem wir nicht auf Werbelinks klicken, sparen wir uns eine Menge Geld.

Der zweite Vorteil ist einer, der sich auf lange Sicht sehr positiv auswirken kann. Wenn wir alle das tun würden, was in den nächsten Sätzen erklärt wird, könnten wir das gezielte Marketing mit seinen eigenen Waffen schlagen. Heutzutage sind soziale Medienplattformen bei ihren Einnahmen stark von Werbung abhängig. Leider wird dieses Instrument wahllos eingesetzt, um ihre Gewinnziele zu erreichen, ohne Rücksicht auf den Kundennutzen zu nehmen.

Wenn wir aufhören, auf diese Werbelinks zu klicken, werden die Einnahmeströme der Social Media-Plattformen beeinträchtigt. Wenn sich dies negativ auf den Gewinn auswirkt, werden sie gezwungen sein, neue und innovativere Lösungen zu finden, und vor allem werden die sozialen Medien dazu veranlasst sein, sich auf den Nutzen der Anwender ebenso sehr zu konzentrieren wie auf ihre Rentabilität.

Dieses Ergebnis wird vielleicht nicht über Nacht eintreten, und außerdem erfordert es eine vereinte Bemühung der Mehrheit der Nutzer sozialer Medien. Wenn Sie jedoch auf persönlicher Ebene beginnen und dieses Bewusstsein an Ihre Freunde und Familie weitergeben, können Sie ein kleines Rinnsal in eine große Lawine der Revolution verwandeln, die langfristig zu besseren Ergebnissen führt. Hören Sie also auf, auf Werbelinks zu klicken.

Die meisten von uns glauben, dass die Regulierung und Überwachung sozialer Medien nicht unsere Aufgabe ist, sondern die von Regierungen, Gesetzgebern und Strafverfolgungsbehörden. Dennoch ist jeder von uns der Gesellschaft gegenüber verpflichtet, seinen Teil dazu beizutragen. Sensibilisierung ist der erste Schritt zu diesen Veränderungen. Fangen Sie an, sich bewusst zu machen, wie soziale Medien Ihr persönliches Leben beeinflussen, und tun Sie etwas, um diesen negativen Auswirkungen entgegenzuwirken.

Verbreiten Sie das Bewusstsein, das Sie gewonnen haben, in Ihrer Familie und unter Ihren Freunden, damit wir uns langsam aber sicher in Richtung eines verantwortungsvolleren und produktiveren Rahmens für soziale Medien bewegen, als wir ihn derzeit haben.

Psychologische Kriegsführung im Krieg und Verteidigungsmechanismen

In Kriegen werden zahlreiche psychologische und politische Kriegstaktiken eingesetzt, die vor allem die einfachen Bürger betreffen. Der größte Beitrag unter allen Instrumenten der politischen Kriegsführung ist die Desinformation und Fehlinformation, insbesondere im Krieg. In der Tat ist dies ein Schlüsselelement, das von fast allen politischen Führern über kulturelle und geografische Grenzen hinweg eingesetzt wird.

Politische Führer und Regierungen fälschen routinemäßig Informationen, blähen Daten auf und fälschen sie u.a. aus folgenden Gründen:

- Um militärische Macht und Stärke zu demonstrieren
- Um die Qualität und Quantität der von ihren Feinden verübten Gräueltaten zu verstärken.

- Um die Qualität und Quantität der Gräueltaten, die den Feinden zugefügt werden, zu verringern.

All diese Taktiken werden eingesetzt, um die Gegner zu verwirren und zu demoralisieren und das Vertrauen und die Moral der eigenen Bevölkerung zu stärken. Dank der zunehmenden Nutzung und Verbreitung von Social-Media-Plattformen ist Propaganda eine Selbstverständlichkeit, insbesondere in Kriegen.

Wenn sich Fehlinformationen einmal verbreitet haben, ist es leider fast unmöglich oder zumindest äußerst schwierig, sie zu korrigieren. Am besten ist es, solchen Ereignissen zuvorzukommen, um zu verhindern, dass die Menschen solchen Taktiken zum Opfer fallen. Es ist wichtig, dass wir als normale Bürger auf solche Fehlinformationen aufmerksam werden. Wir müssen wissen, dass fast alle Führer diese Methode anwenden. Wir sollten objektiv sein und nicht auf Spielereien und gefälschte Informationen hereinfallen.

Prüfen Sie alles, was Sie sehen und hören, und stellen Sie es in Frage. Wenn eine Person oder eine Gruppe wiederholt dasselbe sagt, werden Sie sich dessen bewusst und überprüfen Sie es anhand anderer Quellen. Erinnern Sie sich an alle Möglichkeiten, wie soziale Medien missbraucht werden können, und überprüfen Sie, ob die Nachricht, die Sie erhalten, eine dieser Methoden verwendet. Stellen Sie sicher, dass Sie nur verifizierte Quellen für Ihre Informationen verwenden.

Und schließlich sollten Sie daran denken, dass keine Information objektiv berichtet wird. Jeder Reporter kommt nicht umhin, ein wenig Subjektivität in seinen Bericht einfließen zu lassen. Lesen Sie alle Informationen kritisch. Wenn Sie glauben, dass etwas oder jemand zu gut ist, um wahr zu sein, ist die Wahrscheinlichkeit sehr groß, dass Sie Recht haben. Vor allem aber sollten Sie wissen, dass alle Daten auf unzählige Arten dargestellt werden können, je nachdem, wer sie präsentiert und welches Ergebnis er sich von den Daten verspricht.

Je mehr Sie sich der psychologischen und politischen Kriegsführung bewusst werden, die Menschen einsetzen, um Sie zu manipulieren und zu kontrollieren, desto besser sind Ihre Chancen, sich und Ihre Lieben vor ihnen zu schützen.

Kapitel 10: Wie Sie sich der Gehirnwäsche widersetzen kann

In diesem letzten Kapitel erfahren Sie Schritt für Schritt, wie Sie sich vor einer Gehirnwäsche schützen können. Es geht nicht darum, wie Sie sich in bestimmten Situationen der psychologischen Kriegsführung verteidigen können, sondern darum, wie Sie sich selbst aufbauen können, bevor Sie in eine Situation der psychologischen Kriegsführung geraten. Die hier besprochenen Ideen und Empfehlungen sollen Ihnen dabei helfen, sich selbst und Ihre Persönlichkeit so zu stärken, dass Sie gegen eine Gehirnwäsche resistent werden können. Lassen Sie uns gleich zur Sache kommen.

Je mehr Sie über sich selbst wissen, desto besser werden Sie mit der Außenwelt umgehen können.
https://www.pexels.com/photo/woman-in-black-jacket-standing-on-road-13942542/

Selbstbewusstsein aufbauen

Seien Sie sich bewusst, wofür Sie stehen und wer Sie sind. Je mehr Sie über sich selbst wissen, desto besser werden Sie mit der Außenwelt umgehen können. Sie werden Gedanken, Ideen und Meinungen erkennen, die mit Ihren eigenen übereinstimmen, und solche, die davon abweichen. Die Kenntnis darüber, wer Sie sind, wo Sie stehen und was Ihre Stärken und Schwächen sind, bringt zahlreiche Vorteile mit sich, unter anderem:

- **Bessere Beziehungen** - Wenn Sie sich Ihrer selbst bewusst sind, können Sie in persönlichen und beruflichen Beziehungen mühelos gesunde Grenzen setzen. Selbst wenn jemand versucht, Sie einer Gehirnwäsche zu unterziehen, werden Sie davon nicht betroffen sein, weil Sie sich darüber im Klaren sind, wer Sie sind, was Sie wollen und wie Sie es bekommen, ohne übermäßig von anderen abhängig zu sein.

- **Klares Denken und Entscheidungsfähigkeit** - Ein verwirrter und durcheinander geratener Geist ist einer guten Entscheidungsfähigkeit nicht förderlich. Sie können nicht klar denken, wenn Ihre Emotionen und Verwirrung Ihren Verstand vernebeln. In einem Umfeld, das von Daten und Informationen überflutet wird, ist eine solche Einstellung nicht nur unproduktiv, sondern auch gefährlich.

  Selbsterkenntnis hilft Ihnen, einen klaren Kopf zu bekommen, damit Sie objektiv und korrekt entscheiden können. Die Taktik der Gehirnwäsche wird in einer solchen Konstellation scheitern. Hier sind einige Tipps, die Ihnen helfen, Ihr Selbstbewusstsein zu stärken.

- **Achten Sie darauf, was Sie ängstlich und besorgt gegenüber anderen Menschen macht.** Denn meistens ist das, was uns an anderen Menschen stört, ein Spiegelbild der Eigenschaften, die wir an uns selbst nicht mögen. Zum Beispiel hassen Sie Lügner, weil auch Sie Lügen benutzen, um unangenehmen Situationen in Ihrem Leben zu entkommen. Sie brauchen sich nicht zu schämen, wenn Sie diese Übung machen, denn das Ziel dieser Übung ist es, Ihr Selbstbewusstsein zu stärken, und nicht, mehr zu lügen.

Ein Leben in Verleugnung oder das Ignorieren Ihrer Schwächen wird Ihnen nicht helfen, ein besserer Mensch zu werden. Beginnen Sie also damit, alles an sich selbst zu akzeptieren. Der beste Weg, um herauszufinden, was Sie nicht mögen, ist, das zu finden, was Sie an anderen nicht mögen.

• **Meditieren Sie über Ihre Gedanken.** Konzentrieren Sie sich auf die Verbindung zwischen Ihren Gedanken und Gefühlen. Welche Gedanken machen Sie glücklich? Welche Gedanken machen Sie traurig? Der Trick bei dieser Übung zur Stärkung des Selbstbewusstseins besteht darin, dass Sie sich auf Ihre Gedanken und Gefühle konzentrieren, ohne sie in irgendeiner Weise zu bewerten. Denken Sie daran, dass Sie nicht Ihre Gedanken sind. Aber wenn Sie sich bewusst sind, wie Ihr Geist arbeitet, können Sie Ihr Selbstbewusstsein stärken.

• **Lesen Sie viel.** Lesen Sie viel gute Belletristik, denn große Schriftsteller sind auch hervorragende Beobachter, insbesondere der menschlichen Natur. Sie beschreiben Gefühle, Wünsche, Gedanken und Handlungen sehr gut. Wenn Sie solche Bücher lesen, fällt es Ihnen leicht, eine Verbindung zu Ihren eigenen Gedanken, Handlungen und Wünschen herzustellen und so Ihr Selbstbewusstsein zu stärken.

• **Identifizieren Sie Ihre emotionale Schwäche.** Wir alle hassen es, irgendeine Art von negativen Emotionen zu empfinden. Wir versuchen stets zu vermeiden, traurig, beschämt, schuldbewusst, ängstlich usw. zu sein. Dennoch hat jeder von uns eine oder vielleicht zwei Emotionen, die er von ganzem Herzen hasst. Manche Menschen würden alles tun, um zu verhindern, dass sie traurig sind. Andere sind bereit, viel zu opfern, um keine Angst zu haben. Es ist die Emotion, die Sie am meisten fürchten.

Finden Sie die Emotion, die Sie besonders verabscheuen und für deren Vermeidung Sie bereit sind, einen weiten Weg zu gehen. Diese Emotion wird als Ihr emotionales Kryptonit bezeichnet. Sobald Sie es identifiziert haben, müssen Sie Wege finden, sich ihm zu stellen, anstatt es unter den Teppich zu kehren. Wenn Sie lernen, mit dem Unbehagen umzugehen, das mit Ihrem emotionalen Kryptonit verbunden ist, können Sie eine Fülle von Einsichten und Wissen über sich selbst freisetzen, die bisher unter dieser Emotion verborgen waren.

- **Erstellen Sie eine Zeitleiste Ihres Lebens.** Setzen Sie sich mit einem Blatt Papier und einem Stift hin und schreiben Sie die wichtigsten Ereignisse in Ihrem Leben auf, von Ihrer Geburt bis gestern. Messen Sie diese Ereignisse nicht daran, wie groß oder klein sie waren. Stattdessen sollten Sie die Auswirkungen dieser Ereignisse auf Ihr Leben und Ihre Persönlichkeit messen. Berücksichtigen Sie dabei sowohl negative als auch positive Erfahrungen und Ereignisse. Diese Entwicklungsperspektive Ihres Lebens wird Ihnen neue Einsichten über sich selbst vermitteln.

Und zum Schluss: Zögern Sie nicht, Menschen, die Sie lieben und denen Sie vertrauen, um Feedback zu bitten. Fragen Sie sie, was sie an Ihnen mögen oder nicht mögen. Manchmal übersehen wir Dinge (sowohl gute als auch schlechte) an uns, die für andere offensichtlich sind. Diese Dinge werden als toter Winkel bezeichnet.

Sie könnten zum Beispiel sehr hilfsbereit auf andere wirken. Sie selbst halten sich aber nicht für einen hilfsbereiten Menschen. Das Wissen um Ihre toten Winkel ist ein Schlüsselelement bei der Entwicklung von Selbstbewusstsein.

Haben Sie Ihre eigene Vision

Haben Sie eine Vision für Ihr Leben, die Ihnen gehört und nur Ihnen. Vermeiden Sie es, in die Trend-Falle zu tappen. Alle wollen Musiker werden, also wollen Sie es auch. Alle wollen einen gut bezahlten Job in einem Unternehmen, also wollen Sie auch einen. Vermeiden Sie diesen Herdentrieb und folgen Sie Ihrer eigenen Leidenschaft. Nutzen Sie diese Anregungen, um eine Vision für sich selbst zu entwickeln und nicht etwas, das Sie nur von anderen aufgeschnappt haben. Natürlich dürfen Sie die Motivation durch Vorbilder nicht mit dem Folgen der Herde verwechseln.

- Klären Sie zuallererst alle Ihre alten Wunden. Nur wenn Sie sich um Ihre Vergangenheit gekümmert haben, können Sie den Weg für die Zukunft ebnen.

- Erinnern Sie sich immer wieder daran, dass Sie nicht das Zentrum des Universums sind. Sie sind nur ein kleiner Teil, wie jeder andere auch. Suchen Sie nach einer Vision, die Ihnen selbst hilft und den anderen in Ihrem Leben einen Mehrwert bietet.

- Erforschen Sie Ihre Talente und Ihre Leidenschaft. Was ist die Tätigkeit, bei der Sie das Gefühl für Zeit verlieren? Was ist die Gabe, die Sie einzigartig macht und von den anderen um Sie herum unterscheidet?

- Lernen Sie von den Menschen, die Sie mögen und bewundern. Verbringen Sie mehr Zeit mit ihnen. Welche Dinge mögen Sie an ihnen und warum? Haben Sie das Zeug dazu, so zu werden wie sie?

- Stellen Sie sich Ihr zukünftiges Leben vor. Wie sehen Sie sich und Ihr Leben in fünf Jahren? Warum stellen Sie sich diese Zukunft vor?

- Schränken Sie sich und Ihre Vision nicht ein. Etwas, das Ihnen wie ein Wunschtraum vorkommt, kann leicht möglich sein, wenn Sie bereit sind, die Verantwortung für diesen Traum zu übernehmen und alles zu geben, um ihn zu verwirklichen. Haben Sie keine Angst vor Unannehmlichkeiten und Problemen, die zwangsläufig auf Sie zukommen werden. Es mag beängstigend sein, aber es wird auch aufregend sein, Spaß machen und - was noch viel wichtiger ist - erfüllend sein.

- Schreiben Sie Ihr Leitbild auf. Fügen Sie die Schritte und Prozesse hinzu, mit denen Sie sie erreichen wollen. Stellen Sie sicher, dass Sie klar definierte Meilensteine haben.

- Ziehen Sie sich selbst auf verschiedene Weise zur Verantwortung. Wenn es Ihnen schwerfällt, dies selbst zu tun, bitten Sie jemanden um Hilfe, dem Sie vertrauen und der Sie anspornen kann, das zu erreichen, was Sie sich vorgenommen haben. Wählen Sie jemanden, der an Ihre Fähigkeiten glaubt und sich nicht scheuen wird, Sie voranzubringen.

- Und schließlich sollten Sie daran denken, dass nichts auf dieser Welt in Stein gemeißelt ist. Bleiben Sie also mit Ihrer Vision flexibel und nehmen Sie dynamische Änderungen vor, wenn es die Situation erfordert.

Wenn sich Ihr Selbstbewusstsein entwickelt, hören Sie auf, sich nach Dingen zu sehnen, die Ihnen nicht wichtig sind. Daher können Dinge wie politische und persönliche Manipulationstaktiken Sie und Ihre Persönlichkeit nicht in die Falle locken.

Entwickeln Sie Neugierde

Denken Sie nach und seien Sie neugierig auf Dinge. Lernen ist eine nie endende Aufgabe und zieht sich durch unser ganzes Leben, von unserer Geburt bis zu unserem Grab. Das Besondere am Lernen ist, dass es nicht nur auf diejenigen beschränkt ist, die Zugang zu Büchern haben. Ein Leben voller Neugierde ist mehr als genug, um den Lernprozess in Ihrem Leben aufrechtzuerhalten.

Neugierde ist der wichtigste Schlüssel zu Wissen und Selbstverbesserung. Wenn Sie Ihrer Neugierde auf den Grund gehen, lernen Sie die Gründe kennen, warum und wie Dinge geschehen. Wenn Ihre Neugierde nicht gestillt ist, graben Sie tiefer und lernen noch mehr als zuvor. Wenn Sie neugierig sind, öffnen sich neue Türen, und neue Wege tun sich für Sie auf.

Ein neugieriger Mensch langweilt sich nie und lässt sich auch nicht so leicht täuschen, so dass er vor einer Gehirnwäsche sicher ist. Hier sind ein paar Tipps, wie Sie Ihre Neugierde fördern können:

Lesen Sie viel und gehen Sie Ihren Interessen nach. Wenn Sie etwas finden, das Sie interessiert, sollten Sie nicht nur an der Oberfläche bleiben. Gehen Sie stattdessen in die Tiefe und lernen Sie mehr darüber.

Schärfen Sie Ihren Verstand durch die Lektionen anderer. Indem Sie sich mit anderen austauschen, lernen Sie verschiedene Sichtweisen kennen und erweitern so Ihren Lernhorizont.

Scheuen Sie sich nicht, Bibliotheken und Buchhandlungen zu besuchen und in Büchern zu stöbern. Es ist zwar einfacher und bequemer, Antworten im Internet zu finden, als in Büchern zu stöbern, aber Ihr Horizont wird sich nur dann erweitern, wenn Sie in verschiedenen Büchern blättern. Die auf Algorithmen basierenden Antworten im Internet können Ihre Neugier niemals befriedigen. Die Art und Weise, wie unser Herz und unser Verstand mit zufälligen Informationen umgehen, erweitert unsere Lern- und Wissensfähigkeit weit mehr als irgendwelche KI-basierten Antworten, die durch Internetsuchen gegeben werden.

Scheuen Sie sich nicht, Fragen zu stellen, auch wenn sie Ihnen dumm erscheinen. Seien Sie tolerant, aber unbeeindruckt von der Kritik bestimmter Leute, die meinen, dass man nicht alle Fragen stellen sollte. Fragen Sie einfach, was Ihnen in den Sinn kommt.

Denken Sie für sich selbst. Denken Sie tief in sich hinein, um auf Ideen und Gedanken zu kommen. Vermeiden Sie es, sich auf das Internet zu verlassen, um neue Ideen zu bekommen. Tun Sie es selbst. Es spielt keine Rolle, ob Sie denken, dass Ihre Ideen zu einfach sind, um sie mit anderen zu teilen. Durch wiederholtes Üben wird Ihr Geist immer besser darauf eingestellt sein, komplexe, vielschichtige Ideen und Gedanken zu entwickeln.

Seien Sie interessiert an allem, was um Sie herum geschieht. Wenn Sie ein neues Wort hören, schlagen Sie es im Internet nach, um seine Bedeutung herauszufinden, und bilden Sie Ihren eigenen Satz damit. Wenn Sie in einem Gespräch mit jemandem von einem historischen Ereignis oder einer Person hören, finden Sie mehr über dieses Ereignis oder diese Person heraus. Wenn Sie von einer neuen wissenschaftlichen Entdeckung hören, lesen Sie mehr darüber.

Je neugieriger Sie sind, desto mehr werden Sie lernen. Und je mehr Sie lernen, desto besser sind Sie davor geschützt, einer Gehirnwäsche unterzogen zu werden.

Seien Sie offen und geerdet

Seien Sie offen, aber bleiben Sie in sich geerdet. Wenn Sie sich öffnen, schaffen Sie Raum für mehr Menschen, die in Ihr Leben treten, als wenn Sie sich verschließen. Ein sozialer Kreis von respektabler Größe eröffnet Ihnen Möglichkeiten und Perspektiven, die Ihnen verwehrt bleiben, wenn Sie sich verschließen. Zwischenmenschliche Beziehungen spielen eine sehr wichtige Rolle bei der Entwicklung Ihrer Persönlichkeit und Ihres allgemeinen emotionalen und geistigen Wohlbefindens.

Wenn Sie mit Menschen mit unterschiedlichem Hintergrund in Kontakt kommen, nehmen Sie unterschiedliche Ideen und Gedanken auf, was Ihren Wissenshorizont erweitert und Ihre Toleranz erhöht. Wenn Sie sehen, dass andere mit Dingen glücklich sind, die Sie nicht mögen, erkennen Sie, dass Menschen einfach anders sind und Ihnen nicht über- oder unterlegen sind. Dieser Ansatz führt zu einer objektiven Sichtweise, die Sie befähigt, alle Gedanken und Meinungen zu akzeptieren und zu respektieren, während Sie Ihre eigene mit Stolz und Würde vertreten.

Um sich vor einer Gehirnwäsche zu schützen, müssen Sie sich mit Ihrem authentischen Selbst verbinden, anstatt sich mit einer geliehenen und trendigen Identität zu arrangieren. Bleiben Sie also bodenständig, hören Sie nie auf zu lernen, seien Sie Sie selbst und seien Sie sich bewusst, dass es verschiedene Arten von Menschen auf der Welt gibt. Denken Sie daran, dass Unterschiede dazu da sind, die Welt lebendig und schön zu machen und nicht dazu, sie zu diskriminieren.

Fazit

Wenn Sie das Gefühl haben, dass Sie verrückt werden und alles andere auf der Welt in Ordnung ist, oder wenn Sie das Gefühl haben, dass Sie völlig im Unrecht sind und Ihr Ehepartner/Boss/Partner/Freund völlig im Recht ist, oder wenn Sie denken, dass Sie alle Fehler gemacht haben und der Rest der Welt keinen, sollten Sie einen Schritt zurücktreten und diese Gefühle und Gedanken überdenken.

Denn diese extremen Gedanken sind unnatürlich, niemand auf der Welt ist ganz schwarz oder ganz weiß. Die Welt und alle ihre Bewohner sind praktisch grau, eine Kombination aus Schwarz und Weiß. Das ist eine Tatsache. Wenn Ihnen jemand sagt, dass alles, was Sie tun, falsch und alles, was er tut, richtig ist, ist das ein Warnzeichen dafür, dass Sie es mit einem Manipulanten in Ihrem Leben zu tun haben könnten. Treten Sie einen Schritt zurück, überdenken Sie alles in Ihrem Leben, insbesondere die Anwesenheit dieser Person, und seien Sie bereit, einige schwierige, aber wichtige Entscheidungen zu treffen.

Bauen Sie sich ein neues Leben auf, ohne solche Menschen an Ihrer Seite. Schaffen Sie sich ein Schutzpolster, indem Sie Ihre Persönlichkeit so aufbauen, dass Ihre Einzigartigkeit durchscheint und Sie ohne die Hilfe anderer glücklich sein können. Schaffen Sie sich eine Welt frei von Manipulation und Täuschung und lassen Sie nur diejenigen in Ihre Welt, die Sie dort wollen.

Lernen Sie, die Züge manipulativer Menschen zu erkennen. Seien Sie sich der Verhaltensweisen anderer Menschen bewusst. Hüten Sie sich vor unaufrichtigen Komplimenten und Lob von Menschen, die Sie gerade erst kennengelernt haben. Sie könnten den Rahmen dafür schaffen, Sie durch falsches Lob zu manipulieren. Je weniger Sie mit Manipulanten in Kontakt kommen, desto besser wird Ihr Leben sein.

Lernen Sie, sich mit genügend Munition in Form von Selbstvertrauen, Selbstbewusstsein und Neugier zu wappnen, damit Sie vor Manipulation, Täuschung und Propagandataktiken sicher sind.

Bibliographie

Are we naturally good or bad? (k.D.).
https://www.bbc.com/future/article/20130114-are-we-naturally-good-or-bad

Box-Steffensmeier, J. M., Burgess, J., Corbetta, M., Crawford, K., Duflo, E., Fogarty, L., Gopnik, A., Hanafi, S., Herrero, M., Hong, Y.-Y., Kameyama, Y., Lee, T. M. C., Leung, G. M., Nagin, D. S., Nobre, A. C., Nordentoft, M., Okbay, A., Perfors, A., Rival, L. M., ... Wagner, C. (2022). The future of human behavior research. Nature Human Behaviour, 6(1), 15–24.
https://doi.org/10.1038/s41562-021-01275-6

Dark Triad. (k.D.). Psychology Today.
https://www.psychologytoday.com/gb/basics/dark-triad

Hoffman, R. (2020, Mai 17). Alfred Adler - Individual Psychology. Simplypsychology.org. https://www.simplypsychology.org/alfred-adler.html

Michael Nuccitelli, P. D. (2011). Dark Psychology.
https://www.academia.edu/1169443/Dark_Psychology

OCNKI. (2022). Manipulation tactics and consumer behavior: Creating a desire to purchase. Open Science Framework.
https://doi.org/10.17605/OSF.IO/BKHXM

Stritof, S. (2010, Oktober 13). How to recognize and react to manipulation in your relationship. Verywell Mind. https://www.verywellmind.com/manipulation-in-marriage-2302245

University of Copenhagen. (2018, September 26). Psychologists define the "dark core of personality." Science Daily.
https://www.sciencedaily.com/releases/2018/09/180926110841.htm

Wilhelm, T., & Andress, J. (2011). Psychological Weaknesses. In Ninja Hacking (pp. 151–165). Elsevier.

Workplace manipulators - spot them and stop them. (k.D.). Listening Partnership | Oxford https://www.listeningpartnership.com/insight/master-manipulator/

Cherry, K. (2011, Juni 20). How the Myers-Briggs Type Indicator works. Verywell Mind. https://www.verywellmind.com/the-myers-briggs-type-indicator-2795583

Duczeminski, M. (2015, August 25). 10 habits of manipulative people. Lifehack. https://www.lifehack.org/294861/10-habits-manipulative-people

MBTI: Emotional manipulators. (2014, Mai 20). Zombies Ruin Everything. https://zombiesruineverything.com/2014/05/20/mbti-emotional-manipulators/

Understanding the Dark Triad. (k.D.). Mindtools.com. https://www.mindtools.com/pages/article/understanding-dark-triad.htm

Which MBTI type is most manipulative? Which MBTI type gets manipulated? (2013, November 15). Which MBTI Type. https://whichmbtitype.wordpress.com/2013/11/15/which-mbti-type-is-most-manipulative-which-mbti-type-gets-manipulated/

Mrkonjić, E. (2022, April 28). What is dark psychology? Key components to understand in 2022. SeedScientific. https://seedscientific.com/what-is-dark-psychology/

3 common tactics of manipulative parents. (k.D.). Psychology Today. 2022, from https://www.psychologytoday.com/us/blog/behavior-problems-behavior-solutions/201912/3-common-tactics-manipulative-parents

3 reasons people become manipulative. (k.D.). Psychology Today. https://www.psychologytoday.com/us/blog/communication-success/201912/3-reasons-people-become-manipulative

Can manipulation be used in a positive way? (k.D.). Go1.com. https://www.go1.com/blog/post-can-use-manipulation-good

Family manipulation: Signs, tactics, and how to respond. (2020, Juli 21). Healthline. https://www.healthline.com/health/mental-health/family-manipulation

Geralyn Dexter, L. (2022, Februar 24). How to spot manipulative behavior. Verywell Health. https://www.verywellhealth.com/manipulative-behavior-5214329

Gilbert, A. (2022, Juni 8). Do manipulators know when they are manipulating? Soberish. https://www.soberish.co/do-manipulators-know-when-they-are-manipulating/

Glosson, M. (2018, April 6). Why my fear of abandonment makes me seem "manipulative." The Mighty. https://themighty.com/topic/borderline-personality-disorder/fear-of-abandonment-bpd-borderline-personality-manipulative

Green, A. (2019, Juni 5). Narcissism – and the various ways it can lead to domestically abusive relationships. The Conversation.

http://theconversation.com/narcissism-and-the-various-ways-it-can-lead-to-domestically-abusive-relationships-116909

How marketers manipulate you without your knowing. (2013, Juni 3). Psychology Today. https://www.psychologytoday.com/us/blog/unconscious-branding/201306/how-marketers-manipulate-you-without-your-knowing

How social media try to manipulate your mind. (k.D.). Portvitoria.com. https://portvitoria.com/how-social-media-try-to-manipulate-your-mind/

Kvarnstrom, E. (2018, Februar 8). How the trauma of childhood abuse affects interpersonal relationships, and how to begin healing. Bridges to Recovery. https://www.bridgestorecovery.com/blog/trauma-childhood-abuse-affects-interpersonal-relationships-begin-healing/

Lidow, D. (2019, November 17). Understanding how good leadership requires great manipulation. Forbes. https://www.forbes.com/sites/dereklidow/2019/11/17/understanding-how-good-leadership-requires-great-manipulation/?sh=196e7b942fc7

Manipulation. (2013, April 16). Goodtherapy.org Therapy Blog. https://www.goodtherapy.org/blog/psychpedia/manipulation

Martin, E. (2017, March 30). 11 high-paying jobs for people who win every argument. CNBC. https://www.cnbc.com/2017/03/30/11-high-paying-jobs-for-people-who-win-every-argument.html

Oldford, S. (2018, Oktober 29). Manipulation in marketing: How it's used, and how to use it ethically. Entrepreneur. https://www.entrepreneur.com/article/321611

Rigano, L. (2018, November 24). 12 signs of narcissism. Fulham Consulting. https://www.fulhamconsulting.com.au/mental-notes/narcissism/personality/relationships

Scott, E. (2017, November 8). How Poor Communication Causes Stress. Verywell Mind. https://www.verywellmind.com/the-stress-of-poor-communication-with-others-4154175

Sinha, R. (2022, Januar 26). Are you being influenced or manipulated? Harvard Business Review. https://hbr.org/2022/01/are-you-being-influenced-or-manipulated

Social-Engineer. (2022, April 20). Influence vs. Manipulation: What is the difference. Security Boulevard. https://securityboulevard.com/2022/04/influence-vs-manipulation-what-is-the-difference/

Storm, S. (2021, März 19). Why Sensors and Intuitives drive each other crazy. Psychology Junkie. https://www.psychologyjunkie.com/2021/03/19/why-sensors-and-intuitives-drive-each-other-crazy/

Stritof, S. (2010, Oktober 13). How to recognize and react to manipulation in your relationship. Verywell Mind. https://www.verywellmind.com/manipulation-in-marriage-2302245

5 Signs You're Being Manipulated in Your Friendship. One Love Foundation, 18 Jan. 2018, www.joinonelove.org/learn/5-signs-you're-manipulated-friendship/.

6 Things That Can Cause Emotional Withdrawal – and What to Do about It | ReGain. Www.regain.us, www.regain.us/advice/general/6-things-that-can-cause-emotional-withdrawal-and-what-to-do-about-it/.

8 Ways Gaslighters Manipulate and Control Relationships | Psychology Today. Www.psychologytoday.com, www.psychologytoday.com/us/blog/communication-success/201908/8-ways-gaslighters-manipulate-and-control-relationships.

10 Brilliant and Brutal Methods of Ancient Psychological Warfare. Listverse, 21 Dec. 2018, listverse.com/2018/12/21/10-brilliant-and-brutal-methods-of-ancient-psychological-warfare/.

Abrams, Zara. The Role of Psychological Warfare in the Battle for Ukraine. Apa.org, 2022, www.apa.org/monitor/2022/06/news-psychological-warfare.

Acharyya, Rakhi. 12 Psychological Manipulation Techniques Your Coworkers Are Using to Victimise You. Careerizma, 30 Aug. 2016, www.careerizma.com/blog/psychological-manipulation-techniques/.

Analysis: Donald Trump, Propagandist-In-Chief? Center for Public Integrity, https://publicintegrity.org/politics/analysis-donald-trump-propagandist-in-chief/.

Asmolov, Gregory. The Effects of Participatory Propaganda: From Socialization to Internalization of Conflicts. Issue 6: Unreal, no. 6, 7 Aug. 2019, https://jods.mitpress.mit.edu/pub/jvzg7j6x/release/2, 10.21428/7808da6b.833c9940

Boaz, Dr Cynthia. Fourteen Propaganda Techniques Fox "News" Uses to Brainwash Americans Truthout, https://truthout.org/articles/fourteen-propaganda-techniques-fox-news-uses-to-brainwash-americans/.

Bradshaw, Samantha. The Global Disinformation Order 2019 Global Inventory of Organised Social Media Manipulation.

Čopková, Radka, and Eva Lörincová. The Dark Triad, Love Components, and Attachment Styles in Romantic Relationship Experiencing during Young Adulthood Interpersona: An International Journal on Personal Relationships, vol. 15, no. 2, 14 Dec. 2021, pp. 212–232, 10.5964/ijpr.4687.

Cuncic, Arlin. How Does Propaganda Work? Verywell Mind, 12 Apr. 2022, www.verywellmind.com/how-does-propaganda-work-5224974.

Dad, All-Pro. 10 Ways to Set a Vision for Your Life. All pro-Dad, 3 Jan. 2011, www.allprodad.com/10-ways-to-set-a-vision-for-your-life/.

Davenport, Barrie. If You Want to Be More Open with People, Do These 9 Things. Live Bold and Bloom, 12 Apr. 2021, https://liveboldandbloom.com/04/self-improvement/open-up-to-people.

Davies, Ivana. 7 Signs of Family Manipulation and How to Handle Them. Find Your Mom Tribe, 4 Aug. 2020, https://findyourmomtribe.com/family-manipulation/.

DeShong, Hilary L., et al. Facets of the Dark Triad: Utilizing the Five-Factor Model to Describe Machiavellianism. Personality and Individual Differences, vol. 105, Jan. 2017, pp. 218–223, 10.1016/j.paid.2016.09.053.

Editors, U. F. Psychological Warfare: War without Arms and Weapons. Unrevealed Files, www.unrevealedfiles.com/psychological-warfare-war-without-arms-and-weapons/.

Fjelstad, Margalis. 15 Signs You're Dealing with a Narcissist. Mindbodygreen, 5 Sept. 2017, www.mindbodygreen.com/articles/14-signs-of-narcissism.

Front Matter. ScienceDirect, Academic Press, 1 Jan. 1970, www.sciencedirect.com/science/article/pii/B9780121744502500026.

How to Handle Manipulators | Psychology Today. Www.psychologytoday.com, www.psychologytoday.com/us/blog/lifetime-connections/201403/how-handle-manipulators.

M, Aline Ra. The Normalization of Dishonesty and What It Means to You and Me. A Philosopher's Stone, 16 June 2022, https://medium.com/the-philosophers-stone/the-normalization-of-dishonesty-and-what-it-means-to-you-and-me-c0acc4b6f467.

Mackenzie, Jackson. Mindbodygreen. Mindbodygreen, 13 Nov. 2015, https://www.mindbodygreen.com/articles/signs-of-a-psychopath.

Miller, Carly. The Dangerous Power of Emotional Advertising. Contently, 14 Apr. 2016, https://contently.com/2016/04/14/dangerous-power-emotional-advertising/#.

Momin, Kranti. Romantic Manipulation – 15 Things Disguised as Love. Bonobology.com, 9 July 2021, www.bonobology.com/romantic-manipulation/.

Name Calling Propaganda: Definition and Examples. Soapboxie, https://soapboxie.com/us-politics/Name-Calling-Propaganda-Terrorist-or-Freedom-Fighter.

Peaks Recovery Centers. Effects of Psychological and Emotional Manipulation | Peaks Recovery. Peaks Recovery Centers, 26 Jan. 2021, https://peaksrecovery.com/blog/mental-health-blogs/effects-of-psychological-emotional-manipulation/.

Seven Ways to Be More Curious. Psychology Today, https://www.psychologytoday.com/us/blog/finding-the-next-einstein/201407/seven-ways-be-more-curious.

The Dark Triad: 3 Dark Personality Types Psychologists Say to Avoid. Mindbodygreen, 26 Apr. 2022, https://www.mindbodygreen.com/articles/dark-triad-personality-types.

This Dark Personality Type Is a Master Manipulator: 6 Signs You've Met One. Mindbodygreen, 13 Mar. 2022, www.mindbodygreen.com/articles/machiavellianism.

Tripathi, Dr Pranay Kumar. Psychological Warfare: Conceptual Overview | FINS India. Forum for Integrated National Security

Triumph of the Will: Film Art or Nazi Propaganda? | Kara Petersen. https://sites.stedwards.edu/comm4399fa2013-kpeters3/2013/09/24/triumph-of-the-will-film-art-or-nazi-propaganda/.

What to Know about Pathological Liars. WebMD, www.webmd.com/mental-health/what-to-know-pathological-liars.

What to Know about Pathological Liars. WebMD, www.webmd.com/mental-health/what-to-know-pathological-liars.

Wisse, Barbara, and Ed Sleebos. When the Dark Ones Gain Power: Perceived Position Power Strengthens the Effect of Supervisor Machiavellianism on Abusive Supervision in Work Teams. Personality and Individual Differences, vol. 99, Sept. 2016, pp. 122–126, www.sciencedirect.com/science/article/pii/S0191886916303828, 10.1016/j.paid.2016.05.019

World War I and the Suppression of Dissent | Wendy McElroy. The Independent Institute, www.independent.org/news/article.asp?id=1207.